HEYNE FILMBIBLIOTHEK

INGMAR BERGMAN

Seine Filme – sein Leben

von HAUKE LANGE-FUCHS

Originalausgabe

WILHELM HEYNE VERLAG
MÜNCHEN

HEYNE FILMBIBLIOTHEK
Nr. 32/119

Herausgeber: Bernhard Matt

Redaktion: Willi Winkler

Umschlagfoto: Bildarchiv Engelmeier, München
Rückseitenfoto: Archiv Dr. Karkosch, Gilching
Innenfotos: Archiv Lothar Just, München
Umschlaggestaltung: Atelier Ingrid Schütz, München
Printed in Germany 1988
Satz: Fotosatz Völkl, Germering
Druck und Verarbeitung: Ebner Ulm

ISBN 3-453-02622-5

Inhalt

Vorwort

Über Ingmar Bergman ist unendlich viel geschrieben worden – es gibt *über ihn* mehr Gedrucktes als *von ihm.* Auch auf deutsch. So das Fünfzig-Stunden-Interview, das Jonas Sima, Stig Björkman und Torsten Manns im Laufe von zwei Jahren auf Band aufzeichneten *(Bergman über Bergman).*
Deshalb wäre der Versuch, Ingmar Bergmans Schaffen und alles, was darüber gedacht sowie geschrieben wurde, vollständig zu dokumentieren, ebenso unnötig wie unmöglich. Andererseits fehlt eigenartigerweise bisher eine umfassende Darstellung des Bergmanschen Werkes auf deutsch. Die Biographie etwa, die einer der besten Kenner und engsten Freunde Bergmans, Jörn Donner, schrieb, ist lediglich ins Englische übersetzt. Während nämlich in Amerika, England und vor allem in Frankreich verhältnismäßig früh die Rezeption Bergmans einsetzte und zu umfangreichen Publikationen führte, blieb die Beschäftigung mit ihm in Deutschland auf Fachzeitschriften und die Feuilletonseiten der Tages- und Wochenzeitungen beschränkt und damit natürlich zumeist einem Aktualitätszwang ausgesetzt.
Diese Filmbiographie will den Regisseur aus seinen skandinavischen, den schwedischen Wurzeln verstehen. Ingmar Bergman begreift sich als schwedischer Regisseur. Das hat er selbst oft genug betont, zuletzt in seinen 1987 erschienenen Memoiren. Ohne diese Wurzeln ist sein Schaffen nicht zu erklären, und ohne diese Wurzeln kann er nicht schaffen – das beweisen schon die Filme seiner Emigration.
Deshalb soll hier nicht das wiederholt werden, was schon in aller Welt über Ingmar Bergman geschrieben worden ist. Denn der Zugang zu den heimischen Wurzeln Bergmans rückt manches Bild zurecht, beleuchtet vieles anders, als es von »außen« gesehen wird. Seine »nordische Schwere« erscheint relativiert in ihren philosophischen, gesellschaftlichen und politischen Bezügen, in ihrer Abhängigkeit von der Sozialisation, manchmal durch ein Augenzwinkern aufgeho-

ben. Scheinbare Brüche in dem gern monolithisch gesehenen »Gesamtwerk« erklären sich mitunter ganz beiläufig aus den Produktionsbedingungen, finanziellen Notwendigkeiten, spontaner Spielfreude – oder gar aus einem übereilt gegebenen Versprechen, sämtliche Mitglieder seines Theaterensembles einmal in einem Film mitspielen zu lassen, in dem sie alle eigentlich gar nichts zu suchen haben.
Auch der vieldiskutierte politische Standpunkt des unpolitischen Ingmar Bergman erhellt sich aus seinen heimatlichen Bezügen: Vor dem Hintergrund einer großbürgerlich-puritanischen Gesellschaft, die die Veränderungen des 19. und des beginnenden 20. Jahrhunderts nicht oder nur mit Verspätung mitmachte, wurden Haltungen konserviert, in denen ein Treibhaus der Gefühle gedeihen konnte; angesichts der Neutralität des Landes sah und sieht man die Kriege der Welt vom warmen Fensterplatz aus – heute im Fernsehen – und entwikkelt eine unengagierte und letztlich verständnislose Voyeurmentalität, die, bewußt geworden, ihrerseits neue Schuldgefühle gebiert. Vierzig Jahre sozialdemokratischer Wohlfahrtsdiktatur schließlich, mit ihrem Zwang zu vernünftigem, sozial angepaßtem Verhalten, gegen das es kein Auflehnen und aus dem es kein Entrinnen gibt, führten zu psychischen Deformationen der Gesellschaft, in der das Individuum einen verzweifelten Kampf um seine Individualität kämpft. Ich bin ein guter Sozialdemokrat, sagt Bergman in dem Bemühen, so zu sein wie die andern, weil er nur dann – vielleicht – ein bißchen anders sein darf als die andern. Und all das vermengt sich zu einem Gesinnungsbrei, der nicht nur schwer verdaulich, sondern außerhalb Schwedens auch kaum verständlich ist.
Seine politischen Überzeugungen will Ingmar Bergman zum Teil in Abgrenzung gegen seinen Vater gebildet haben, der wie das schwedische Bürgertum in den dreißiger Jahren in den Bann des Faschismus geriet. Bei näherem Hinsehen scheint dies, jedenfalls was seinen Vater betrifft, nicht zu stimmen – aber Ingmar Bergman selbst, der sich als Jugendlicher mehrfach im braunen Deutschland aufhielt, scheint davon nicht unbeeindruckt geblieben zu sein.
Überhaupt scheinen manche Bilder seiner Jugend und Kind-

Der Kinomönch

heit, wie Ingmar Bergman sie entwirft und aus denen er die Themen seiner Filme herleitet, so nicht zu stimmen und der Überprüfung zu bedürfen. Mag sein, daß die »Kanäle zur

Kindheit«, wie er es nennt, bei ihm offener als bei andern sind und Eindrücke daraus ihn stärker bestimmen. Aber das imponierende Gebäude von Schuld und Sühne, strafenden und schweigenden Gott-Vätern und die Angst vor der Erniedrigung können wohl nicht nur so hergeleitet und erklärt werden. Bergmans Erklärung – ein unbeugsamer Vater, der mit christlicher Selbstgerechtigkeit und faschistischen Erziehungsmethoden das Kind einer erniedrigenden Behandlung unterwarf, die dessen Willen brechen sollte – hat mehr mit seiner Phantasie als mit den Fakten zu tun. Es war wohl eher die Mutter, die dominierte, oder – wie in seinem letzten Film *Fanny und Alexander* deutlich wird – die Großmutter. Viele Zeugnisse aus seiner Heimat legen die Annahme nahe, daß Bergman die Fakten manipuliert, wie er es jeweils braucht. Oder empfindet.

Als die Rezeption Ingmar Bergmans in Deutschland einsetzte – und das war eigentlich erst nach der *Jungfrauenquelle* (1959) –, geschah das nicht auf dem direkten Wege, sondern vor allem auf dem Umweg über Frankreich. Da aber war das Verständnis seines Werkes und seiner Person schon weitgehend vorgeprägt. Es waren französische Cineasten gewesen, die ihn »entdeckt« hatten. Seinen internationalen Durchbruch als Filmemacher erlebte Bergman 1956, als *Das Lächeln einer Sommernacht* beim Festival in Cannes den Sieg davontrug. In Cannes waren auch seine folgenden Filme erfolgreich, 1957 *Das siebente Siegel* und 1958 *Wilde Erdbeeren.* Dann entdeckte auch Amerika (in viel geringerem Umfange England) Ingmar Bergman. 1960 wurde *Die Jungfrauenquelle* als bester ausländischer Film des Jahres in Hollywood mit dem Oscar ausgezeichnet.

Nach den Franzosen mit ihren philosophischen Etiketten kamen nun die Amerikaner mit marktschreierischen Kennzeichnungen.

Ingmar Bergman hatte die Wahl, ob er sich als mit Gott diskutierender und disputierender nordischer Grübler oder als Sex- und Horrorfilmer wiederfinden wollte …

Der unmittelbare Zugang zu den skandinavischen Wurzeln Ingmar Bergmans ist Nichtskandinaviern meist schon durch die Sprachbarriere erschwert. In dieser Dokumentation sollen daher in erster Linie Ingmar Bergman selbst und seine skandinavischen Landsleute zu Wort kommen. Nur ausnahmsweise wurde Material berücksichtigt, das bereits auf englisch, französisch oder deutsch vorliegt.

Die Anfänge

Noch hab ich nicht das letzte Wort gesagt / Man stirbt nicht mitten in dem letzten Akt – Ingmar Bergman zitiert gerne Peer Gynt: nach einem halben Hundert Filmen ist er immer noch nicht am Ende seines Weges angelangt. Stets von neuem kreisen seine Filme um die gleichen Fragen, nähern sich deren Kern, lüften einen Zipfel der Schleier, die die letzten Geheimnisse verhüllen, und dann entfernen sie sich scheinbar wieder von der Mitte, bleiben belanglos, kreisen im Umfeld – aber nur, um aus einer anderen Richtung, unerwartet, dem gleichen Ziel zuzustreben.
»Ich weiß, daß ich immer nur und immer wieder eine und dieselbe Situation darstelle, Gott und den Teufel – und was wir tun können, um unser Leid und das der andern zu lindern.« Das bekannte Ingmar Bergman schon vor mehr als vierzig Jahren, nach der Premiere seines Stückes *Der Tag endet früh*. Damals war er der jüngste Theaterchef des Landes. Und der jüngste Filmregisseur. Und ein junger Schriftsteller der *angry generation*, mit einem veröffentlichten und einem Dutzend unveröffentlichter Manuskripte.
Er hätte es auch heute sagen können. Denn wohl ist er berühmt geworden, aber es sind immer noch die gleichen Fragen, um die sein Schaffen kreist.
Ingmar Bergmans künstlerische Anfänge liegen in einer Zeit, in der der Faschismus die zentrale Bedrohung darstellte, und in einem Lande, das diese Bedrohung nie konkret erfahren hat, vielmehr von ihr fasziniert war und in Teilen mit ihr liebäugelte. Auch Ingmar Bergmans großbürgerliches, christliches Elternhaus war nicht frei davon.
Es war dieses Elternhaus, das ihn prägte und die Fragen bestimmte, die er immer und immer wieder stellen sollte, die Frage nach Gott, nach der Herrschaft des Guten und des Bösen in der Welt. Es war aber auch dieses Elternhaus, von dem er sich befreien wollte, befreien von dem erdrückenden Gewicht eines patriarchalischen Vaters, dessen kühle Strenge Gefühle der Erniedrigung und der Schuld hinterließ, ein

Arbeit am Drehbuch

Thema, das später immer wieder variiert wird. Es war ein Elternhaus, das eingebettet war in die verkrusteten Strukturen eines erstarrten Großbürgertums, aus denen er ausbrechen wollte, um sich als Künstler zu verwirklichen. Ein weiteres Thema: die Selbstverwirklichung des Künstlers und die Bedingungen seiner Existenz.
Es war aber auch ein Elternhaus mit einer warmen und liebevollen, jedoch recht aktiven Mutter. Sie suchte er zu verstehen, von ihr fühlte er sich zugleich angezogen und getrennt, und das Bemühen um das Verständnis der Psyche der Frau bestimmt viele seiner späteren Filme.
Krieg und Klassenkampf dagegen haben in Ingmar Berg-

mans Welt keine zentrale Funktion. Weltanschauungen interessieren ihn eingestandenermaßen nicht. Am drohenden Faschismus, wie er in *Schlangenei* dargestellt wird, ist nur das Gefühl der Bedrohung wichtig, nicht der Faschismus als historisches Phänomen. Der soziale Realismus in *Hafenstadt* ist Hintergrund, nicht Thema des Films. Auch Krieg und Kriegsfolgen bleiben draußen, bleiben fremd und letzten Endes unverständlich. Hier geht Ingmar Bergman nie über die Rolle des Zuschauers hinaus, betrachtet die Vorgänge aus dem Eisenbahnfenster, wie in *Durst* und *Das Schweigen* – nicht anders als es das neutrale Schweden während zweier Weltkriege tat.

Die Wasserscheide, die die Änderung des Publikumsgeschmacks nach dem Kriegsausbruch und der Okkupation Dänemarks und Norwegens markierte, wurde der erfolgreiche Film *Ett Brott* (Ein Verbrechen, 1940), den der wagemutige junge Produzent Lorens Marmstedt durch Anders Henrikson inszenieren ließ, nach einem Stück von Sigfrid Siwertz über die Sünden und die Fäulnis des Bürgertums der dreißiger Jahre.

Es war diese Situation, in der der sechsundzwanzigjährige Ingmar Bergman zum erstenmal erscheint: »Unrasiert und kriegsbereitschaftsmäßig kostümiert mit Helm und Stiefeln, was ihm nach Zeugenaussagen das Aussehen eines mittelalterlichen Büttels verlieh«, beschreibt ihn Marianne Höök und fährt fort:

»In einem kleinen Land mit einer so begrenzten Filmindustrie sind die Kader der Branche begrenzt, so daß es naturwidrigerweise geschehen kann, daß der künstlerische Leiter und der geschäftliche Leiter in einer Person vereinigt sind. Die armen persönlichkeitsgespaltenen Produzenten, die sich für gewöhnlich mit müden Schwimmzügen im trüben Wasser der Banalitäten bewegten, begeisterte die Begegnung mit einem blühenden ausgeprägten Talent dermaßen, daß sie für viele Stunden keinen Gedanken auf das unmittelbar Einträgliche verschwendeten. Carl Anders Dymling von Svensk Filmindustri (SF), Lorens Marmstedt von Terra und Rune Waldekranz von Sandrews nahmen alle Schläge aus persönlichem künstlerischem Interesse hin. Selbstverständlich rangen sie die Hände, wenn es wirtschaftlich in die Hose ging. Doch sie vertrauten Ingmar Bergman und blieben dabei. Auf die Dauer behielten sie recht.«

1944 drehte Alf Sjöberg den Film, der mit den überlieferten Traditionen des skandinavischen Films radikal brach und einen neuen Abschnitt in seiner Geschichte eröffnete: *Hets* (Die Hörige).

»Der Film brachte zum erstenmal ein Thema – mehr noch – eine Haltung auf die Leinwand, mit der er genau die Neigungen traf, von denen die schwedische Jugend der letzten Kriegsjahre beherrscht wurde. Das Verdienst, mit diesem Film die Tabus des verbiederten und verbürgerlichten schwedischen Films durchbrochen zu haben, kam jedoch nicht dem Regisseur, sondern dem Drehbuchautor zu.« (Enno Patalas)

Es war der junge Theaterregisseur Ingmar Bergman, der hier – nach zwei Jahren des Antichambrierens als freier Mitarbeiter zur Bearbeitung von Drehbüchern bei Svensk Filmindustri – zum erstenmal an einem Film beteiligt war. Seit 1938 Regisseur verschiedener Studententheater, hatte Ingmar Bergman sein schriftstellerisches Debüt 1944 in der Zeitschrift *40-tal* (Vierziger Jahre) mit einer kurzen Erzählung »En kortare berättelse om ett av jack uppskärarens tidigaste barndomsminnen« (Ein kurzer Bericht über eine der frühesten Kindheitserinnerungen von Jack Uppskäraren, d. h. Jack the Ripper), nach seinen eigenen Worten »eine Sammlung von Skizzen aus der Welt des Kasperltheaters«. Die Zeitschrift *40-tal* war das Sprachrohr der jungen Schriftstellergeneration, der später sogenannten »Fyrtiotalisten«, die dem neuen Lebensgefühl Ausdruck verlieh, das mit der Änderung der Kriegslage einherging.

Seit Stalingrad wandte sich das offizielle Schweden, das anfangs große »Rücksichten« auf deutsche Interessen genommen hatte, immer stärker der alliierten Seite zu. Die psychologische Situation im ganzen Lande veränderte sich, »Veränderung aber ruft Diskussion hervor, und eine künstlerische Erneuerung war zudem nicht länger für gefährlich erklärt« (Carl Nørrested). Die Fyrtiotalisten verkündeten das Credo des Pessimismus und wandten sich gegen Kunst als Illusion, Suggestion und Sensation.

Kindheit in der Pfarrei

Ingmar Bergman wurde am 14. Juli 1918 in Uppsala geboren, wo sein Vater, Erik Bergman, Pastor war. Vernon Young: »Das weiß jeder, der Filmbiographien liest. Übersehen wird dabei jedoch die Bedeutung des Geburtsdatums. In Schweden 1918 geboren zu sein, ist etwa so, als ob man – von anderen Unterschieden abgesehen – in England oder Amerika 1890 geboren worden wäre. Schweden war 1918 ländlich, frömmelnd und unterentwickelt ..., und Stockholm war wohl kaum eine urbane Hauptstadt ... Am Ende eines Krieges wurde Bergman geboren, er wuchs heran, als der zweite ausbrach, und er entwickelte sich als Filmregisseur kurz nach der Beendigung des zweiten Krieges.«
Die Mutter Karin Åkerblom hatte außer dem kleinen Ingmar noch einen vier Jahre älteren Bruder und eine jüngere Schwester zu versorgen, die jedoch in seinen Erinnerungen unbedeutend bleiben, obgleich er sonst eine tiefe und bleibende Prägung durch das Elternhaus erfuhr. Ingmar Bergman selbst erkannte schon früh, daß das Filmemachen seine Wurzeln tief in der Welt der Kindheit hat, »in der untersten Wohnung meiner Werkstatt«.
Es gibt, wie Maria Bergom-Larsson betont, nur wenige Künstler, die wie Bergman ihre Inspirationen aus ihren Kindheitserlebnissen holen, so daß viele seiner Filme zu wilden Abrechnungen mit den Bedingungen seines Aufwachsens und vor allem mit der bürgerlichen Familie werden.
Nicht nur die Probleme, auch die Personen und die Umgebungen seiner Kindheit kehren in seinen Filmen immer wieder, die großen Sommerhäuser, in denen die Familien während ihrer Sommerferien lebten, wie in *Einen Sommer lang, Sehnsucht der Frauen* und *Eine Lektion in Liebe,* die mütterlichen, bis in den Tod treuen Dienerinnen, die den Tisch decken, Alma in *Wilde Erdbeeren,* Mean in dem Bühnenstück *Zu meinem Schrecken* und Petra in *Rachel und der Kinokontrolleur.*

Das Pfarrhaus, in dem Ingmar Bergman aufwuchs, war nicht nur religiös, sondern auch sozial ein besonderes Milieu. Marianne Höök beschreibt es als »eine Insel in einer säkularisierten Gesellschaft, ein Reservat, in dem der mehr oder minder bewußte Wunsch, die Ideale und Sitten vergangener Generationen zu bewahren, die Gegensätze zu der Welt draußen verschärft und die Anforderungen an denjenigen, der da zu Hause ist, erhöht. Zu religiösen Kreisen gehört immer ein gewisser Abstand, der sich bis zur Verdammung der zeitgenössischen Sitten, Kulturäußerungen und Moden zugunsten derjenigen von gestern steigern kann. Die Forderung, man solle vor den wachsamen Augen der Gemeinde als Beispiel leben, schafft leicht eine zerbrechliche Fassade. Die Elterngeneration hat diesen Lebensstil im allgemeinen aus Überzeugung gewählt, während die Kinder ihn zugeteilt bekommen, aufgezwungen.«

Ingmar Bergman wurde so in eine Umgebung hineingeboren, die schon damals ihrer Zeit um einige Jahrzehnte hinterherhinkte, und manchmal scheint es, als ob seine Erfahrungen mit der Wirklichkeit ihre Wurzeln nicht in der Zwischenkriegszeit, sondern in der Zeit vor dem Ersten Weltkrieg hätten. Was er in seinen Filmen als Jetzt und Heute schildert, wird so »von einem weichen Schein der Unwirklichkeit überzogen, die zu einem Stilmittel wurde« (Marianne Höök).

Seine Einstellung zum großbürgerlich-christlichen Milieu seines Elternhauses ist ambivalent. Einerseits ist die Familie für ihn eine Hölle, und mit Gide ruft er aus: Familien, ich hasse euch!, andererseits findet sich in seinen Filmen eine nostalgische, mit Haß vermischte Liebe zum Bürgerlichen. Marianne Höök schildert die Stimmung in Bergmans Elternhaus in manchen Beziehungen geradezu als idyllisch, eine Schilderung, die mit vielen anderen Tatsachen schwer zur Deckung zu bringen ist:

»Der Umgangston war froh und weltlich und vermischt mit einer gewissen lutherischen Freiheit im Ausdruck. Die Kinder mußten nicht öfter als jeden zweiten Sonntag zur Kirche gehen, und das wurde kaum als unerträglicher Zwang empfunden ... Zu den idyllischen Gewohnheiten im Pfarrhause gehörten Kamin, Nüsse und lautes Vorlesen an Sonntagabenden. Die Wangen der Kinder, die bäuchlings auf dem Teppich lagen, röteten sich, die Nußschalen zerplatzten in der Glut, Mutter las vor, und man spann sich ein in einen Kokon des Wohlbehagens und der Nähe. Wenn das laute Vorlesen beendet war und kalter Lernzwang und Schulmontag durch die

Kaminwärme zog, wurde Ingmar gerne krank. Schon früh hatte er sich ein Alibi gegenüber den Anforderungen des Lebens durch eine gewisse Empfindlichkeit geschaffen, bei der die Grenze zwischen Simulation und psychosomatischen Symptomen fließend war. Mutter war voller Verständnis, weil sie der Meinung war, Ingmar habe ihre eigenen Beschwerden geerbt. Damals wurde der Grund zu den nervösen Magenbeschwerden gelegt, die sich später fixierten und in Ingmar Bergmans Erwachsenenleben als Notsignal in Streßsituationen bewähren sollten. Wenn er sich dann im Sophiahemmet behandeln läßt, ist das mehr eine Rückkehr in Kindheitssituationen als eine Krankenhausbehandlung im eigentlichen Sinne des Wortes.«

Damit deutet sich schon an, was auch Marianne Höök bei der Schilderung der Pfarrhausidylle zugeben muß: daß diese nämlich auf einem vulkanischen Grunde ruhte. Einmal war da die komplizierte Beziehung zwischen seinen Eltern, die – der Zeit und den Rollenerwartungen gemäß – eingeschnürt in das eiserne Korsett der Konventionen zusammenleben und Eintracht zeigen mußten. Der stark autoritäre, heftig aufbrausende Vater, ein strenger, fordernder Priester, dem zwar der jüngste Sohn der Lieblingssohn war, den er jedoch unter seinen Ausbrüchen leiden ließ, und die willensstarke Mutter, die sich nie unterkriegen ließ, mit einem unstillbaren Drang, alles zu ordnen und zu arrangieren, überall Regie zu führen. Der kleine Ingmar fühlte sich stark zu ihr hingezogen.

Diese Idylle im Pfarrhaus zeigt also starke Zeichen der Unterdrückung. Liebe und Quälerei, Idylle und Entsetzen lagen nahe beieinander. Im Zeitungsinterview mit dem Pariser *L'Express* nannte Ingmar Bergman seine Erziehung »einen Kampf auf Leben und Tod, entweder vernichtete man die Eltern oder sie vernichteten das Kind«, das zu einem »Affen in einem hierarchischen System dressiert« werden sollte, ganz gleich mit welchen Mitteln, es sollte nicht geformt, sondern zerbrochen werden: durch streng methodisch – nach Gerichtssitzungen im väterlichen Zimmer – verhängte Strafen, sei es der kalten Nichtachtung und dem Einsperren in dunkle

Garderoben, sei es der – grausamen und systematischen – Mißhandlung mit dem Rohrstock.
Bergman berichtet offen über die nazistischen Tendenzen in seinem Elternhaus und in der Schule. Er selbst verbrachte als Schuljunge einen Sommer in einer nazistischen Familie in Deutschland (1934) und erinnert sich mit Bitterkeit an seine Schutzlosigkeit der nationalsozialistischen Ideologie gegenüber, da sowohl sein Vater wie seine Lehrer Deutschlandverehrer waren. Das Kriegsende mit der Enthüllung aller Greueltaten im Namen des Nationalsozialismus kam wie ein Schock für ihn. Es sollte, so sagt er, bis in die sechziger Jahre dauern, bis er sich wieder für Politik zu interessieren vermochte.
Die Bestrafungsrituale der Jugend finden ihren Niederschlag in manchen seiner Filme: in *Hets* läßt er den Lehrer Caligula sich in einer Garderobe verkriechen, in *Stunde des Wolfes* erinnert sich Johann Borg und in *Von Angesicht zu Angesicht* Jenny daran, daß sie in ihrer Jugend zur Strafe in eine Garderobe eingesperrt gewesen waren. Der Film ist also das Werkzeug, mit dem er seine frühen Empfindungen analysiert und verarbeitet, um so trotz allem mit ihnen umgehen zu können.
Eingesperrt und isoliert zu sein ist in der elterlichen Pfarrei jedoch kein Schicksal, das nur den jungen Ingmar Bergman trifft; in diesem Haus, in dem nach Ingmar Bergmans Worten »alles fünfzig Jahre hinter der Zeit« war und »ohne jegliches Verständnis für die Welt draußen, in die ich später geworfen wurde« – in diesem Heim lebt die ganze Familie in einer Atmosphäre, die sie von der übrigen Welt absperrt. »Die Pfarrei wurde selbst zu einem Kleiderschrank für die Eltern und ihre drei Kinder.« (Martin Drouzy)
Die ersten sechs Jahre seines Lebens verbrachte der junge Ingmar in dem kleinen Pfarrhaus nördlich von Stockholm – abgesehen von gelegentlichen Besuchen oder Sommerferien bei der Großmutter in Dalarna oder später in Uppsala, wohin es ihn immer zog – ein Haus, das ihn mit all seiner altertümlichen Einrichtung, den vielen Möbeln, Bildern, Portieren, faszinierte.
Die erste klare Erinnerung an Bilder und an die suggestive

›Die Zauberflöte‹ – eine Kindheitserinnerung

Kraft von Bildern geht jedoch noch auf die Zeit zurück, als Ingmar noch auf dem Schoß seiner Mutter saß.
»Wir wohnten in der Skeppargatan, und ich kann nicht älter als zwei Jahre gewesen sein. Ich wurde gefüttert, und wir saßen dem Fenster gegenüber. Das Fenster spiegelte am Rande der Scheibe. Ich weiß noch, daß ich mich bewegte und daß die Spiegelung sich auch bewegte. Diese Erinnerung steht mir so klar vor Augen, als sei es erst gestern gewesen.
Dann waren da die *Laterna magica*-Bilder, die ich früh erlebte, weil mein Vater sich ihrer oft beim Unterricht bediente. Da gab es Serien über das Leben von Jesus, im Gemeindesaal ›Eine Reise ins Heilige Land‹ oder sowas, für mich war das faszinierend.

Dann wurde ich zum erstenmal mit ins Kino genommen. Ich war sechs Jahre alt. Viel habe ich nicht mitbekommen, aber ich erinnere mich an lange Szenen des Films. Das war eine wichtige Erfahrung.«

Etwas später machte er auch Bekanntschaft mit dem Theater und sah *Rotkäppchen* mit dem jungen Alf Sjöberg. Das muß 1925 gewesen sein, als Sjöberg nach dem Besuch der Theaterschule am Kgl. Dramatischen Theater engagiert wurde. Der Besuch endete unglücklich; Ingmar weinte, wie Vernon Young zu berichten weiß, so laut über das Schicksal des Mädchens (oder war es das der Großmutter?), daß er aus der Vorstellung entfernt werden mußte.

Damals waren seine Eltern gerade in die Hauptstadt gezogen, wo sein Vater zunächst Kaplan an einem Gemeindehaus und dann Pfarrer der Hedvig-Eleonora-Kirche auf Östermalm war. Mit seinem älteren Bruder besuchte er im Östermalm-Gymnasium die Filmvorführungen am Sonnabendnachmittag. Besonders faszinierten ihn der Projektor und der Junge, der ihn bediente. In der Familie gab es eine vermögende Tante, die stets recht aufwendige Weihnachtsgeschenke machte. Als Ingmar so ungefähr neun oder zehn Jahre alt war, schenkte sie dem Bruder einen Kinematographen – an der Verpackung schon deutlich als solcher zu erkennen –, wie er ihn sich schon immer gewünscht hatte, für den er aber als zu jung gegolten hatte. Die hüpfenden Bilder auf der Leinwand, das geheimnisvolle Dunkel des Raums, Geräusch und Lichtstrahl des Projektors – das waren Erinnerungen aus der Jugend, die ihn nie verließen, an denen er sich berauschte, die er sich immer wieder und wieder wachrief. In *Das Gefängnis* findet sich eine Szene, in der Bergman eine der Filmszenen, die ihn als Jungen beeindruckt hatten, nachgestaltete.

Seit dem zehnten Lebensjahr verbrauchte er sein Taschengeld meist dafür, sich kurze Filmstreifen anzuschaffen. Der erste Film, den er kaufte, war eine kurze Szene mit einem Mädchen, das auf einer Wiese lag und schlief. Das Mädchen wacht auf, streckt die Arme und geht weg. Das ist alles – doch er sah sich dieses Filmchen immer und immer wieder an, unermüdlich. Später, als er einen eigenen Projektor besaß, klebte er die einzelnen Filmstreifen zusammen, schuf bis zu zweihundert Meter lange eigene »Filme«, wobei er die Gesetze des Schnitts und der Montage entdeckte und eine eigene Filmdramaturgie entwickelte. Auch hatte er herausgefunden, daß man die Filmschicht durch Soda auflösen und dann mit Tusche direkt auf dem Film malen konnte. So entstanden ganz eigenartige, sprunghafte Filme mit merkwürdiger Handlungsfolge. Erhalten ist davon nichts – als er größer wurde, gab er alles an einen Vetter weg. Und doch war diese Periode im Elternhaus nicht nur für die eigene Entwicklung wichtig, sondern auch zur Selbsterhaltung.

Jugend in Sturm und Drang

Eine deutliche Grenze scheidet die Welt der Kindheit und die chaotische Jugendzeit Ingmar Bergmans voneinander. Sie verläuft dort, wo die Familie, als Ingmar sechzehn Jahre alt wurde, vom Sophiahemmet ins innere Östermalm umzieht, zur Hedvig-Eleonoren-Gemeinde, deren Kirche schräg gegenüber der Wohnung lag und deren Glockenklang ihn durch die ganze Schulzeit und viele seiner Filme verfolgte.
In dieser Zeit begann seine Hinwendung zur dramatischen Literatur. Insbesondere Strindberg wurde zu seinem Favoriten. Er vertiefte sich in seine Werke. Seitenlang konnte er aus ihnen zitieren und legte so den Grund dafür, daß er wenige Jahre später mit einem gewaltigen Sprung aus dem Stand die Regie bei Strindberg-Inszenierungen übernehmen konnte. Von hier aus führt ein direkter Weg zu seiner Theaterkarriere, während man sich sicherlich hüten sollte, in den kindlichen, spielerischen Versuchen mit Filmen und dem Puppentheater – auch wenn Ingmar Bergman das Puppentheater 1951 in seinen Reklamefilmen noch einmal einsetzen sollte – schon die Ankündigung eines kommenden Genies zu sehen. Kinder spielen alle in einem gewissen Alter Theater, und es wäre ungewöhnlich, wenn sie es nicht täten. Was Ingmar Bergman von anderen hier unterscheidet, ist nur die Intensität und das Festhalten daran bis über das »normale« Alter hinaus. Und Ingmar Bergman selbst erinnert sich noch ein Menschenalter

später daran, ebenso klar wie an frühe Kindheitserlebnisse, an den ersten eigenen Projektor, die ersten eigenen Filme, die Puppentheaterversuche – aber auch die eigene Isolation, die Unsicherheit und die Sehnsucht nach jemand, der ihn an die Hand genommen und ins Leben hinaus geführt hätte.
1937 legte Ingmar Bergman sein Abitur ab, ein Erlebnis, das er später im Drehbuch von *Hets* verarbeitete, und verbrachte, bevor er seinen Wehrdienst antrat, den Sommer auf den Stockholmer Schären. Dieser Sommer in den Schären wird später gestaltet in *Einen Sommer lang* – das Manuskript dazu entstand schon unmittelbar nach dem Erlebnis des Schärensommers, das er verarbeiten mußte, von dem er sich befreien wollte.
»Während des Schärensommers mußte er bitter erkennen, wie anders er war. Andere Jungen badeten, spielten Tennis, hörten Jazz, fuhren Motorboot, tanzten. Er würde so gerne mitmachen, leben, doch für ihn war nichts selbstverständlich. Er war merkwürdig gekleidet, konnte nicht tanzen, wagte nicht kopfzustehen, verstand nichts vom Jazz, konnte nicht Tennis spielen und durfte nachts nicht wegbleiben ... Statt dessen las er Nietzsche und versuchte, die Menschheit zu verachten.
So wie er in seiner Kindheit ins Dunkle und in den Lichtschein der *Laterna magica* geflüchtet war, benutzte er in seiner Jugend den Film als Droge und Betäubungsmittel. Fast jeden Abend ging er ins Kino, sonntags sogar zweimal. Es spielte keine Rolle, was er sah.« (Marianne Höök)
Wieweit diese Jugenderinnerungen Ingmar Bergmans wirklich zutreffen, ist schwer zu entscheiden. Seine Mutter erinnert sich dieser Zeit ganz anders. In der Familie Bergman seien die Freunde der Kinder immer willkommen gewesen. Ingmar Bergmans Biographin Marianne Höök verweist auch darauf, daß Ingmars Abitur mit Tanz gefeiert wurde und es fotografische Beweise für sommerliche Ausflüge und Bootfahrten gibt. Und während die Schulzeit in *Hets* als Zeit schierer Unterdrückung erscheint, erinnert sich ein Klassenlehrer Ingmar Bergmans als eines netten, sympathischen und fleißigen Schülers, dessen Verhältnis zu seinen Lehrern ohne alle

Spannungen gewesen sei. Im Abitur fiel er allerdings in Latein durch, weil er die schriftliche Arbeit verpatzte. Latein war eigentlich sein Lieblingsfach, und die Arbeit ging wohl auch nur deshalb daneben, weil er am Tage vor der schriftlichen Prüfung am Begräbnis eines Amtsbruders seines Vaters teilnehmen mußte und dann, sei es aus starker Empfindsamkeit, sei es aus unbewußter Rache an seinen Eltern, nicht die gewohnte Leistung erbrachte.

Wider Erwarten gefiel ihm der Wehrdienst, den er nach dem Abitur absolvierte, und 1938 schrieb er sich in der damaligen Stockholmer Hochschule als Student ein. Studienfach: Literatur- und Kunstgeschichte – ein Studium, das ihn sehr langweilte und das er bald abbrach.

Noch im ersten Studienjahr kam er mit einer christlichen Freizeitinitiative in der Stockholmer Innenstadt in Kontakt, Mäster-Olof-Gården. Diese Begegnung wurde entscheidend: schon bald bildete er dort ein ambitioniertes Amateurtheater und probte noch im gleichen Jahr seine erste eigene Inszenierung. Der Mäster-Olof-Gården war 1931 von dem Pastor J. W. Johnsson und dem Vikar Gabriel Grefberg zur Freizeitgestaltung für Jugendliche der Stockholmer Storkyrkan-Gemeinde gegründet worden. Die Idee schlug ein, und schon bald wurde ein Full-time-Sekretär eingestellt, Sven Hansson, ein idealistischer junger Mann, der als Buchhändler gearbeitet hatte. Der Stockholmer Christliche Studentenverband schlug 1937 vor, die Aktivitäten um eine Theatergruppe zu erweitern. Hansson fuhr nach London, um sich die Theaterarbeit der Jugendklubs im Londoner East End anzuschauen. Begeistert kehrte er zurück. Was englische Jugendliche könnten, müßten Stockholmer doch wohl auch schaffen. Doch war dies leichter gesagt als getan, und Hansson entdeckte bald, daß es ohne einen künstlerischen Leiter mit dem Theater nicht gehen würde. Fritiof Billquist berichtet in seiner Bergman-Biographie Einzelheiten der ersten Begegnung zwischen Hansson und dem jungen, völlig theaterunerfahrenen Ingmar Bergman, die dazu führte, daß dieser das Zepter im Mäster-Olof-Gården übernahm:

»Hansson erinnerte sich eines Tages, daß er während seiner

Zeit als Buchhändler eine literarisch interessierte Dame zur Kundin hatte, die über großes Organisationstalent verfügte. In der Hedvig-Eleonoren-Gemeinde, in der ihr Mann Pfarrer war, hatte sie Bibelkreise und Lesezirkel gegründet. Die Liste der Buchbestellungen war häufig recht umfangreich, und manchmal wurden die Bücher von ihrem Sohn, einem Schüler des Palmgren-Gymnasiums, abgeholt ... Er war von Strindberg wie besessen und teilte dessen Lebensauffassung vollkommen, besonders was die Frauen betraf! ... Ganze Dramenszenen konnte er auswendig zitieren, und wenn Hansson seine Auffassung der Rollen darlegte, wurde er von dem jungen Mann in einer Art und Weise widerlegt, die Reife und Kenntnis verriet.
Hansson rief die Pfarrersfrau an und wollte den Sohn sprechen ... Punkt sechs Uhr abends am selben Tag kam der junge Student zum Mäster-Olof-Gården. Hansson berichtete in Einzelheiten über seine verunglückten Shakespeare-Proben. Der Student hörte zu, seine vogelähnliche Gestalt beugte sich vor, mit einem feuchten Glanz in den Augen. ›Ich kann das nicht hinkriegen‹, sagte Hansson hilflos, ›ich weiß nicht, woran das liegt. Willst du an meiner Stelle der Theaterleiter der Stiftung werden?‹ ... Sven Hansson berichtet, daß er ihm völlig freie Hand ließ, insbesondere weil er es verstand, sich von Anfang an nach den gegebenen Möglichkeiten zu richten. Er hatte einen nüchternen Blick für die begrenzten Möglichkeiten des Unternehmens, ›und was das Künstlerische anging, sah ich ein, daß ich ihn trotz meiner Londoner Studien nichts lehren konnte‹.«
Sobald Ingmar Bergman sich mit dem »Schauspielermaterial« des Mäster-Olof-Gården vertraut gemacht hatte, war ihm völlig klar, daß er damit eine Shakespeare-Inszenierung nicht wagen konnte. Statt dessen wählte er sich ein Stück, das damals in Schweden sehr populär war, Sutton Vanes *Outward Bound* (In fremden Häfen); die Passagiere eines Ozeandampfers entdecken, daß sie tot sind. Ingmar Bergman selbst übernahm die Rolle Gottes, im Stück »Kontrolleur« genannt.
Seine zweite Inszenierung, 1939, ist Strindbergs *Lycko-Pers*

Resa, es folgt im gleichen Jahr Pär Lagerquists *Han som fick leva om sitt liv* und 1940 Shakespeares *Macbeth,* wo er die Rolle König Duncans übernimmt, sowie von Strindberg *Pelikanen* (Der Scheiterhaufen) und *Svanevit. Pelikanen* inszenierte er schon für das Stockholmer Studententheater, das auf ihn aufmerksam geworden war und das trotz seines Namens kein reines Amateurtheater war, da es auch professionelle Schauspieler beschäftigte. Ingmar Bergman verlangte es nach größeren szenischen Möglichkeiten, und er wollte auch mit ausgebildeten Schauspielern arbeiten. Als Ingmar Bergman endgültig sein Studium aufgab, bekam er eine – unbezahlte – halbe Stelle als dritter Regieassistent an der Kgl. Oper in Stockholm, ein Posten, in dem er nicht viel mehr war als ein besserer Laufbursche, der den Sängern das Bier aus der Theaterkantine holte. Doch lernte er auf diese Weise immerhin ein professionelles Theater von innen kennen.
In dieser Zeit traf Ingmar Bergman Elsie Fischer, eine in England ausgebildete norwegische Tänzerin, die in einem Programm auftrat, zu dem sie selbst die Choreographie entworfen hatte. Er war sehr beeindruckt, und da er damals gerade an einer Ballettpantomime für Kinder arbeitete, bat er sie, daran mitzuarbeiten. Elsie Fischer wurde seine erste Frau – eine Ehe, die fünf Jahre hielt. Elsie Fischer veranlaßte ihn, seine ersten eigenen Stücke zu schreiben: *Kaspers död,* 1942 bei Studentteatern inszeniert, und *Tivolit,* 1943 ebendort aufgeführt.

Erste Filmerfahrung

Schon die Premiere von *Kaspers död* erfuhr positive Kritiken – viel Ehre für den erst vierundzwanzig Jahre alten Dramatiker –, und Stina Bergman, die Leiterin der Drehbuchabteilung von Svensk Filmindustri, wurde auf ihn aufmerksam. Ingmar Bergman nahm die angebotene Stelle an – die erste bezahlte Stellung seines Lebens! Dort schrieb er Entwürfe, Bearbeitungen und fertige Manuskripte für Filme in einem nie versiegenden Strom. Die meisten wurden mit mehr oder weniger Hochachtung abgelegt, einige wurden nach Jahren

wieder hervorgeholt und nach mehr oder weniger starker Überarbeitung verfilmt.
Ein Manuskript aber aus der unendlich fleißigen Produktion jener Jahre schlug seine Chefin Stina Bergman zur sofortigen Verfilmung vor: *Hets*. Victor Sjöström, damals künstlerischer Leiter bei SF, schloß sich diesem Vorschlag an und empfahl das Manuskript der Hauptverwaltung. Dort entschied man sich überraschend schnell und positiv – der glückliche Verfasser erhielt als erstes Honorar einen Scheck über zweitausend Kronen. Sein normales Monatsgehalt bei SF betrug damals fünfhundert Kronen. Damit konnte die Hochzeitsreise mit Elsie Fischer nachgeholt werden. Die Jungverheirateten fuhren nach Göteborg und saßen dort drei Tage lang ununterbrochen im Theater.
Für die Verfilmung von *Hets* engagierte Svensk Filmindustri den erfahrenen Alf Sjöberg als Regisseur, doch Ingmar Bergman wurde sein Regieassistent – und zum erstenmal in seinem Leben betrat er ein Filmatelier und damit die Szene, die sein weiteres Leben bestimmen sollte, jedenfalls in den Augen der Welt. Denn wann immer es möglich war, kehrte er zum Theater zurück.
Hets gilt heute in der Filmgeschichte als der erste Bergman-Film, obgleich Sjöberg natürlich in der Zusammenarbeit dominierte. Darin liegt, nach Gösta Werner, eine tiefe Ungerechtigkeit gegenüber Sjöberg. »Bergmans eigene frühe Filme, vor allem sein Debütfilm *Kris* aus dem folgenden Jahr, zeigen psychologisch wie dramatisch eine solche Unreife, daß seine unbestreitbaren Verdienste bei *Hets* gerade in diesen Punkten als entscheidend anzusehen sind und auf Sjöbergs Können zurückgeführt werde müssen.«
Zur gleichen Zeit waren Ingmar Bergmans Inszenierungen am Theater auch andernorts aufgefallen: in Hälsingborg. Dort war das Stadttheater in wirtschaftliche Schwierigkeiten geraten, nachdem staatliche Zuschüsse ausgeblieben waren, und man suchte nach einem Ausweg. Man bot dem sechsundzwanzigjährigen Ingmar Bergman die Stelle als Theaterchef an – er schlug zu und wurde der jüngste Theaterchef des Landes. Sein Ensemble durfte er sich selbst aussuchen – unter

Der Künstler als junger Mann

einer Bedingung: die Schauspieler durften nur geringe Gagen bekommen, und die Inszenierungen durften auch nicht viel kosten.

Ab Herbst 1946 war Ingmar Bergman als Regisseur am Stadttheater Göteborg engagiert, wo er bis 1949 blieb. Doch schon ein Jahr vorher hatte er seine erste Regiechance als Filmregisseur erhalten: *Kris*.

Die frühen Jahre

Theaterchef, Theaterregisseur, Filmregisseur und Schriftsteller – Bergmans Produktivität war unerhört in jenen Jahren. Doch lagen seine eigenen Manuskripte, selbst nach dem Erfolg von *Hets,* zunächst nur in den SF-Archiven. Seine erste Chance zu einer eigenen Filmregie bekam Ingmar Bergman auch nur deshalb, weil SF jemanden suchte, der Leck Fischers *Muttertier* verfilmen wollte – ein dänisches Stück, das SF erworben hatte und von dem Ingmar Bergman nichts hielt: »reine Publikumshurerei«, nannte er es später.
Um nicht untätig zu sein und seinen Filmruf wiederherzustellen, ging Ingmar Bergman danach auf das Angebot Lorens Marmstedts ein, für dessen junge Terrafilm Regie zu führen. Aber auch hier mußte er sich mit fremden Stoffen begnügen: *Es regnet auf unsere Liebe* (1946) basierte auf einem norwegischen Stück, *Schiff nach Indialand* (1947) auf einem Stoff von Martin Söderhjelm, *Musik im Dunkeln* und *Hafenstadt* (1948) auf Romanen von Dagmar Edquist und Olle Länsberg. SF verfilmte nur zwei Manuskripte Ingmar Bergmans – *Frau ohne Gesicht* (1947) und *Eva* (1948), doch hier führte nicht Ingmar Bergman die Regie, sondern der Filmveteran Gustaf Molander.
Beim Theater war ihm schnellerer Erfolg beschieden. Der Autor von *Hets* sah sehr bald auch seine früher geschriebenen Stücke auf der Bühne: Schon am 12.9.1946 hatte *Rakel och biografvaktmästaren* (Rachel und der Kinokontrolleur) Premiere, es folgte im Januar 1947 *Dagen slutar tidigt* (Der Tag endet früh) und *Mig till skräck* (Zu meinem Schrecken) im Oktober des gleichen Jahres.
Von seinen Inszenierungen am Göteborger Theater wurden vor allem berühmt Albert Camus' *Caligula* (Premiere 29.11.1946) und Tennessee Williams' *Endstation Sehnsucht* sowie einige Anouilh-Inszenierungen, die große Anerkennung fanden.
1950 wurde Ingmar Bergman nach Stockholm an das Königliche Dramatische Theater berufen, an dem er später so lange

Jahre verbringen sollte. Doch trotz einer erfolgreichen Inszenierung von Björn-Erik Höijers *Det lyser i kåken* folgte zu seiner Enttäuschung kein dauerndes Engagement in Stockholm. Private Enttäuschungen, filmische Mißerfolge kamen hinzu – und Bergman flüchtete die folgenden sechs Jahre nach Malmö.
Diese Jahre waren für Ingmar Bergman in vieler Hinsicht ruhiger und entspannter. Das zeigt sich auch in seinen Filmen: Die leichten und frischen Filme *Sommarlek* (1950), *Kvinnors väntan* (1952) und *Sommaren med Monika* (1952) spiegeln nicht das gleiche disharmonische Temperament wie frühere Filme.
In der Malmöer Zeit schuf er einige hervorragende Theateraufführungen – Strindberg, Pirandello, Kafka, Ibsen und Goethes *Urfaust.* Dazu kamen – was wohl niemand von dem ernsthaften Ingmar Bergman erwartet hatte – zwei strahlendfestliche Inszenierungen: Molières *Don Juan* (Premiere 4.1.1955) und Franz Lehárs Operette *Die lustige Witwe* (Premiere 1.10.1954) – »letztere sicherlich die lebendigste und eleganteste musikalische Inszenierung im Nachkriegsschweden« (Gösta Werner).
Bergmans Liebe gehört dem Theater. Seine beständigsten Erfolge waren anfänglich beim Theater, und er selbst sagt, daß er gut und gerne ohne Film leben könne, doch nie ohne Theater. »Das Theater war seine treue Ehefrau, der Film seine Geliebte«, meint Jörn Donner, damals Kritiker bei *Dagens Nyheter,* aber:
»Ingmar Bergman ist kein Erneuerer des Theaters. Als Theatermann ordnet er sich dem Text unter und versucht, dessen ergebener und einfühlsamer Mittler zu sein. Manchmal vermittelt er auch seine eigenen Texte. Doch niemals nimmt er sich solche Freiheiten wie ein Brecht, ein Strehler oder ein Vilar. Es scheint, als ob er nicht einmal eine Theorie besäße, wie Theater eigentlich sein sollte. Er arbeitet innerhalb des Rahmens gegebener Traditionen und versucht, eine Qualität zu schaffen, wie sie für jedes Theater wichtig ist, ob alt oder neu. Er betont das Gefühl für das Ensemble als Ganzes. Seine Szenengestaltung ist plastisch anschaulich, beweglich.

Er schafft eine disziplinierte Ganzheit, in der er als Mittler des anonymen Verfassers auftritt. Der Theatermann Ingmar Bergman scheint von dem gleichen anspruchsvollen Stolz besessen zu sein wie der alte Dirigent Sönderby in *An die Freude*. Sönderby begnügt sich damit, die alten Werke ›in ihrem Geist und wahrhaftig zu deuten‹.«
Die ersten vier Filme, die Ingmar Bergman zwischen *Krise* und *Gefängnis* drehte, bezeichnen sozusagen seine Lehr- und Wanderjahre als Regisseur des Films. In ihnen zeigt er sich als Sprecher einer neuen Generation. Obwohl Sjöberg später noch weitere bemerkenswerte Filme drehte, überflügelte ihn sein Autor Ingmar Bergman bald. Er wurde gleichsam zum Symbol für die zweite Blüte schwedischer Filmkunst. Nach einigen unausgeglichenen Filmen, in denen er noch recht ziellos den ohnmächtigen Protest der Jugend gegen den Zustand der Welt und der Gesellschaft formulierte, »schlug er erstmals mit *Fängelse* (1948) das Thema an, das ihn in seinen späteren Filmen immer wieder beschäftigte: die Frage nach der Position des Menschen in der Welt, nach dem Sinn seiner Existenz, nach Gott« (Rune Waldecrantz).
Für seine frühen Filme einen kleinsten gemeinsamen Nenner zu finden ist beinah ein Ding der Unmöglichkeit. Gewiß taucht schon alles auf, was später sein Werk formen sollte, das Gute und das Böse, Gott und der Teufel, die Frauengestalten und Jack der Verführer. Aber am deutlichsten sind die Zusammenhänge nur da, wo – wie in *Hets* oder *Frau ohne Gesicht* – die Drehbücher mit der für den frühen Bergman kennzeichnenden Wildheit die von anderen gestalteten Filme prägten oder wo er – wie in *Gefängnis* oder *Abend der Gaukler* – Autor und Regisseur in einer Person war und sich und seine Vision von der Welt ganz ausdrücken konnte.
Die Filme dagegen, die er nach fremden Drehbüchern inszenierte, sind für manche Kritiker nicht mehr als interessante Fingerübungen.
Gregor/Patalas ziehen die Grenze etwas anders, zwischen den ganz frühen Filmen, aber auch noch *Gefängnis, Einen Sommer lang* und *Ein Sommer mit Monika,* in denen sich junge Paare »gegen den feindlichen Zugriff der Umwelt«

wehren, und ihre Liebe zwischen »äußeren Widerständen und dem Unvermögen der Liebenden selbst zerrieben« wird und sich nur beschädigt zu behaupten vermag, und den folgenden Filmen, wie *Durst, An die Freude, Sehnsucht der Frauen* und *Abend der Gaukler,* in denen es um ältere Frauen und Männer geht, »denen ihr Zusammenleben zum Problem geworden ist«.

Erst in den fünfziger Jahren hat Ingmar Bergman seinen eigenen Stil gefunden und zugleich die technische Perfektion erreicht, die es ihm ermöglichte, sich in der Beherrschung seines Mediums völlig sicher zu fühlen und das zu sagen, was er wollte, und es *so* zu sagen, wie er es sich vorstellte. Dazu gehörte auch die Etablierung der »Bergman-Company«, des festen Stabes an Schauspielern, Kameraleuten und Cuttern, die bei allen seinen Filmen dabei sind, so die Kameraleute Gunnar Fischer (seit 1948) bzw. Sven Nykvist (seit 1961), die Cutter Oscar Rosander (ebenfalls seit 1948) bzw. Ulla Ryghe (seit 1959). In der Auswahl seiner Schauspieler hat Ingmar Bergman sich nie so stark eingeengt, aber schon seit den vierziger Jahren finden wir Gunnar Björnstrand und Erland Josephson (*Es regnet auf unsere Liebe,* 1946), Eva Dahlbeck (*Eva,* 1948) und Harriet Andersson (*Während die Stadt schläft,* 1949). Bibi Andersson, Max von Sydow und Ingrid Thulin kommen dagegen erst Mitte der fünfziger Jahre hinzu.

Bergman und die Gesellschaft

Bislang war jede Premiere eines Bergman-Films jedenfalls für eines gut: mit Sicherheit löste sie Diskussionen aus, Diskussionen, die sich entweder an der Frage entzündeten, was er mit seinen Filmen denn eigentlich meine, was sein wahres Gesicht, seine wirkliche Meinung sei. »Für die schwedische Kritik und das schwedische Publikum wird Ingmar Bergman dadurch zu einer russischen Puppe: Jeder Film präsentiert ein Rätsel, jeder Film kommt dem Kern ein bißchen näher. Doch dann kommt der Augenblick, an dem man zu fragen beginnt: ist das immer das gleiche Rätsel und sollte der Kern letzten Endes leer sein?«
Oder aber die Diskussion entzündet sich daran, daß Ingmar Bergman in einer Zeit, in der gesellschaftlicher Fortschritt durch kollektive Lösungen gesucht wird, die sozialen Bedingungen der Gesellschaft negiert, in der er lebt und produziert, und sich ganz und gar auf individuelle Konflikte und Lösungen zurückzieht.
Oft wird das gleiche Argument von seinen Freunden wie seinen Feinden benutzt. Jörn Donner vermerkt zutreffend, daß die Behauptung, Ingmar Bergman projiziere seine private Welt auf die Leinwand, Lob und Tadel sein kann, und sein Kampf mit Glaubensfragen den einen lobenswert, den andern hemmend erscheint. Ingmar Bergman selbst beschränkt sich darauf, sein politisches Nichtengagement lediglich zu konstatieren:
»Ich hatte keinerlei politische Passionen ... Ich habe die Erlösungsproblematik niemals politisch aufgefaßt, nur religiös ... Existiert Gott oder existiert er nicht ... Und, wenn Gott existiert, was machen wir dann? Wie sieht die Welt aus? Darin lag kein bißchen politische Färbung. Mein Aufstand gegen die bürgerliche Gesellschaft – das war ein Aufstand gegen den Vater. Ich stand am Rande, von allen Seiten mißtrauisch betrachtet und recht großen wirtschaftlichen Schwierigkeiten ausgesetzt ... Manche Dinge drücke ich leidenschaftlich aus, andere sind mir gleichgültig. Ich lasse mich weder in die eine

noch in die andere Richtung pressen oder schieben. Ich weigere mich, mich einer Formel anzupassen oder einem System oder mich einer Richtung zuzuwenden, die mich nicht interessiert. Ich weiß, daß ich in dem Augenblick, da ich das täte, schlechte Arbeit leisten würde ... Ich war nie ideologisch gebunden, das kann ich nicht, das existiert für mich nicht ... Meine Grundanschauung ist es, keine Grundanschauung zu haben. Von einem äußerst dogmatischen Standpunkt her hat sich meine Weltanschauung Stück für Stück aufgelöst. Sie existiert nicht länger ... Ich bin wie ein Radargerät, das Dinge auffängt und in einer gespiegelten Form wiedergibt, gemischt mit Träumen, Erinnerungen und Vorstellungen. Eine Sehnsucht und ein Formwille ... Ich empfinde stark, daß unsere Welt im Begriff ist unterzugehen. Unser politisches System ist zutiefst kompromittiert und unbrauchbar. Unsere sozialen Verhaltensweisen – drinnen und draußen – haben ein Fiasko geschaffen. Die Tragik liegt darin, daß wir die Richtung der Bewegung nicht ändern können oder wollen oder wagen. Für Revolutionen ist es zu spät, und tief im Innern glauben wir nicht länger an ihren positiven Effekt. Um die Ecke wartet eine Insektenwelt, die eines Tages unser hochzivilisiertes Dasein überschwemmen wird. Ich übrigens – ich bin ein braver Sozialdemokrat.«

Das ist die typische Haltung der schwedischen Intelligenz der vierziger Jahre, die die Probleme der Menschheit radikal hinterfragen will, »ohne Rücksicht auf soziale oder politische Konjunkturen« (Maria Bergom-Larsson). Auf diese Haltung und dieses kulturelle Milieu trifft Ingmar Bergman, als er mit dem Film zu arbeiten beginnt, ein Milieu, das sich eigenartigerweise in eine Art innerer Emigration zurückgezogen hat und sich später auch weigert, zur Polarisierung des kalten Krieges Stellung zu beziehen, sondern nach einem »dritten Standpunkt« sucht und, um der Entweder-oder-Problematik zu entkommen, seine Zuflucht zu Utopien nimmt.

Im gleichen Maße aber, wie das politische Engagement der schwedischen Gesellschaft wuchs, wuchs auch die Beschäftigung mit dem klassenmäßigen Standpunkt des Filmkünstlers Ingmar Bergman. Die politisch motivierten Kritiken an ihm

steigerten sich besonders in den frühen siebziger Jahren. *Bergman und die Vampire* war der Titel einer scharfen Abrechnung in *Dagens Nyheter* (nach der Premiere von *Schreie und Flüstern*), in der Ingmari Eriksson und Sölve Skagen Ingmar Bergman »direkt reaktionäre Tendenzen« vorwarfen, weil er unter völliger Aufhebung der Klassengrenzen ein nihilistisches und ahistorisches Weltbild präsentiere, in dem die Menschen sich nicht entwickeln, sondern in einer statischen Hierarchie gefangen sind, »zuoberst ein tauber Gott«.
Die Einsicht in die Angst, die Eriksson und Skagen als das zentrale Thema seines Werkes herausstellen, fehlt nach Kjerstin Norén bei Ingmar Bergman, weil ihm die Einsicht in die eigene klassenmäßige Verankerung fehlt, so daß er nur – wenn auch mit großer Schärfe – zeigt, wie die Bürgerklasse auf eine Wirklichkeit reagiert, die durch Klassenkampf und soziale Umwälzungen bestimmt ist.
In einer 1977 erschienenen Studie untersuchte Maria Bergom-Larsson ausführlich das Verhältnis von »Ingmar Bergman und der bürgerlichen Ideologie«, das sie für nicht so gleichgültig und nebensächlich hielt, wie man meinen könnte, weil gesellschaftliche oder politische Fragen ja nicht das Spezifische und Einzigartige an seinen Filmen sind. Doch repräsentieren drei Themen in Ingmar Bergmans Filmen typisch die bürgerliche Ideologie, einmal die patriarchalische Ideologie, d. h. das Bild der bürgerlichen Familie mit autoritärer Vaterstellung, dann die Auffassung vom Künstler und seiner Rolle in der Gesellschaft und drittens die Zeichnung der Gesellschaft als einer »bedrohlichen Außenwelt«, die in scharfem Gegensatz zur Intimsphäre steht, einer Intimsphäre, die in ihrer Isolierung wiederum von Dämonen bedroht wird, die den Menschen zu vernichten trachten.
Daraus zieht Bergom-Larsson den Schluß, daß das Fehlen einer Klassenperspektive mit ein Grund dafür ist, daß Ingmar Bergman die Angst so einfühlsam gestalten, aber niemals die zugrundeliegenden Ursachen in den Griff bekommen kann, so daß sein künstlerisches Schaffen zu einem Balancegang zwischen Realismus und ideologischer Reproduktion wird: So werden die Konflikte der bürgerlichen Gesell-

Mit der langjährigen Gefährtin und Hauptdarstellerin Liv Ullmann

schaft, ihre Seelenlage, ihr Bild von der Welt und dem Menschen mit unerhört dichtem und oft kritischem Realismus gestaltet, auf der anderen Seite aber die klassenmäßigen Bedingungen der Bürgerklasse und ihre in höchstem Maße wirklichen und wahren Erfahrungen als allgemeinmenschliche generalisiert.

Bergom-Larsson versucht, Ingmar Bergmans gewaltige Erfolge als Künstler in der gesamten westlich beeinflußten Welt vor diesem Hintergrnd zu sehen: Seine einzigartige Stellung müsse von einer emotionalen Bereitschaft der kapitalistischen Ober- und Mittelklasse für die Problemkomplexe und das Lebensgefühl, das seine Filme gestalten, vorbereitet sein. Eine wichtige Ursache seines Erfolges sieht sie in der starken Privatisierung, die seine Filme den gesellschaftlichen Problemen durchgehend verleihen.

Bergom-Larsson widerspricht auch Jörn Donners Behauptung, daß Ingmar Bergmans Hinwendung zur Gefühlswelt und zu den irrationalen Momenten des einzelnen ihre Wurzeln in der schwedischen Gesellschaft habe. (»Die gesellschaftlichen Fragen sind sicherlich noch nicht endgültig gelöst, aber in den meisten Fällen Fragen der technischen Anwendung geworden. Der schwedische Bürger [kann] zuviel Freizeit einer Selbstbespiegelung widmen, was oft zu verwirrten Eschatologien führt.«) Diese Erklärung hält sie für »verwirrt und zeittypisch«, sie sei geprägt vom Kulturklima der beginnenden sechziger Jahre, die von einem allgemeinen Fortschrittsoptimismus dominiert wurden, einem unerhörten Zutrauen zu den unbegrenzten Entwicklungsmöglichkeiten der »Wohlstandsgesellschaft«, der Beendigung des Klassenkampfes und dem Tod der Ideologien. »Ingmar Bergmans subjektiven Zug damit zu erklären, daß das schwedische Volk zuviel Freizeit hat, ist eine Mystifiktion«: Die Untersuchungen der Lebensbedingungen der ärmeren Schichten des Volkes zeigten ein ganz anderes Bild – aber erst mit dem Einbruch der Dritten Welt in die schwedische Kulturdebatte (vor allem mit dem moralischen Engagement im Vietnam-Krieg) seien die großen Klassengegensätze und das ganze Elend, das auch hinter der Wohlstandsfassade verborgen war, bewußt geworden.

Ana Maria Narti gab in ihrer Kritik der Bergom-Larssonschen Untersuchung den Vorwurf, Ideologie zu reproduzieren, zurück: Die Analyse sei ausschließlich abstrakt, Ideologien und Ideen funktionierten aber nun einmal nicht als abstrakte Kräfte außerhalb des Menschen. Wenn die Ideen nicht mit der Wirklichkeit in Verbindung gebracht würden, könne man Ingmar Bergmans Werk nicht als das erkennen, was es sei, nämlich die Widerspiegelung und das Studium der jetzigen psychologischen Wirklichkeit. Denn die bürgerliche

Ideologie sei schon lange umgewandelt in Gewohnheiten, Beziehungen, Attitüden – zu konkreten menschlichen Wirklichkeiten, die im heutigen Schweden alltäglich als konkrete Kräfte funktionierten. Tatsächlich habe sich die bürgerliche Ideologie über die Klassengrenzen hinaus auf die ganze Gesellschaft verbreitet, und auch die Armen hätten die Überzeugungen und Gewohnheiten der früher Reichen angenommen: Der Arbeiter sei verbürgerlicht. Deshalb sei Ingmar Bergmans Studium des psychologischen Verfalls beim jetzigen Wohlstand prinzipiell wichtig. Die große Leere, die Angst und die Isolierung seien nicht länger typisch für die Reichen; Frau Jacobi in *Szenen einer Ehe* und der Fischer Jonas Persson in *Licht im Winter* litten an der gleichen psychischen Krankheit. Die innere Leere sei ein zentrales Faktum bei Ingmar Bergman und in der schwedischen Gesellschaft.
Für Martin Drouzy dagegen sitzt Ingmar Bergman immer noch eingesperrt im Kleiderschrank und ist Opfer einer Begriffsverwirrung, die derjenigen gleicht, die Platon in seinem Höhlengleichnis beschreibt: Beide betrachten das Schattenspiel an der Wand als Signale der »wahren Welt«, der immateriellen. Im Kleiderschrank seien die Lichtbilder auf der Leinwand aber tatsächlich realer als die Realität draußen. Daher sei es durchaus einleuchtend, daß Ingmar Bergman die Fiktion und die Kunst der täglichen konkreten Wirklichkeit vorzöge. Es sei bedauerlich, daß Ingmar Bergman, obgleich ihm das bewußt sei, trotzdem an der Filmfaszination festhalte und sie als eskapistisches Mittel, als »Teilnahme an einem Traum« rechtfertige: »Er ist Gefangener seines Spiels im Kleiderschrank«.

Die Filme

Von »Hets« bis »Abend der Gaukler«

Unter den achtzehn Filmen, an denen Ingmar Bergman von 1944 bis 1953 mitgewirkt hat, also von seinem Drehbucherstling *Hets* bis zu seinem großen *Abend der Gaukler,* sind nur wenige, die die gleichen Produktionscharakteristika aufweisen, wie sie seinen Filmen heute zu eigen sind, daß Ingmar Bergman nämlich Regie führt bei der Verfilmung eines Stoffes, den er selbst geschrieben hat – ganz zu schweigen davon, daß keiner der Filme – wie es seit 1968 meist der Fall ist – für eine Ingmar Bergman selbst gehörende Produktionsgesellschaft produziert wurde.
Vielmehr lassen sich die in dieser Zeit entstandenen Filme in drei Kategorien einteilen:
– einmal sind da Filme, zu denen er den Stoff lieferte oder das Drehbuch schrieb, aber nicht selbst die Regie führte,
– dann sind da Filme, deren Drehbuch von anderen geschrieben wurde, bei denen er jedoch mit der Regie betraut wurde,
– und schließlich, die kleinste, aber wichtigste Gruppe derjenigen Filme, bei denen sowohl Buch und Regie von ihm verantwortet werden.
Zu der letztgenannten Kategorie gehören nur fünf Filme aus dieser Periode, nämlich *Das Gefängnis* (1948), *An die Freude* (1949), *Einen Sommer lang* (1950), *Sehnsucht der Frauen* (1952) und schließlich *Der Abend der Gaukler* (1953).
Unter den anderen beiden Kategorien finden sich einerseits reine Auftragsarbeiten, deren künstlerischer Wert häufig recht umstritten ist, andererseits jedoch Werke wie *Hets* (1944), die so sehr von Ingmar Bergman geprägt sind, obwohl er gar nicht Regie führte, daß hier der Einfluß und die Bedeutung des Regisseurs in Vergessenheit geriet: Es war Alf Sjöberg, der 1955 noch einmal ein Ingmar-Bergman-Sujet verfilmen sollte, *Das letzte Paar raus.*
Frau ohne Gesicht (1947), *Eva* (1948) und *Geschieden* (1950) standen unter der Regie von Gustaf Molander. Ingmar Berg-

man schrieb die Drehbücher, bei dem letzten dieser Filme gar nur die Vorlage, da SF die endgültige Fassung des Drehbuchs ihrem ständigen Autor Herbert Grevenius übergab, der auch schon bei fünf früheren Ingmar-Bergman-Filmen mitgearbeitet hatte und den eine lange Freundschaft mit Ingmar Bergman verband. Herbert Grevenius schrieb auch das Drehbuch für *Menschenjagd* (1950), eine reine Auftragsarbeit – ebenso wie der von Gustaf Molander inszenierte Film *Geschieden,* beide Filme scheinen mit Ingmar Bergmans sonstigem Werk nicht viel zu tun zu haben. Ingmar Bergman hat sich später davon distanziert.

Noch geringer war sein Einfluß bei *Während die Stadt schläft* (1949), unter der Regie von Lars-Erik Kjellgren. Hier war er nicht viel mehr als ein künstlerischer Berater der Drehbuchautoren – des Regisseurs selbst und des Schriftstellers Per Anders Fogelström, mit dem Bergman jedoch bei *Die Zeit mit Monika* (1952) so erfolgreich zusammenarbeiten sollte.

Darüber hinaus hat Ingmar Bergman noch an einer ganzen Reihe von Filmen mitgearbeitet, ohne daß als Mitverfasser oder Bearbeiter des Drehbuchs sein Name im Vorspann erscheint. Dazu zählen etwa einige Filme aus seiner Zeit als Drehbuchbearbeiter bei Svensk Filmindustri (1942–44). Auch später, als er selber längst berühmt geworden war und sich seine Stoffe frei aussuchen konnte, hat er noch bei anderen Projekten mitgewirkt. So trug er zu Kenne Fants Film *Den kära leken* (Das liebe Spiel) noch 1959 eine Figur bei, die unmittelbar aus seiner Vorstellungswelt entsprungen ist: den tingeltangelnden Filmvorführer.

Weniger bekannt sind seine schauspielerischen Einsätze aus dieser Zeit. Schon in *Hets* tritt Ingmar Bergman persönlich in Erscheinung: In einer Szene geht ein junger Lehrer wortlos über den Schulkorridor und verschwindet. Er kehrt nie wieder – aber das schwedische Publikum hat diesen Auftritt doch in Erinnerung behalten.

In *Durst* begegnen wir Ingmar Bergman als jungem Mann im Zug auf der Reise durchs kriegszerstörte Deutschland, in *An die Freude* als jungem Mann im Wartezimmer, in *Sehnsucht der Frauen* spielt er einen jungen Mann in Paris.

Schauspielerische Auftritte gibt es jedoch auch aus späteren Zeiten. In *Lektion in Liebe* (1962) spielt er wiederum einen jungen Mann im Zug und in *Frauenträume* (1955) den Mann mit dem Hund im Hotelkorridor, in *Ritus* (1968) den Priester. Auch Schnitte ließ er sich gefallen: Seine Rolle als Buchhalter in *Das Lächeln einer Sommernacht* (1959) fiel der Schere zum Opfer.

Hets

Die Hörige, 1944

Als *Hets* 1944 herauskam, besaß Ingmar Bergman als jüngster Theaterchef des Landes zwar schon einen Namen, für das Filmpublikum war er jedoch ein Niemand. Die Vorreklame war schlecht und gab wenig Aufschluß darüber, welch wilder Aufruhr sich in dem Film ausdrückte. Auch Ingmar Bergman selbst tat das Seine dazu, um zu verbergen, was die Zuschauer erwartete.
Erst nach der Premiere gab er etwas mehr von sich über die als »zwölfjährige Hölle« empfundene Schule – zum Entsetzen seiner früheren Lehrer:
»Ich war ganz einfach gezwungen, mir das von der Seele zu schreiben, was ich in all den Jahren gefühlt und erlebt habe. Es wurde so etwas wie eine Novelle daraus, aber als sie fertig war, vergaß ich sie völlig. Etliche Jahre später kam alles wieder hoch, und meine Frau meinte, ich solle einen Film daraus machen. Wir waren damals verlobt und brauchten Geld für eine Wohnung. Und da ich gerade als Drehbuchschreiber bei SF engagiert worden war, versuchte ich es. Ich kann den leitenden Leuten bei SF nicht dankbar genug dafür sein, daß sie vom ersten Augenblick an ein brennendes Interesse für diesen Film hatten. Und daß ausgerechnet Alf Sjöberg derjenige sein sollte, der den Film machen durfte, war ebenfalls ein sehr glücklicher Umstand, nicht nur deshalb, weil er dieselbe Schule besucht hatte und dieselben Lehrer gehabt hatte wie ich.«
Der Film erregte sogleich Aufsehen. Die Presse bezeichnete ihn als »das erste vollkommene schwedische Filmkunstwerk

seit *Fuhrmann des Todes* und *Herrn Arnes Schatz.« Hets* wurde als »bester Film des Jahres« ausgewählt und allein mit vier AT-Statuen, den Filmpreisen der Zeitung *Aftontidning,* bedacht: für die beste Regie, das beste Drehbuch, die beste männliche Schauspielerleistung (Stig Järrel) und die beste Kameraführung (Martin Bodin).

Inhalt: Jan-Erik (Alf Kjellin) arbeitet hart für sein Abitur. Sein Lateinlehrer, von den Schülern voller Haß »Caligula« genannt, terrorisiert die Schüler in krankhafter Weise, ganz besonders Jan-Erik. »Caligula« (Stig Järrel, in bewußter Himmlermaske) wird nach und nach als Nazisympathisant entlarvt; so liest er *Dagsposten,* die schwedische Nazizeitung. Er ist schwankend und sadistisch wie der klassische Caligula.
Jan-Erik trifft ein Mädchen, Bertha (Mai Zetterling), die in der Nähe in einem Tabakladen arbeitet. Sie beginnt, seine Sorgen zu teilen – was seine verständnislosen Eltern, deren großbürgerliches Heim durch die Lektüre großbürgerlicher Zeitungen gekennzeichnet wird, nicht tun. Denn für seine Eltern steht die moralische Integrität eines Lehrers außer Frage.
Bertha berichtet Jan-Erik von unheimlichen nächtlichen Besuchen eines Verfolgers. Eines Tages findet er Bertha tot in ihrem Zimmer auf. Bei der Durchsuchung der Wohnung wird »Caligula« entdeckt, er hat sich voller Angst versteckt, ein zitterndes pathologisches Etwas voller Komplexe und Minderwertigkeitsgefühle, die funkelnde Himmlerbrille in der zitternden Hand. Außerhalb des Klassenzimmers ist er ein Feigling.
Die Polizei glaubt, Bertha sei an Alkoholmißbrauch und Herzversagen gestorben. Jan-Erik aber erkennt, daß der nächtliche Verfolger »Caligula« war. In einer dramatischen Szene beim Schuldirektor klagt er »Caligula« an. Er wird vom Abitur ausgeschlossen, seine akademische Karriere ist verbaut.
Jan-Erik verbirgt sich in Berthas Wohnung, allein mit seiner toten Liebe. Seine Freunde legen das Abitur ab. Der Schuldirektor besucht Jan-Erik in der Wohnung. Vergebens. Nur Jan-

Eriks Freund Sandman (Stig Olin) wagt noch, »Caligula« in aller Öffentlichkeit anzuklagen. Für die Polizei ist »Caligula« nicht schuldig.

Seit Herbst 1942 hatte Ingmar Bergman Bearbeitungen literarischer Stoffe für SF geschrieben. Nach dem Archiv der Firma war seine erste Arbeit *Katinka,* nach einem Roman von Astrid Väring. Während der vierziger Jahre – bis zu seinem großen Durchbruch – schrieb er viele Manuskripte, allein oder zusammen mit anderen (Herbert Grevenius und Lars-Eric Kjellgren). Nur wenige wurden verfilmt. Einige gibt es noch heute. Darin finden sich Ideen, die später bei realisierten Filmen verwendet wurden. Zu den Entwürfen, die Ingmar Bergman lieferte, gehörte *Das Gefängnis* und *Der Fisch* – beide von SF abgelehnt. Ingmar Bergman schrieb häufig Vorworte zu seinen Manuskripten. Seine Bemerkungen deuten darauf hin, daß er sich auch mit den wirtschaftlichen Problemen einer Produktion befaßt hat ... Das ursprüngliche Manuskript wurde 1942 geschrieben. Die Geschichte beginnt mit dem Morgen eines Schultages. Schon diese Bilder deuten die Subjektivität an. Ein Junge wird gejagt und vom Lehrer gefangen. Die Schule ist ein Gefängnis. Caligula ist unendlich einsam. Ingmar Bergman möchte, daß das Publikum Mitleid mit der Schwäche des Mannes fühlt. Er möchte aber auch, daß Caligula »entlarvt wird, ausgemerzt, unschädlich gemacht. Denn es gibt viele Arten Caligulas, größere und kleinere, ziemlich ungefährliche Arten und richtige Monster, unverhüllt und vorsätzlich. Aber an einem erkennt man Caligula immer wieder. Er bewirkt Haß, Muff, Zerstörung unter den Menschen. Er ist der Gemeinschaft fremd, ihm fehlen Kontaktmöglichkeiten und natürliches Mitgefühl.« (Ingmar Bergman im Programmheft zu *Hets*)
»Sjöbergs Erzählstil beherrscht die Gestaltung von *Hets*. Schon in der einleitenden Szene auf der Treppe läßt er sich verlocken, Kompositionen und visuelle Effekte zu verwenden, besondere Kamerawinkel, die dem Erbe des Expressionismus und der frühen Sowjetfilme entstammen. Der intime Ton von Ingmar Bergmans Manuskript wird eliminiert. Die

Erzählung wird gefährlich ästhetisierend, mit ihren drohenden, schwarzen Schatten, Lichtgeflimmer an den Wänden, mit ihrer primitiven epigonalen Technik. Das, was bleibt, sind gewisse Spielszenen, in denen die Dramatik des Dialogs und der dichterischen Stimmung die ästhetische Schablone durchbricht. *Hets* ist ein wertvoller Film, als Ingmar Bergmans nicht als Sjöbergs Film.« (Jörn Donner)

Kris

Krise, 1946

Kris – ursprünglicher Titel *Spelet om Nelly* (Das Spiel um Nelly) ist der erste Film, bei dem Ingmar Bergman selbst Regie führte. Nach dem großen Erfolg von *Hets* vertraute Svensk Filmindustri ihm im Sommer 1945 die Verfilmung eines Stoffes des dänischen Dramatikers Leck Fischer an, der sich in der Theaterfassung als *das* Erfolgsstück der Saison erwiesen hatte: *Moderdyret* (Das Muttertier) hieß das Stück (als Hörspiel etwas dezenter *Moderhjertet* – Das Mutterherz), in Schweden lief es unter dem Titel *Mitt barn är mitt* (Mein Kind gehört mir) im Theater.
Für diesen Regieauftrag brachte Ingmar Bergman die denkbar schlechtesten Voraussetzungen mit: Mit dem Stoff, der nicht von ihm war, hatte er nicht viel im Sinn, und seine gesamten Regieerfahrungen stammten aus den Wochen, in denen er bei *Hets* Regieassistent Alf Sjöbergs gewesen war. Im Grunde gab es für Ingmar Bergman nur einen einzigen Anlaß, den Auftrag zu übernehmen: Er wollte unbedingt selbst Film machen, koste es, was es wolle – und als Regisseur hatte er sich immerhin dadurch empfohlen, daß er das Stück mit Erfolg an seinem Theater in Hälsingborg inszeniert hatte. Doch da kein renommierter schwedischer Regisseur seinen Namen für dieses Rührstück hergeben wollte, kam Ingmar Bergman zum Zuge.
Er machte sich viel Mühe mit der Transformation des ursprünglichen Theaterstoffes in einen Filmstoff – der außerdem noch etwas Bergmansches enthalten sollte:

»Selbstverständlich glaube ich, daß der Film besser ist als das Stück – nein, ich glaube es nicht, doch ich *will* es glauben: Weil man glaubt, daß das, was man gerade macht, das Beste ist, was man je gemacht hat. Ja, das muß man glauben, bis man Abstand davon hat und die Mängel entdeckt. Dann geht das Wagnis von neuem los – mit der nächsten Arbeit.«
Der Film wurde kein großer Erfolg und bestätigte lediglich, daß Ingmar Bergman mit den gewaltigen Erwartungen, die er durch *Hets* erweckt hatte, noch nicht zu einem Alf Sjöberg ebenbürtigen Regisseur geworden war.
Und doch zeigte der Film schon einige typisch Bergmansche Züge, die in allen seinen späteren Filmen wiederkehren sollten: das Milieu des Künstlers, sei es im Zirkus, Varieté oder Theater, hier drängt es sich hinein als ein Theater, das neben dem Schönheitssalon von Nellys Mutter liegt; die Verführungsszene und die Person des Verführers, Jack.

Inhalt: Der Film spielt in einer kleinen friedlichen Stadt, in der Nelly bei ihrer Pflegemutter Ingeborg die ersten achtzehn Jahre ihres Lebens verbracht hat. Man sieht sie fröhlich bei ihrer Hausarbeit – heute wird sie zum erstenmal auf einen Ball gehen, mit dem Agronomen Ulf, der sie umwirbt.
An diesem Tag kommt unerwartet ihre leibliche Mutter Jenny, die immer noch eine attraktive Frau ist, zurück, wenig später auch Jack, ihr Geliebter. Jenny betreibt einen Schönheitssalon; ihr geht es jetzt besser, und sie will ihre Tochter zurückhaben. Auf dem Ball macht Jack Nelly betrunken; sie verursachen einen Skandal in der kleinstädtischen Gesellschaft. Ulf trennt die beiden gewaltsam.
Nelly versucht, ihrem Leben eine neue Wendung zu geben und verläßt die Stadt, um bei ihrer Mutter zu arbeiten. Ingeborg ist darüber enttäuscht.
Jack verführt Nelly, als beide einmal abends allein sind, im Schönheitssalon. Jenny entdeckt die beiden, und nach einem Streit, in dem sie Jacks Erzählungen seines angeblich unglücklichen Lebens als Lügen entlarvt, verläßt Jack den Salon und erschießt sich.
Nelly kehrt in die Kleinstadt zurück zu ihrer Pflegemutter.

Ingmar Bergman über *Kris:* »Der Film ist schlecht, durch und durch schlecht. Carl-Anders Dymling (der SF-Chef) kam zu mir nach Hälsingborg (ich war damals Chef des Stadttheaters dort, 1944, glaube ich). Er hatte ein dänisches Stück eingekauft, das *Moderdyret* oder so ähnlich hieß. Das war gesteigerte Publikumshurerei, das kann niemand abstreiten. Daraus wollte er einen Film machen. Aber alle, die er gefragt hatte, hatten abgewinkt. Er sagte: ›Du kannst einen Film machen, wenn du *Moderdyret* nimmst.‹ Ich antwortete: ›Ich mache jeden Dreck, wenn ich nur Film machen kann.‹ Denn das wünschte ich mir sehnsüchtig, Film machen. Dymling antwortete: ›Abgemacht‹ – und so kam ich an meinen ersten Film. Ich war fast verrückt vor Glück.
Es gibt einen einzigen Teil in dem Film, der stimmt, und das ist im Schönheitssalon, ungefähr zweihundert Meter. Die ganze Sequenz strahlt eine Art Suggestion aus, da stimmt der Film plötzlich.
Als ich *Kris* drehte, war Victor Sjöström der einzige Mensch, der überhaupt mit mir reden konnte, vor dem ich Respekt hatte und der in dieser unglücklichen Zeit nett zu mir war. Er hatte die Aufnahmen gesehen, kam und redete mit mir, und es war praktisch ganz und gar sein Verdienst – er war damals künstlerischer Leiter in Filmstaden –, daß der ganze Film nicht abgebrochen wurde. Es ging um Ingmar Bergmans Sein oder Nichtsein als Filmregisseur. Doch Victor Sjöström redete mit mir allmorgendlich und war nett zu mir, und zugleich nahm er mich richtig, in einer Art, die ich damals noch gar nicht richtig verstand. Er ließ mich an seiner riesigen Erfahrung teilhaben – und ich fühlte mich sicher bei ihm.
Doch später kam Lorens Marmstedt und wurde wahnsinnig wütend, als er die Aufnahmen sah. Er nannte mich einen verteufelten Amateur und inkompetent. Er müsse die Aufnahmen abbrechen ... und darauf hinweisen, daß ich kein Marcel Carné sei und Birger Malmsten* kein Jean Gabin, wir seien Idioten voller Wunschdenken ... Betrüger seien wir, ver-

* Birger Malmsten spielte in *Kris* noch nicht mit, sondern erst im folgenden Film *Es regnet auf unsere Liebe.*

schleuderten sein Geld*, und ich sei ein prätentiöser und unangenehmer Kerl und was noch alles!
Ich gab ihm zurück, er sei ein Playboy und solle sich seinen dämlichen Ludern und seinem Alkohol widmen und sich nicht um Kunst kümmern, denn was das sei, wisse er ja nicht – und in dem Stil ging das weiter. Aber eines lehrte er mich, und dafür bin ich ihm ewig dankbar – abgesehen davon, daß er mich später *Das Gefängnis* machen ließ –, er lehrte mich, die Aufnahmen eines Tages ganz objektiv zu sehen, vollkommen sachlich und kühl.«

Die besten Szenen des Films spielen sich im Schönheitssalon ab, zwischen Jack, Jenny und Nelly. Im Gespräch mit Nelly behauptet Jack, er habe eine Frau umgebracht. Nelly kann sein »Anker in der Wirklichkeit« sein. Nicht die eigentliche Verführung ist es, die der Szene die Stärke verleiht, sondern die folgende Erniedrigung und Desillusion. Jenny enthüllt, daß Jack all das auch ihr erzählt hat. Er hat mit Selbstmord gedroht, vom Revolver geredet. »Ich nehme an, daß du dich jetzt erschießen willst? Du hast doch sicher deinen kleinen Spielzeugrevolver bei dir, mit Platzpatronen geladen – und du weißt ja, wo der Kopf sitzt, daß du nicht vorbeischießt, kleiner Jack.«
Jack antwortet: »Du hast so recht, kleine Jenny. Mir wird es wohl nicht gelingen, mich zu erschießen. Jemand wie ich nimmt sich nicht das Leben. Das wäre stilwidrig.«
Dann geht er raus und erschießt sich.

Det regnar på vår kärlek

Es regnet auf unsere Liebe, 1946

Nach dem finanziellen Fiasko, das Svensk Filmindustri mit dem Regieerstling *Kris* erlebt hatte, zog SF zunächst einmal die fördernde Hand von Ingmar Bergman zurück: Seine weiteren Drehbuchentwürfe, an denen man weiterhin interessiert blieb, wurden dem bewährten SF-Hausregisseur Gustaf

---

* Produzent war SF, nicht Marmstedt.

Molander übertragen, der 1947 bei *Frau ohne Gesicht* und 1948 bei *Eva* Regie führte.
Ingmar Bergman jedoch war fest entschlossen, weiter Filmregie zu führen. Seinen Posten als Theaterchef in Hälsingborg gab er auf. »Für ein drittes Jahr dort wäre ich nicht gut genug«, meinte er bescheiden – und kehrte nach Stockholm zurück. Zweck seiner Rückkehr, so verkündete er, sei ein neuer Film, und zwar, um den schlechten Eindruck bei Presse und Publikum wieder wettzumachen, diesmal kein morbider, sondern am liebsten eine Liebesgeschichte. »Ich glaube, das Publikum sehnt sich nach so etwas. Es hat genug vom Unheimlichen und Ironischen; eine nette und romantische Sache möchte ich machen, mit einem schönen langen Titel.«
Aus seiner Theaterarbeit hatte Ingmar Bergman Verbindung mit einem freien Produzenten, Lorens Marmstedt, der ihn mit offenen Armen aufnahm. Marmstedt besaß die Rechte an einem norwegischen Bühnenstück, *Bra mennesker* (Gute Menschen) von Oscar Braathen, das in Norwegen schon einmal (von Leif Sinding) verfilmt worden war. Ein bekannter Regisseur hatte es enthusiastisch empfohlen.
»Wenn er meint, daß es gut ist, soll er es nicht machen, dachte Marmstedt, und gab es Bergman, dessen Urteil lautete: ›Das ist schlecht; es muß umgeschrieben werden.‹ – ›Wie lange brauchst du dafür?‹ – ›Einen Nachmittag, wenn ich eine Stenotypistin bekomme.‹ Viertel vor fünf hielt Marmstedt das Manuskript zu *Es regnet auf unsere Liebe* in Händen. Was den Titel angeht, hatte Ingmar Bergman sich seinen Wunsch erfüllt. Doch inhaltlich hatte er sich etwas Romantischeres gedacht als dieses Liebespaar, das Anspruch erhob auf die Sympathie der Zuschauer.« (Fritiof Billquist)
Zusammen mit Herbert Grevenius, mit dem ihn bei SF später noch eine lange Zusammenarbeit verbinden sollte, entstand in kurzer Zeit das Drehbuch zu einem Film, der dann schnell und mit billigen Schauspielern produziert werden mußte. Heraus kam ein Leipziger Allerlei, von allem ein bißchen: etwas Volkskomödie und Liebesgeschichte, ein bißchen Moralität (mit einem gottähnlichen epischen Erzähler), ein bißchen Carné-Prévert-Film der dreißiger Jahre; »Carnés Hund

aus *Quai de brumes* trifft auf Schnörkel aus Préverts Märchenwelt« (Marianne Höök). Die Bezüge auf französische Vorbilder wurden durch Göran Strindbergs Kameraführung – ebenso wie bei den beiden folgenden Bergman-Filmen *Schiff nach Indien* und *Musik im Dunkeln* – nur noch unterstrichen, Licht und Dunkel in traumhafter Atmosphäre. Doch wo immer es ging, fügte Ingmar Bergman auch hier Versatzstücke aus seiner Welt ein, die Figur des Teufels taucht als böser Vermieter auf, das Spiegelmotiv, das des Menschen wahres Sein enthüllt, ist da, und auch die Situation der Abgeschlossenheit, des Eingeschlossenseins. Und trotz der Forderung nach billigen Schauspielern ist nahezu die ganze Bergman-Clique der damaligen Zeit beteiligt: Birger Malmsten, Gösta Cederlund, Hjördis Pettersson, Gunnar Björnstrand, Åke Fridell, Sif Ruud und Erland Josephson.

Inhalt: David (Birger Malmsten) und Maggi (Barbro Kollberg) treffen sich im Regen auf dem Stockholmer Hauptbahnhof, zufällig, doch in gleicher, schwieriger Situation: Sie, ein »gefallener Engel«, ist schwanger (was David nicht weiß) von einem Jack, der auf und davon ist. Eigentlich wollte sie Schauspielerin werden. David dagegen kommt gerade aus dem Gefängnis und hat nicht mehr als fünf Kronen in der Tasche. Sie beschließen, sich zusammenzutun, und der gemeinsame Kampf gegen die Umwelt führt sie allmählich zusammen.
Sie finden Unterkunft in einem unbewohnten Sommerhaus. David bekommt, trotz seiner Schwierigkeiten mit der Polizei, Arbeit in einer Blumengärtnerei. Sie wollen heiraten und bestellen das Aufgebot beim Pastor. »Ja, Fräulein, da müssen Sie erst die Bescheinigung zum Einwohnermeldeamt schikken und die neue Anschrift mitteilen, und die schicken das dann weiter nach Furusele und dann zu uns, und dann kriegen Sie die Papiere zurück, und dann können Sie auch das Aufgebot bestellen. Das dauert natürlich ein bißchen – aber Ihr Verlobter muß sich ja auch erst noch ummelden.«
Die Schwierigkeiten häufen sich. Maggi verliert ihr Kind. Sie werden des Diebstahls beschuldigt, und der Eigentümer des

Hauses will sie hinauswerfen lassen. Sie setzen sich zur Wehr und werden wegen Widerstandes gegen den Vollstreckungsbeamten angeklagt. Die ganze Vergangenheit des Pärchens wird in der Gerichtsverhandlung ans Tageslicht gezerrt, und nur dank des Einsatzes ihres Verteidigers werden sie schließlich freigesprochen – eines der wenigen »Happy-Ends« in Ingmar Bergmans Filmen.

»In *Es regnet* hat Ingmar Bergman eine Botschaft: Wir brauchen einander. Man muß jemanden haben, mit dem man verbunden ist, in diesem gewaltigen kalten Universum. Hilfsbereitschaft und praktische Güte sind die einzigen Auswege aus dem sinnlos getriebenen Wirrwarr. Seine Predigt – wenn man mal das Wort verwendet, das er selbst sicherlich zutiefst mißbilligen würde – erfährt ihre starke Wirkung durch die Brutalität und die Rücksichtslosigkeit, mit der er Personen und Probleme darstellt. Er will nichts verdecken, und dieser Wille trifft hart und verletzt sicherlich so manchen.«

(Bengt Chambert in: *Biografbladet,* Stockholm, Nr. 23, 1946)

Skepp till Indialand

Schiff nach Indialand, 1947

Schiff nach Indien ist der zweite Film, den Ingmar Bergman für Lorens Marmstedt machte. Im Formalen ist er vollkommener als die vorhergehenden, doch ohne das Lustspielhafte, das er in *Es regnet auf unsere Liebe* versucht hatte. Vielmehr ist ein verbissener und verkrampfter Vater-Protest daraus geworden.

An den Stoff von Martin Söderhjielm geriet Ingmar Bergman, während er auf eine Entscheidung von SF über seine weiteren Drehbuchprojekte wartete. Die Initiative ging diesmal von Lorens Marmstedt aus, der ihn im Frühjahr 1947 an die Riviera beorderte, wo er gerade Urlaub machte und Roulette spielte. Da Ingmar Bergman es sich nicht leisten konnte, ein Filmangebot auszuschlagen, folgte er Marmstedts Wunsch widerwillig. »So wurde ich unterwiesen, teils im Roulettespielen, teils im Drehbuchschreiben.« Herausgerissen aus seiner gewohnten Umgebung, fühlte er sich unwohl. Doch der Stoff interessierte ihn, das Motiv des Ausbruchs, des Strebens nach dem Unerreichbaren und – eingedenk seiner Vorliebe für Strindberg – die Vater-Sohn-Rivalität wegen der Geliebten des Vaters.

Inhalt: Der Film berichtet nicht chronologisch, er ist vielmehr eine einzige Rückblende: Johannes Blom kehrt nach sieben Jahren auf See nach Hause zurück. Er sucht Sally auf, die ihn jedoch zurückweist: Sie brauche sein Mitleid nicht, sagt sie. Johannes geht zum Strand, die Erinnerung an die vergangenen Jahre kommt wieder.
Sein Vater war Kapitän eines Bergungsschiffes, ein brutaler Mann, der seinen schwächlichen Sohn verachtet. Der Vater träumt von weiten Reisen, von Sally und von Indien, wohin er mit Sally fahren will. In Wirklichkeit beginnt er zu erblinden. Alice, seine Frau, hofft, daß er bald ganz blind sein wird – denn dann wäre er vollkommen von ihr abhängig.
Eines Tages bringt der Vater Sally mit aufs Schiff, wo die Familie wohnt, und provoziert diese durch diesen Affront. Aber auch er erlebt einen Schock, als er feststellen muß, daß Sally und Johannes viel füreinander empfinden. Sally befreit Johannes von seinen Hemmungen und von seinem Vaterhaß. Johannes: »Ich bin immer einsam gewesen. Nie hat sich jemand um mich gekümmert.« Sally: »Man kann nicht nur einsam sein. Man muß sich um jemanden kümmern können. Man muß jemanden liebhaben. Sonst könnte man ja gleich sterben.«
Der Vater zwingt den Sohn, der in die Stadt möchte, zur Arbeit, zum Tauchen. Er versucht ihn zu töten, indem er die Luftzufuhr abschneidet. Im letzten Augenblick wird Johannes gerettet. Verzweifelt stürzt der Vater, von der Polizei verfolgt, von dannen und versucht, seinem Leben ein Ende zu setzen. Vorher aber zerstört er noch alle Symbole seiner Sehnsucht, die Schiffe und die exotischen Sammelobjekte.
Wir wissen aus der Anfangsszene, daß alles gut ausgegangen ist, der Sohn ist gerettet, Sally und Johannes finden zusammen und segeln in einem hübschen neuen Schiff fort.

Mit Ingrid Thulin am Set – ›Das Schweigen‹

Zur Entstehung: »Konnte er es sich leisten, ein Filmangebot anzulehnen? Nicht nur er selbst mußte leben, er mußte auch noch die drei Kinder füttern, die er in die Welt gesetzt hatte. Was mit seinem Manuskript sein würde, das er bei SF eingereicht hatte, das wußte er nicht.
Niemals hatte er sich nach der Riviera gesehnt, und selbst als er im Flugzeug saß, reute es ihn.
Doch in Nizza ergriff ihn die Lebensfreude, umarmte er doch mitten auf dem Boulevard eine Palme und liebkoste den trokkenen Stamm: ›Oh Teufel, daß ein anderer Teufel einmal einen Palmenteufel zu sehen bekommt!‹ So konnte sich der angstvollste Filmmacher der schwedischen ›40er‹ äußern, wenn das Leben ihm gefiel.

Marmstedt behauptet, Ingmar Bergman grause es vor Begegnungen mit fremden Menschen, die nicht im voraus seine Bedeutung kennen. Es war nicht leicht für ihn, sich unter den Riviera-Nichtstuern wohlzufühlen, bis er Zeit genug gehabt hatte, sie ungestört zu beobachten. Und siehe, dann geschah das Wunder. Seine Verzagtheit verschwand, und er fühlte sich märchenhaft hingezogen.« (Fritiof Billquist)

Kvinna utan ansikte

Frau ohne Gesicht, 1947

Unter den Drehbuchentwürfen, die Ingmar Bergman – noch während er für die Terrafilm von Lorens Marmstedt Regie führte – bei SF eingereicht hatte, befand sich eines, *Puzzlet föreställer eros* (Das Puzzle ergibt Eros), das die Aufmerksamkeit des erfolgsgewohnten SF-Hausregisseurs Gustaf Molander erregte. Mit nur wenigen Veränderungen wurde daraus *Frau ohne Gesicht,* ein Film mit einer ziemlich schwierigen und verwickelten erzählerischen Struktur.
Ingmar Bergman verarbeitet hier sehr viel Autobiographisches und verknüpft es mit einem seiner zentralen Themen: der Macht des Bösen in der Welt. »Ein persönliches Erlebnis stand hinter dem, was ich schrieb«, sagt Ingmar Bergman über die Figur der Rut Köhler in dem Film. »Ich habe mich davon freigeschrieben. Damals ging alles von der Hand in den Mund. Man nahm irgendwelche Dinge, die geschehen waren – es kam nur darauf an, sie auszudrücken.« Auf die direkte Frage, ob die Hauptperson, wie es in einigen Bergmanbüchern heißt, mehr oder weniger ein Porträt dieser Frau sei, antwortete er später: »Ja, das ist sie – nicht nur mehr oder weniger, sondern in hohem Maße.«
Die »Rut Köhler« ist seine erste Lebensgefährtin, die er 1940 in der Studentenvereinigung »Konsonanten« kennengelernt hatte und mit der er bis 1942 zusammenlebte. »Rut Köhler«, nach seinen Worten eine Frau »mit gefährlichen Zügen von Unmenschlichkeit, Hysterie und Erotomanie«, faszinierte ihn wegen ihres ungewöhnlichen Lebens. »Du bist ja genauso verrückt wie ich!« war seine Liebeserklärung – sie hatte am

Spanischen Bürgerkrieg teilgenommen, mit der Mafia in Sizilien gelebt und, was ihr in den studentischen literarischen Kreisen ungeheures Ansehen verlieh, einen Lyrikband mit eigenen Gedichten herausgebracht. Sie landete schließlich in einem französischen Kloster.

»Diese Frau«, so beschreibt Marianne Höök die Beziehung zwischen Ingmar Bergman und »Rut Köhler«, »eröffnete ihm Aussichten, von denen der akademisch gebildete Pfarrerssohn kaum etwas ahnte, sie riß ihn heraus aus seiner gewohnten Umgebung, zerfetzte die Schutzhülle seiner bürgerlichen Erziehung, trieb ihm die Leichtigkeit des Gedankens aus und kennzeichnete ihn fürs ganze Leben. Das war eine Roßkur, aber es härtete ihn ab. Abgesehen davon war sie der erste Mensch, der wirklich begriff, daß an ihm etwas Besonderes war, ihn dazu brachte, auch selbst daran zu glauben.«

In den folgenden Jahren wirkte sie bei den meisten seiner Inszenierungen mit. Im Frühjahr 1942 verließ Ingmar Bergman »Rut Köhler« und damit »das Höhlenleben, das er mit ihr zusammen geführt hatte, taumelnd und von der Helligkeit geblendet« (Marianne Höök).

Die Beschreibung, die Ingmar Bergman der »Rut Köhler« des Films zuteil werden läßt, ist nichts weniger als freundlich, wie auch der ganze Film – von dem beziehungsreichen Titel an – eher wie ein autobiographischer Racheakt anmutet:

»Ihr Gesicht ist nicht schön. Das unwiderstehlich Attraktive liegt woanders, in etwas Undefinierbarem – in einem weichen Lächeln und einem harten Lachen, in der Stimme, einschmeichelnd und hingegeben, scharf und höhnisch und brutal, in den schnellen Veränderungen ihrer Stimmungen, dem Wechsel ihres Gesichtsausdrucks, in ihren angenehmen und biegsamen Bewegungen, ein kleiner schmiegsamer Puma mit Klauen.«

Inhalt: Mit dem Selbstmordversuch des männlichen Hauptdarstellers in einem Hotel beginnt die Geschichte des Films, die dann in einer einzigen Rückblende erzählt wird. Martin Grandé – dieser Name kommt auch in *Gefängnis* und in der Komödie *Ergebnis Null* vor – versucht, sich das Leben zu neh-

men, als Rut ihn endgültig verläßt. Sein Freund Ragnar Ekberg, der Ruts Abreise beobachtet hat, rettet ihm das Leben. Ragnar Ekberg erzählt die Geschichte des Films, eine Geschichte, die irgendwann gegen Ende des letzten Krieges spielt.
Martin lebt in einer bürgerlichen Ehe, mit Frau und Kind, und studiert an der Stockholmer Hochschule. Er lernt Rut kennen, oder besser, sie weiß es so einzurichten, daß er sie kennenlernen *muß*. Rut lebt allein, besucht nur hin und wieder ihre Mutter – und deren Liebhaber Victor. Victor, so behauptet es jedenfalls Rut, hat sie als Zwölfjährige verführt, und seitdem leidet sie unter einer Besessenheit, die verhindert, das sie einen anderen Menschen wirklich lieben, zu ihm einen Kontakt aufbauen kann. Sie gibt Victor daran die Schuld: »Das ist der Teufel« – nicht ohne den selbstironischen Zusatz des Autors: »Aha, einen Teufel gibt's also auch in dieser Geschichte? – Das ist doch wohl in den meisten Geschichten so!«
In der Zeichnung der Erotomanie der Rut Köhler werden die autobiographischen Bezüge am deutlichsten. Rut gibt sich dem erstbesten Schornsteinfeger hin: »Du bist ja verrückt, du auch!«
Sie will davon wegkommen, versucht es mit Martin – und dieser desertiert vom Militärdienst, um mit ihr zusammenzuleben. Doch ihr Zusammenleben wird zur Katastrophe. Sie landen in einem miesen Hotel und schließlich, immer auf der Flucht, in einem leeren Lagerhaus. Dort verläßt Martin Rut. Ihre folgende Versöhnung (am Anfang des Films) endet mit Ruts Rache: Jetzt verläßt sie ihn.
Das Erlebnis der Vergangenheit macht Martin frei. Sich zu erinnern bedeutet, vergessen zu können. »Ich erinnere alles an ihr«, erzählt Martin seinem Freund Ragnar, »ihre Schultern, ihre Brust, Hüften, Taille, Arme, Beine, Finger – aber, sie hat kein Gesicht.«
Martin kehrt zu seiner Familie zurück. Sein Versuch, die bürgerliche Enge zu verlassen, ist gescheitert. Zugleich aber hat Martin die Macht des allgegenwärtigen Bösen, die in ihm virulent wurde, abgeschüttelt. Er hat sich befreit von der eroti-

schen Besessenheit und ist zurückgekehrt in die Ruhe und Sicherheit, die die bürgerliche Ehe bietet.
»Verfilmte Besessenheit, fotografiertes Fieber, ein furióses Drehbuch von Ingmar Bergman, das Gustaf Molander zu einer intensiven Regie trieb, die der von Alf Sjöberg in *Hets* nahe verwandt ist ... In der Darstellung von Menschen im sinnlichen Ausnahmezustand ... sucht der Film seinesgleichen ..., und durch Gustaf Molanders sichtlich verständnisvolle Deutung des Drehbuchs dringt Ingmar Bergmans Persönlichkeit – ein erregtes, sich selbst verzehrendes Genie, ein funkender Dynamo, geschmeidig wie ein Florett ... von bizarrem Galgenhumor in manchen Dialogen ... und unwiderstehlich in den Arabesken der Geschichte – man denke nur an das Intermezzo mit dem Schornsteinfeger!«

(*Aftontidningen,* Stockholm, 17.9.1947)

Musik i mörker

Musik im Dunkeln, 1947

Zwischen September und Dezember 1947 machte Ingmar Bergman seinen dritten Film für die Terra, wieder nach einem fremden Stoff, einem ziemlich bekannten Roman gleichen Namens von Dagmar Edquist, die auch in Zusammenarbeit mit Ingmar Bergman das Drehbuch schrieb.
In der Zwischenzeit hatte Ingmar Bergman weitere Theaterinszenierungen beendet und sein schwarzes Stück *Mig till skräck* (Zu meinem Schrecken) geschrieben. Er war entschlossen, mit dem Film an den Erfolg des zugrundeliegenden Buches anzuknüpfen – was ihm auch gelang: »Der Film war mein erster Publikumserfolg. Er ging gut, sogar sehr gut. So gut, daß auch Svensk Filmindustri wieder an mir interessiert war.«
Musik im Dunkeln gehört zu den wenigen Filmen, in denen auch soziale Fragen eine Rolle spielen. Sogar ein Linkssozialist mit radikalen Ideen kam vor – doch die Verantwortung für diese Figur lehnt Ingmar Bergman ab: »Für den bin ich nicht verantwortlich.«

Inhalt: Bengt Vyldeke (Birger Malmsten) erblindet als junger Mann bei einer Wehrübung: Ein Gewehrschuß trifft ihn, als er einen kleinen Hund aus der Feuerlinie retten will. Seine Blindheit zwingt ihn, sich an ein gänzlich neues Dasein zu gewöhnen. Er versucht sich in einem Job nach dem andern, als Organist, Kaffeehausmusiker, Klavierstimmer – was ihn alles nicht recht befriedigt. Bei seiner Tante trifft er ein junges Waisenmädchen, Ingrid Olofsdotter (Mai Zetterling). Bengt spielt die Orgel bei der Beerdigung ihres Vaters, und Ingrid wird Dienstmädchen bei der Tante und übernimmt die Betreuung Bengts, der seine Musikstudien fortsetzt. Sie liest ihm vor und erfährt zum erstenmal das Wunder des Lesens, der Bücher, des Wissens. »Hier steht etwas, was mir besonders gefällt«, sagt sie und liest Bengt vor: »Nicht länger besitzt eine Klasse allein den Zugang zum Lustgarten des Wissens. Seine Pforten sind weit geöffnet für die Ärmsten der Straßen und Gassen.« Doch Bengt zerstört die sich anbahnende Verbindung zu diesem selbstlosen, fürsorglichen Mädchen, das nur »dienen« will, durch Bemerkungen über ihre soziale Stellung. »So viel darf ich mir also gerade noch wünschen, ein Dienstmädchen! Meine einzige Chance – das ist keine Chance!«
Bengt geht fort. Er will an der Musikakademie studieren, bekommt aber keinen Platz. Alles, was sich ihm bietet, ist eine Stellung als Kaffeehausmusiker in Kleinstädten – nur um zu erfahren, daß der Junge, auf dessen Hilfe er für den täglichen Weg ins Kaffeehaus angewiesen ist, ihn auch noch bestiehlt.
Bengt beschließt, die Blindenschule zu besuchen, um sich als Klavierstimmer ausbilden zu lassen. Doch was ihm dort an traurigen Schicksalen begegnet, verstärkt nur sein Gefühl der Erniedrigung.
Eines Abends im Park trifft er Ingrid wieder: Er hört ihre Stimme, als sie mit einigen Freunden spricht, jungen Arbeitern, mit denen zusammen sie sich weiterbildet. Von nun an hilft Bengt Ingrid – und dem jungen linkssozialistischen Arbeiter Ebbe, mit dem sie viel zusammen ist, bei ihren Studien. Die alte Vertrautheit fängt zwischen ihnen wieder zu wachsen an.

Doch schon bald muß er feststellen, daß Ingrid mit dem jungen Arbeiter Ebbe mehr als nur befreundet ist. Diesen Schlag verwindet er nicht. Zu stark spürt er seine Minderwertigkeit, sein Handicap.
Bengt zieht sich zurück und schließt Freundschaft mit einem ebenfalls Blinden, der seinerseits glücklich verliebt ist. Bengt folgt seinem neuen Freund zu dessen Mädchen. Doch die beiden Liebenden vergessen ihn über ihrem Glück. Bengt geht fort, irrt umher, hegt Selbstmordgedanken und wäre fast unter einen Zug geraten, wenn ihn beherzte Eisenbahner nicht gerettet hätten.
Ingrid ist sich nach Bengts Weggang ihrer Beziehung zu Ebbe unsicher geworden. Immer mehr drängt Bengt sich in ihre Gedanken ein, und als sie mit Ebbe auf einem Ball ist, vermeint sie Bengts Stimme zu hören, die nach ihr ruft. Sie verläßt den Ball, um Bengt zu suchen. Sie trifft ihn, der immer noch umherirrt, als er sich gerade von einer Brücke stürzen will. Beide umarmen einander voller Zärtlichkeit: Jetzt haben sie sich wirklich gefunden.
Da taucht Ebbe auf, der Ingrid gefolgt ist, als er sie nicht mehr im Ballsaal fand. Ebbe schlägt Bengt zu Boden – wofür Bengt sich bei ihm bedankt. »Ich danke dir dafür, daß du mich als normalen Menschen behandelt hast«, sagt er. Seine große Erniedrigung wird für ihn zu einem großen Sieg und gleichbedeutend mit der Aufnahme unter die anderen, die normalen Menschen.
Es kommt wie vorherzusehen: Bengt und Ingrid heiraten, trotz der wohlmeinenden Warnungen des den beiden väterlich zugetanen Pastors, der diesen Schritt noch für verfrüht hält. Denn noch ist die Zukunft der beiden nicht gesichert.
Bengt und Ingrid aber vertrauen darauf, daß schon alles gutgehen wird. Zwar eröffnet die Organistenstelle auf dem Lande, die Bengt findet, keine größeren Zukunftsaussichten für die beiden, aber Ingrid steht kurz vor dem Abschluß ihrer Studien. Wenn sie fertig ist, will sie als Lehrerin arbeiten und Wissen weitergeben an andere, die die gleiche Chance bekommen sollen wie sie, die früher ein kleines, unwissendes Dienstmädchen war.

Hamnstad

Hafenstadt, 1948

Nach dem Erfolg von *Musik im Dunkeln* stiegen für Bergman die Chancen für weitere Regieaufträge von SF. Das Drehbuch zu *Eva,* das er gleichzeitig eingereicht hatte, wurde akzeptiert, die Regie jedoch wiederum nicht ihm, sondern Gustaf Molander übertragen. Dafür aber bekam er von SF den Auftrag, einen Film nach einer Erzählung des Göteborger Schriftstellers Olle Länsberg zu drehen, eine Geschichte, die im Göteborger Hafenmilieu spielte. Mit Hilfe des Kameramannes Gunnar Fischer, mit dem Bergman hier zum erstenmal drehte, wurde daraus eine äußerst wirklichkeitsnahe Schilderung im Stile des italienischen Neorealismus. Symbole aus der Bergmanschen Welt werden sparsamer und zurückhaltender eingesetzt, vielmehr gelingt es Bergman, die Geschichte in einem klaren, realistischen Stil zu erzählen. Der Film, ursprünglich bei der Premiere als »Länsbergfilm« lanciert, wurde schnell zu einem Bergmanfilm.
Der Realismus von *Hafenstadt* steht isoliert im Bergmanschen Werk. Wohl kehrt er später – etwa in *Sommaren med Monika* oder *Nära livet* – zu einem Realismus in der Schilderung der Filmhandlung zurück, doch nie wieder wendet er sich so stark dem proletarischen Milieu und der Arbeitswelt zu wie in *Hafenstadt.*
Der Film beginnt wie *Schiff nach Indialand* mit einem Schiff, das in den Hafen einfährt, doch er behält den realistischen Ton bei und landet nicht in einer »Atmosphäre des Theaterqualms« (Marianne Höök) wie in früheren Filmen.

Inhalt: Ein Mädchen, Berit (Nina-Christine Jonsson), geht schlafwandlerisch zum Kai und springt von einem hohen Dock ins Wasser, um sich zu ertränken. Der Seemann Gösta Andersson, neunundzwanzig Jahre alt (Bengt Eklund), kommt nach acht Jahren auf See eben mit seinem Schiff zurück, als sie aus dem Wasser gefischt wird. Als Gösta an dem Menschenauflauf vorbei kommt, wird das Mädchen gerade mit einem Krankenwagen weggebracht.

›Menschenjagd‹

Gösta trifft Berit später beim Tanz, folgt ihr nach Hause und bleibt über Nacht. Doch sein Abschied am nächsten Tag läßt keinen Zweifel, daß er zu ihr keine Bindung spürt. Halbherzig verspricht er ihr ein Wiedersehen – zu dem er zu spät kommt. Und uninteressiert hört er der Geschichte ihres Lebens zu. Das einzige, was er dabei verspürt, ist Eifersucht auf die andern Männer in ihrem Leben. »Warum hast du bloß deinen Mund nicht gehalten?«
Berits Schicksal wird in Rückblicken erzählt, eine Geschichte aus dem Arbeitermilieu. Berit steht unter Bewährungsaufsicht. Die Eltern leben getrennt. In kleinen Verhältnissen ist sie aufgewachsen. In einer Szene streiten Vater und Mutter wegen Berit. In einer andern wird Berit ausgesperrt, weil sie zu spät nach Hause kam. Auf der Treppe begegnet sie einem jungen Mann, dem sie folgt. Doch die Mutter spürt Berit auf und bringt sie in eine Erziehungsanstalt. Sie läuft weg und

wird zurückgebracht. Die Eltern eines Freundes aus der Mittelschicht beenden die einzige erfreuliche Liebesaffäre, die sie hatte: Sie haben ihre Vergangenheit herausbekommen. Als Berit Gösta trifft, arbeitet sie in einer Kugellagerfabrik. Doch neue Konflikte entstehen: Sie hat männlichen Besuch gehabt, was ihre Mutter ihrem Bewährungshelfer mitteilt. Dieser glaubt nicht länger an Berit und will sie in die Erziehungsanstalt zurückbringen, er hat zu viele schlechte Erfahrungen mit Mädchen wie Berit erlebt. Berits Bruder aber, der Ingenieur bei der Firma ist, möchte ihr noch einmal eine Chance geben.
Berit kommt jedoch wieder in Schwierigkeiten, als sie ihrer Freundin Gertrud bei einer ungesetzlichen Abtreibung hilft, die mißlingt. Sie bringt die kranke Gertrud zu Gösta. Berit kommt mit der Polizei in Konflikt: Man verspricht ihr ihre Freiheit, wenn sie die Adresse des Abtreibers verrät. Der Kreis um Berit schließt sich: Erziehungsanstalt oder Gefängnis. Da beschließt sie, zusammen mit Gösta allem zu entfliehen. Die Bewährungsauflagen sind ihr gleich. Gösta und sie wollen als blinde Passagiere nach Antwerpen, in ein anderes Land. Sie gehen zum Hafen.
Aber ihnen geht auf, daß sie in einem fremden Land nur in neue Schwierigkeiten geraten würden. Es reift bei ihnen die Erkenntnis, daß sie ihre Schwierigkeiten in der Heimat bewältigen sollten. Auch wenn es schwer ist; vor einem Jahr, zu Anfang der Geschichte, war die Situation noch hoffnungsloser. Damals war jeder von ihnen allein, jetzt haben sie wenigstens einander.

Bergman zum Film: »Es machte Spaß, mit Länsberg zusammen Göteborg von innen kennenzulernen. Gewiß hatte ich lange Jahre in der Stadt gelebt, aber ich verabscheute sie … (Der Film) ist gänzlich im Geiste Rossellinis gemacht – denn ich hatte nichts eigenes, mit dem ich hätte kommen können. Jedesmal, wenn ich ins Kino ging, dachte ich: Sowas müßtest du machen, so müßte das sein, und jede Kameraeinstellung empfand ich als Anklage gegen meine eigenen Kameraeinstellungen …

Das einzige, was ich selbst für *Hafenstadt* geschrieben habe – übrigens miserabel, ein Bruch im Film –, das ist die Szene zwischen dem betrunkenen Helden und einer Hure. Wirklich ein trauriger Abschnitt, vollkommen stilisiert und quasiliterarisch, da stimmt nichts zusammen mit dem übrigen Film.«

Eva

Eva, 1948

Eva ist der zweite Film Ingmar Bergmans für Svensk Filmindustri, bei dem Gustaf Molander Regie führte.
Das Drehbuch geht auf einen früheren unveröffentlichten Stoff zurück, den Bergman für den Film umarbeitete – ein ziemlich unausgewogenes Werk voller Motive und Nebenmotive, die manchmal ausgearbeitet sind, manchmal aber auch nur angedeutet und erst in späteren Filmen wieder aufgenommen und durchgestaltet werden.

Inhalt: Bo Frederiksson ist auf dem Weg nach Hause zu seinen Eltern und in die Arme seiner Jugendliebe Eva. Bo erinnert sich dabei der Ereignisse, die vorangegangen sind und die entscheidend in sein Leben eingegriffen haben. Wie so oft bei Bergman erfahren wir das Wesentliche in einer großen Rückblende:
Bo hat als Zwölfjähriger seine Eltern verlassen und sich einer Gruppe fahrender Musikanten angeschlossen. Seine engste Vertraute wird Marthe, ein blindes Mädchen, das zu dieser Gruppe gehört. Eines Tages stiehlt Bo eine Lokomotive und nimmt Marthe mit auf die Fahrt. Ihn überkommt der Geschwindigkeitsrausch. Die Fahrt wird schneller und schneller. Die Lok springt aus den Gleisen und schlägt um. Marthe wird unter ihr begraben. Sie ist tot. Bos Vater, der Stationsvorsteher ist, kommt hinzu und schlägt seinen Sohn unbarmherzig. Dann hebt er Marthes leblosen Körper auf.
Dieses Geschehen stellt das Ende von Bos Kindheit dar, wohl mehr, weil sein Vater ihn schlägt und die Bande zu ihm brechen als wegen Marthes Tod.

Bos Heimkehr ist zugleich seine Versöhnung mit der Familie und die Erneuerung der Beziehung zu Eva, die nun zu einer hübschen jungen Frau herangewachsen ist.
Bo und Eva leben auf den Schären zusammen. Eva ist jetzt schwanger. Eines Tages finden sie eine an den Strand gespülte Leiche, einen toten Soldaten, vielleicht das Opfer des Unter-

›Sehnsucht der Frauen‹ mit Anita Björk und Jarl Kulle

ganges eines deutschen Zerstörers. Der Tod des Soldaten steht gegen die Geburt des zu erwartenden Kindes. Eva hält dessen neues Leben für sinnlos: »Gott hat die Menschheit verlassen!«
Doch sie bekommt ihr Kind, und der Sommer kehrt wieder. Bo wird dadurch frei von den Erinnerungen, die ihn belasten, und akzeptiert, daß der Tod »Teil unseres Lebens ist – dafür sind keine weiteren Erklärungen nötig«.

»Bergman verwendet sämtliche altbewährten Kolportage-ingredienzien ohne die geringsten Hemmungen. Ein Eisenbahnunglück, ein Mord, ein Mädchen wird auf einer Wiese verführt, während ein alter Mann zu Hause stirbt, eine Leiche wird auf einer Schäreninsel an Land gespült, eine junge Frau bekommt ein Kind auf einem Motorboot, das sich durch den Sturm zur Hebamme kämpft – und dann streikt der Motor ... Diesen Film saugt man wie in Trance ein.«

(Robin Hood [Bengt Idestam-Almquist] in:
Stockholms-Tidningen, 27.12.1948)

Fängelse

Das Gefängnis, 1948–1949

Das Gefängnis nimmt eine besondere Stellung innerhalb des frühen Bergmanschen Werkes ein: Es ist der erste Film, den er ganz und gar allein gestaltete und in dem er sich und seine Vision der Welt in voller Freiheit ausdrücken konnte, der erste in der langen Reihe der dann folgenden Autorenfilme.
Die Idee zu dem Film beruht auf einer unverhohlen autobiographischen Novelle, *Sann berättelse* (Wahrer Bericht), die nie veröffentlicht wurde. Jörn Donner entdeckte diese siebzig Seiten lange Erzählung in den Archiven von Svensk Filmindustri in Stockholm.
Bergman begann mit den Arbeiten für *Das Gefängnis* unmittelbar nach der Beendigung von *Hafenstadt.* Zu dieser Zeit arbeitete er gleichzeitig an mehreren Projekten. Den Entwurf für *Das Gefängnis* hatte er bereits bei SF eingereicht,

bevor noch die Aufnahmen zu *Hafenstadt* begannen, und während er noch mit jenem Film beschäftigt war und in Stockholm und Göteborg drehte, begannen bereits die Vorarbeiten zum folgenden Film – *Durst* – mit dem SF-Autor Herbert Grevenius.
Bergman hatte sein Manuskript zunächst SF angeboten, für die er ja gerade *Hafenstadt* drehen sollte. Doch den Herren dort, allen voran SF-Chef C. A. Dymling, gefiel der Realismus von *Hafenstadt* erheblich besser als die »surrealistisch bizarre Perspektive der vierziger Jahre« (Gösta Werner) in *Das Gefängnis.* Eingedenk ihrer Erfahrungen mit Krise lehnten sie das Projekt ab.
Wiederum war es Lorens Marmstedt von Terrafilm, der Bergman die Möglichkeit gab, ein abgelehntes Projekt dennoch zu realisieren. Doch waren die Mittel so knapp, daß die Arbeiten unter ziemlichem wirtschaftlichen Druck standen. Da nur achtzehn Drehtage vorgesehen waren, blieb nichts anderes übrig, als den Film – was im schwedischen Film damals recht ungewöhnlich war – sehr genau vorzubereiten und die Szenen bereits im voraus einzustudieren. Das aber war um so schwieriger, als Bergman damals gleichzeitig in Göteborg mit der Inszenierung von *Endstation Sehnsucht* für das dortige Theater beschäftigt war.
Der Zeitdruck, der auf den Vorarbeiten lastete, konnte natürlich nicht ohne Folgen auf die Gestaltung des Stoffes bleiben, der seine endgültige Form erst während der Dreharbeiten erfuhr. Insbesondere die Rolle der Birgitta-Carolina wurde erheblich verändert. Ursprünglich dachte Bergman daran, den Film damit enden zu lassen, daß sie in die Heilsarmee eintrat. Herbert Grevenius hielt diesen Schluß für unerträgliche religiöse Sentimentalität, und so erfuhr Birgitta-Carolinas Tod seine jetzige großartige Ausgestaltung.
Mit *Das Gefängnis* knüpft Bergman an die existentielle Problematik der »Fyrtiotalister« an, deren großes Thema die Angst und die Ohnmacht des Menschen war, sein Unvermögen, zu handeln und sein Geschick selbst in die Hand zu nehmen. Gefangen in ihrer Angst und Einsamkeit, gelingt es ihnen nicht, diesen magischen Zirkel aufzubrechen und sich

gegenseitig zu befreien. Nicht sie selbst bestimmen ihr Geschick, sondern anonyme Mächte, die sie nicht zu beeinflussen vermögen.
Das Gefängnis zeigt zwar zweifellos Bergmans filmische Begabung, doch gelingt es ihm erst später, die Unzahl seiner Motive zu bändigen und die Form eines Moralstückes für das Publikum – durch Rahmenhandlung und Erzähler – in den Griff zu bekommen.

Inhalt: *Das Gefängnis* hat eine Rahmenhandlung, die in einem modernen Filmatelier spielt und in die nach Art einer russischen Puppe Film-im-Film-Handlungen hineingesetzt sind. Der Film zeigt in den ersten Bildern einen Mann, der sich seinen Weg durch ein Filmatelier sucht: Etwas verwirrt stolpert er durch die Dekorationen, auf dem Weg zu Martin (Hasse Ekman), dem Filmregisseur. Der alte Mann, der »Professor« (Anders Henrikson), ist Martins früherer Mathematiklehrer, jetzt offenbar Insasse einer Heilanstalt.
Beim gemeinschaftlichen Essen findet der Professor endlich Gelegenheit, Martin sein Anliegen vorzutragen: Er will einen Film über den Satan machen, »die Welt wird vom Teufel regiert« – eine alte Bergman-Idee. Es soll ein Film über die Hölle werden, die Hölle auf Erden. »Ich möchte mit einer Proklamation des Teufels anfangen«, verkündet er und dann: »Da ich mit dem heutigen Tage die Macht über sämtliche Länder und Völker der Erde ergreife, tue ich folgendes kund und zu wissen: Alles soll so weitergehen wie bisher!«
Der Teufel, so stellt der Professor es sich vor, soll die Atombombe verbieten, damit die Menschen ihren Qualen nicht so schnell selbst ein Ende setzen können. Denn der Teufel ist keineswegs böse, vielmehr ist er den Menschen eigentlich wohlgesinnt: »Er wird die Menschen unterstützen in ihrem Engagement für Religion und Kirche, die ja schon seit langem seine eifrigen Verbündeten waren. Gott ist tot – eine unnötige Illusion, die der Teufel zerstörte.«
Der Film-im-Film, den wir dann sehen, ist ein Test für die Thesen des Professors. Der Schriftsteller Tomas, dem Martin die Geschichte vorgetragen hatte, erinnert sich an eine eigene

Arbeit, die er nie fertiggestellt hatte. Er beginnt vorzulesen, und wir sehen Tomas, wie er eine Prostituierte zu interviewen versucht, Birgitta-Carolina. Die Kamera schwenkt weiter, und es beginnt Birgitta-Carolinas Geschichte, in einer engen Straße der Stockholmer Altstadt, Västerlånggatan. Sie schleppt sich in Geburtswehen eine Treppe hoch. In der Nähe schlagen die Glocken einer Kirche (der Hedvig-Eleonora-Kirche, an der Bergmans Vater tätig war). Peter, ihr Freund, und dessen Schwester Linnea überreden Birgitta-Carolina, ihnen das Kind zu überlassen. Sie ahnt, was geschehen wird: Peter und Linnea ertränken das Kind im Keller.

Tomas trifft Birgitta-Carolina sechs Monate nach dem Interview auf der Polizeiwache wieder, wo sie wegen Prostitution eingeliefert wurde. Tomas ist dort, um den Mord an seiner Frau Sofi zu gestehen. Die Parallelhandlungen werden zusammengeführt: Tomas beschließt in seiner Verzweiflung, mit Sofi Selbstmord zu begehen, doch statt dessen schlägt Sofi ihn mit einer Flasche bewußtlos. Als Tomas erwacht, glaubt er, Sofi getötet zu haben und stellt sich selbst der Polizei, die gerade auf der Suche nach Birgitta-Carolina ist.

Birgitta-Carolina ist in den Keller geflüchtet, in den gleichen Keller, in dem ihr Kind getötet wurde. Dort findet sie die Polizei, doch Peter bekommt sie mit seiner Beredsamkeit wieder frei. Sie gehen zurück in den Keller und finden dort den frierenden Tomas vor, der sich einsam fühlt.

Martin, der Filmregisseur, ist Zeuge von vielen dieser Szenen, und damit bleibt es offen, wieviel von diesen Film-im-Film-Handlungen real ist und wieviel Tomas' Idee.

Birgitta-Carolina möchte Peter entkommen und bittet Tomas, mit ihr zu gehen, beide verbringen eine Nacht miteinander in einer geisterhaften Bodenkammer eines Pensionats. Für Tomas scheint das Leben wieder sinnvoll, und auch Birgitta-Carolina fühlt sich erleichtert. Es kommt zu einigen entscheidenden Szenen: Sie beobachtet, wie die schwangere Tochter der Pensionswirtin von ihrem Freund besucht wird. Er ist ebenso bei der Post wie Peter. Der Freund freut sich über das Kind, die zwei wollen heiraten. Die Parallele ist offenbar: Glück ist also möglich – für die andern.

Tomas und Birgitta-Carolina erwecken die romantischen Erinnerungen der Kindheit wieder zum Leben. Sie finden einen alten Filmprojektor, wie ihn Kinder als Spielzeug geschenkt bekommen, und einen alten Zwei-Minuten-Film: eine Slapstick-Szene, die Bergman eigens inszeniert hat, mit wilden Verfolgungsjagden und Schreckeffekten. Doch diese ruckend vorgeführte Stummfilmepisode – der Projektor muß natürlich mit der Hand gedreht werden – ist keine unschuldige Farce. Plötzlich springt der Tod aus einem Sarg und zwingt alle andern, aus dem Fenster zu springen. Tomas und Birgitta erleben eine verlorene, vielleicht nie erlebte Kindheit, sie sehen ihr eigenes Leben in einer Burleske gespiegelt, und die schäbige Bodenkammer wird für sie zu einer der Welt entrückten, zeitweiligen Zuflucht.
Tomas sagt nachdenklich am Schluß der Vorstellung: Dinge, die plötzlich auftauchen und dann wieder verschwinden, wie unsere eigenen Leben.
Tomas und Birgitta-Carolina lieben einander, und Birgitta-Carolina schläft bald ein, doch sie wird von furchtbaren Träumen heimgesucht, das Feuer der offenen Feuerstelle erscheint ihr als Höllenfeuer: Birgitta-Carolina wandert durch einen verlassenen schmutzigen Keller, »voll mit einem Wald von Menschen«, die sie alle wiedererkennt. Ein schwarzgekleidetes Mädchen (der Tod?) bietet ihr eine Perle, die sich später als ihr Baby herausstellt, an – das Mädchen erkennen wir wieder als eine Mitbewohnerin der Pension. Sie trifft ihre Mutter, die ihr rät, zu Tomas zu gehen. Tomas sitzt an einem umgestürzten Auto in der Ecke. Doch als sie ihn anredet, merkt sie, daß sie mit einem Fremden spricht. Sie träumt von einer Gemeinschaft mit Tomas, aber wird vom Glück weggejagt. Schließlich trifft sie auf Peter, der eine Plastikpuppe aus einer Badewanne herausholt, die sich in seiner Hand in einen Fisch verwandelt, dem er den Hals abdreht und ihn dann ins Wasser zurückwirft – sie fühlt sich an die Ermordung ihres Kindes erinnert und erwacht voller Schrecken.
Tomas versucht, sie zu beruhigen und auf sie einzuwirken, daß sie sich des Traumgeschehens genau erinnert. Doch sie weist Tomas zurück: Seine bürgerliche Frau ist alles, was

Tomas braucht, Birgitta-Carolina aber kann sich aus der Abhängigkeit zu Peter nicht befreien.
Sie kehrt zu Peter zurück und fragt ihn danach, wie es war, das Kind zu töten: »Wie wenn man eine junge Katze tötet.« Sie nimmt ihr Leben als Prostituierte wieder auf. Der erste Kunde, den Peter ihr schickt, traktiert sie sadistisch mit einer brennenden Zigarettenkippe. Sie schleppt sich in den Keller und tötet sich mit einem Messer und verblutet auf dem Boden. Peter schleppt sie die Treppe hoch, die gleiche Treppe, die wir zu Beginn des Films sahen. Wieder schlägt die Glocke der nahegelegenen Kirche, und man sieht Tomas, der zu Sofi zurückkehrt, um mit ihr von vorne anzufangen. Das Erlebnis mit Birgitta-Carolina, die an seiner Stelle gelitten hat, hat ihn von seinen Frustrationen befreit.
Im Filmatelier arbeitet Martin. Er erklärt dem Professor, es sei unmöglich, diesen Film zu drehen. Wenn alles so wäre, würde die Welt vom Teufel regiert, und das Leben wäre unerträglich. Der Film endet mit einer Frage, auf die es keine Antwort gibt. »Es gibt eine, wenn man an Gott glaubt. Da man nicht mehr an ihn glaubt, gibt es keine mehr.«

Bergman zum Film: Es war das erste Mal, daß ich ein eigenes Manuskript verfilmen durfte, eine eigene Idee. Alles war von mir, und Lorens Marmstedt (der Produzent) war sehr generös.
Ich möchte hier ein für allemal etwas zu der Sache mit dem Teufel sagen. Um von vorne anzufangen, kann man sagen, daß der Gottesbegriff sich im Laufe der Jahre gewandelt hat, bis er verblaßte und dann gänzlich verschwand – oder zu etwas ganz anderem wurde. Die Hölle war für mich immer ein suggestives Milieu, doch habe ich sie niemals als etwas anderes verstanden als das, was sie wirklich ist, nämlich plaziert hier auf Erden – von Menschen geschaffen, existiert sie hier auf Erden! Was ich glaubte, lange glaubte, war, daß es ein virulent Böses gibt, das nicht vom Milieu oder von Erbfaktoren abhängt. Wir mögen das Erbsünde nennen oder was auch immer – ein aktiv Böses, das nur die Menschen haben, im Unterschied zum Tier. Die Struktur des Menschen als Mensch

bringt es mit sich, daß er immer Zerstörungstendenzen in sich trägt, gegen sich selbst und gegen seine Umwelt, bewußt oder unbewußt.
Als Materialisation dieses virulenten, ständig existierenden und unbegreiflichen, für uns unfaßbaren, unerklärlichen Bösen erfand ich eine Person, die die teuflischen Züge der Moralität des Mittelalters hatte. Mir war es ein heimliches Spiel, in ganz verschiedenem Zusammenhang immer eine Teufelsfigur dabei zu haben. Das Böse in ihm war die Feder im Uhrwerk. So ist das also mit der Teufelsperson in meinen frühen Werken.
Das Manuskript schrieb ich in drei, vier Tagen. d. h. die Synopsis. Die Ausarbeitung brauchte dann noch einmal ein bißchen Zeit, und der Film ist in sechzehn, siebzehn Tagen aufgenommen. Da war gar keine Zeit, etwas zu verändern oder artistisch zu verwandeln oder zu bemänteln, wie ich es später machte, als ich mehr konnte und die Motive besser verstand. Die liegen da ziemlich unbehauen und bluten – und dazu parfümierte man sie mit der Koketterie der vierziger Jahre!«

Törst

Durst, 1949

Bergmans nächster Film ging im März 1949 in Produktion. Trotz des finanziellen Mißerfolgs von *Das Gefängnis,* der dazu führte, daß Lorens Marmstedts Terrafilm sich von Bergman zurückzog, übertrug ihm nun wiederum SF einen neuen Auftrag.
Durst beruht auf vier Novellen von Birgit Tengroth, aus denen Herbert Grevenius das Drehbuch eines abendfüllenden Films machte. Bei SF meinte man offenbar, daß Bergman nach den Erfahrungen mit *Das Gefängnis* eingesehen haben müßte, daß der realistische Stil für ihn angemessener wäre. Äußerlich gesehen ist *Durst* auch tatsächlich realistischer und – vor allem – leichter zugänglich, doch hat Bergman starken Einfluß auf das Drehbuch von Herbert Grevenius genommen. Birgit Tengroth wollte in ihren Novellen beweisen, daß

jede Frau von irgendeinem Mann zerstört wird. Ingmar Bergman aber gestaltete die Personen nach seinen Vorstellungen mit deutlichen Bezügen auf *Das Gefängnis,* so daß Jörn Donner den Film »eine kommerzielle Version« jenes Films nannte.
Durst handelt von Alter und Sterilität und der Angst davor, die im Grunde eine Angst vor der Einsamkeit ist. *Durst* verdeutlicht gewisse Motive aus *Das Gefängnis,* so das ganz Materielle, Physische in den Lösungen, nach denen gesucht wird. *Durst* ist mit kalter, professioneller Schärfe inszeniert und handelt von Menschen, die nie Zeit für die Liebe haben, weil sie zu sehr damit beschäftigt sind, zu leiden, wie Siclier in seinem Bergman-Buch sagt. Die Möglichkeit des Todes ist immer da. Die Menschen im Film sehen ihre eigenen Möglichkeiten nicht. Sie sind, in übertragenem Sinne, allzu erwachsen.

Inhalt: Die meisten Szenen des Films spielen in einem Hotelzimmer in Basel und einem Schnellzugschlafwagenabteil, von Bergman in langen Einstellungen aufgenommen. Wir schreiben das Jahr 1946. Rut und Bertil, ein junges Ehepaar, sind auf der Heimreise nach Stockholm; der Mann ist Forscher, Kunsthistoriker.
Der Film beginnt mit Ruts Erwachen im Hotelzimmer in Basel. Sie greift nach der unvermeidlichen Zigarette, beim Anblick ihres schlafenden Ehemannes stutzt sie, sie bewegt sich wie ein gefangenes Tier im Zimmer. Rut war früher einmal Ballettänzerin, und sie beginnt, sich der glücklichen Tage ihrer Jugend zu erinnern und einer kurzen Liebesaffäre mit einem Offizier, Raoul. Raoul ist verheiratet. Rut bekommt ein Kind von ihm. Raoul glaubt nicht, daß es sein Kind ist, so daß Rut es abtreiben ließ. Nun ist sie unfruchtbar.
In einem zweiten Rückblick erfahren wir etwas über Rut und ihre Arbeit. Als sie noch auf der Ballettschule war, hatten sie und ihre Kameraden »keine Zeit für die Liebe«. Die Jugendfreundschaft mit Valberg findet ihre Fortsetzung im Film bei einer Begegnung der beiden in Stockholm, eine Szene, die in der Gegenwart spielt.

›Menschenjagd‹ mit Signe Hasso und Alf Kjellin

Viola, die zweite weibliche Hauptperson, war früher Bertils Ehefrau. Der Lebenslauf dieser beiden Frauen und ihre unterschiedliche Entwicklung zieht sich durch den ganzen Film. Rut fährt mit ihrem Mann nach Hause, eingesperrt in ein enges Zugabteil, durch ein kriegszerstörtes Mitteleuropa. Ihre inneren Konflikte steigern sich durch die Enge. Bertils größtes Interesse gilt seiner Münzensammlung, am meisten schätzt er eine Münze mit dem Bildnis der Göttin Arethusa, die sich verwandelte, um den Nachstellungen des Flußgottes Alphais zu entgehen.
Während der Zug sich Stockholm nähert, nähert sich auch die Parallelhandlung mit Viola ihrem Ende. Viola wird von ihrem Psychiater für unheilbar erklärt und geht – mitten durch tanzende Menschen, die Mittsommer feiern – zum Wasser, um sich zu ertränken. Gleichzeitig erreicht die Krise zwischen Rut und Bertil ihren Höhepunkt. Bertil träumt davon, Rut zu ermorden, um sich der ewig plappernden Frau zu entledigen.
Als er erwacht, findet er Rut munter am Leben.

»Wie lange noch sollen wir mit Müh' und Dumpfheit gefüttert werden? Gibt es für diese Herren nichts anderes als Teufel und Weiber und Zuhälter und Blutschande und Abtreibung und Kindesmord und Whiskysäufer und häßliche Worte und muffige Dachkammern und ungemachte Betten und Sadisten und aufgeschnittene Pulsadern?
Ist das der Weg aus der Filmkrise?«

(*Svenska Dagbladet,* Stockholm, 18.11.1949)

Till glädje

An die Freude, 1949–1950

An die Freude leitet eine Zwischenstufe im Bergmanschen Werk ein, mit den teils umstrittenen, teils übersehenen »Sommerfilmen«, zu denen auch *Sommarlek* (1950), *Kvinnors väntan* (1952) und *Sommaren med Monika* (1952) gehören.
An die Freude steht an der Wende der Filme aus den existentialistischen vierziger Jahren mit ihrem bitteren Nihilismus zu einer Reihe von Filmen in helleren Farben aus den romantisch geprägten fünfziger Jahren. Das Böse und der Tod sind zwar stets im Untergrund gegenwärtig, doch dominiert die Lebensbejahung des schwedischen Sommers.
An die Freude birgt manche verdeckten und auch offenen autobiographischen Bezüge. Die Idee zum Film stammt von Bergman selbst, der das Manuskript während eines Ferienaufenthalts mit einem befreundeten Schauspieler an der Riviera schrieb. Bergman war gerade seiner zweiten Ehe, der vier Kinder entstammten, entflohen und hielt sich für eheuntauglich: »Ich will nur noch mit meiner Arbeit verheiratet sein.« Doch die Abrechnung mit der Ehe lag hinter ihm: *Durst.* Die Ehe erscheint nun in helleren Farben, wenn auch mit einem bitteren Ende: dem Verlust des Partners. Als der junge Geiger, der im Mittelpunkt der Geschichte steht, während der Zugfahrt aufs Land eine Bilanz seiner Ehe zieht, fällt sie positiv aus. Manche Details sind liebevoll autobiographisch, so werden dem jungen Geiger Zwillinge geboren, wie es auch in Bergmans Ehe der Fall gewesen war.

Andererseits schuf Bergman in der Figur des jungen Violinisten ein aufrichtiges Selbstporträt, in dem er rücksichtslos mit seiner eigenen Egozentrik und seinem Anspruchsdenken abrechnet, den großen Worten von der großen Kunst, die so gar nicht der eigenen Unzulänglichkeit entsprechen. Bergman zeichnet hier einen ziemlich haltlosen und schwankenden Menschen, der seine Frau betrügt und, wenn er betrunken ist, schlägt.
Zugleich verarbeitet Ingmar Bergman in *An die Freude* seine Erfahrungen und Erinnerungen aus den Jahren, als er Theaterchef in Hälsingborg war. Die Orchestervereinigung, in deren Milieu der Film spielt, ist nur eine kaum verhüllte Anspielung auf das Hälsingborger Stadttheater, an dem er seine ersten erfolgreichen Jahre verbrachte. Doch nach dem Film zu urteilen, fühlte er sich dort eingesperrt und erdrückt. Und das künstlerische Unvermögen, unter dem der junge Geiger leidet, entspricht Bergmans Gefühlen beim Fortgang aus Hälsingborg: Er tauge dazu nicht mehr, erklärte er, als er seinen Intendantenposten aufgab.
Die Bedingungen, unter denen ein Künstler schafft, und nicht so sehr persönliche Probleme, stehen bei *An die Freude* im Mittelpunkt, obwohl wir in einem einzigen großen Rückblick eine bittere Ehegeschichte erfahren. Der Film beginnt und endet mit den Orchesterproben zu Beethovens Hymne »An die Freude«, die ihm den Titel gab.

Inhalt: Während der Proben wird der junge Geiger Stig Eriksson (Stig Olin) ans Telefon gerufen: Seine Frau und eines seiner beiden Kinder sind ums Leben gekommen, als sie auf den Schären Sommerurlaub machten. Ein Kocher in ihrem Sommerhaus ist explodiert. Stig fährt sogleich dorthin und sitzt alleine in der verlassenen Wohnung. Er erinnert sich an das erste Zusammentreffen mit Martha, an ihre Heirat, ihre Trennung und ihre Versöhnung. Als sie sich kennenlernten, waren sie beide junge Mitglieder des Stockholmer Orchesters. Stig hatte große Träume von einer glänzenden beruflichen Zukunft. Er und Martha heiraten. Doch sie trennen sich, als Stig erkennen muß, daß er keineswegs das Genie ist, für das er

sich hält, und er die angestrebte Stellung als Solist nicht bekommt. Seine Verbitterung wendet sich gegen Martha. »Man kann niemals zu zweit sein, das bedeutet, daß man immer allein ist!«
Die überleitenden Szenen des Films begleitet ein Erzähler, der alte Orchesterleiter Sönderby (Victor Sjöström), der Stig auf seinen Egoismus hinweist: Wer die Ehe nur als Mittel zum Zweck sieht, ist ein Egoist.
Der Weg zur Versöhnung zwischen Stig und Martha ist lang und schwierig, und gerade als sie ein neues gemeinsames Leben beginnen wollen, werden sie durch den Tod getrennt. Der alte Sönderby rät Stig, sich nicht seinem Schmerz hinzugeben, sondern ihn in Musik zu verwandeln.

Bergman zum Film: »Ich saß an der Riviera ... und traf einige gute Freunde da unten, Maler und sowas, wir waren eigentlich nie nüchtern, und ich saß da und sehnte mich nach Hause und fing an, meine Ehe – meine damalige – zu romantisieren, die ich gerade mit Wonne in *Durst* in Stücke gerissen hatte. Ich wurde etwas sentimental und fing an, an die Zeit in Hälsingborg zu denken, wie schön das damals war, und an das Symphonieorchester, und daß ich keineswegs so genial war, wie ich es mir eingebildet hatte. Die ersten richtigen Verrisse hatten sich eingestellt. Doch ich dachte, auch wenn ich mittelmäßig wäre, müßte ich doch etwas tun; und dann machte ich mich an die Arbeit, so als eine Art Trost. Denn es ist ja das Fußvolk der Kultur, was zählt, und nicht die auffallende Kavallerie. So wurde das ein ziemlich harmonischer Film, abgesehen davon, daß ich keinen richtigen Schluß finden konnte. So kam ich auf den Opernschluß mit dem explodierenden Gaskocher.«

Sånt händer inte här

Menschenjagd (Sowas kann hier nicht geschehen), 1950

Das Jahr 1950 bedeutet im Filmschaffen Bergmans eine deutliche Zäsur zwischen den wilden, aufgewühlten, aber noch suchenden und mehr unsicheren Jugendwerken einerseits

›Menschenjagd‹

und der beginnenden Reifezeit andererseits. Die Schwierigkeiten der zurückliegenden Scheidung sind überwunden, und Bergman plant, sich erneut zu verheiraten, und zwar mit einer Journalistin, die mit Theater und Film gar nichts zu tun hat, Gun Grut.
Andererseits steht der sogenannte Filmstopp vor der Tür, die Protestaktion der gesamten schwedischen Filmbranche, die wegen der plötzlichen Verdoppelung der Vergnügungssteuern sämtliche Filmateliers ein Dreivierteljahr lang geschlossen hält. Die wirtschaftlichen Aussichten der Filmschaffenden sind also nicht gerade rosig, und für Bergman schon gar nicht, da er aus der vorhergehenden Ehe vier Kinder zu versorgen hat. Schließlich hatte er das Göteborger Stadttheater, wo er die letzten drei Jahre als Regisseur arbeitete, 1949 verlassen, seine neue Stelle am Theater in Malmö aber noch nicht angetreten.

Bergman als schwedischer Hitchcock: ›Menschenjagd‹

So sah sich Bergman gezwungen, einige Aufträge zu übernehmen, mit denen er sich eigentlich nicht verbunden fühlte: Für SF übernahm er die Regie eines Spionage-Thrillers, den Herbert Grevenius geschrieben hatte; bei zwei folgenden Filmen, die Gustaf Molander und Lars-Erik Kjellgren inszenierten, arbeitete er lediglich am Drehbuch mit.
Menschenjagd – schwedischer Titel: *Sowas kann hier nicht geschehen* – knüpft an die aktuellen Ost-West-Spannungen des kalten Krieges an, die das neutrale Schweden wiederum, wie schon im Kriege, zum Agententummelplatz werden ließen. Einen direkt antisowjetischen Film wollte man bei SF jedoch nicht machen, und die Besatzung des fremden Schiffes im Stockholmer Hafen durfte unter keinen Umständen etwa russisch sprechen. Bergman löste das Problem dadurch, daß er

die Schiffsleute schwedisch sprechen ließ und dann das Tonband rückwärts abfuhr – dadurch entstand eine »fremde« Sprache, die wegen ihrer Unverständlichkeit der Übersetzung bedurfte, zugleich aber die Authentizität erhöhte.
Bergman ist wegen dieses Films heftig angegriffen worden, was sein Biograph Vernon Young auf »örtliche prokommunistische Journalisten« zurückführt, die den Film als Hetzfilm im Stile der McCarthy-Ära diffamierten. Svensk Filmindustri bestritt zeitweise überhaupt die Existenz des Films. Bergman selbst verweigerte später jede Aufführung des Films und äußerte sich auch nicht zu ihm. (Die für mich arrangierte Sichtvorführung in Stockholm wurde noch im Kinosaal auf SF-Einspruch abgebrochen.)

Inhalt: Der Film ist ein Spionage-Thriller nach Art von Hitchcocks *Neununddreißig Stufen:* Der mystische Ingenieur Atkä Natas (Ulf Palme) kommt eines Nachts mit dem Flugzeug in

›Menschenjagd‹

Stockholm an, und zwar aus einem fiktiven Diktaturstaat »Liquidatzia«. Autos verfolgen ihn, wachsame Gesichter tauchen auf. Natas (= Satan) hat wertvolle und sehr belastende Dokumente aus seinem Heimatland mitgenommen. Es zeigt sich, daß er ein Agent von »L« ist, aber ein Agent, der seine Geheimnisse an die Amerikaner im Tausch gegen politisches Asyl verkaufen will. Sein Absprung wird ruchbar, und seine Genossen verfolgen ihn.
Natas vertraut seine Papiere seiner Frau Vera (Signe Hasso) an, die er nach seiner Ankunft im Hotel aufsucht. Unter den Papieren sind Aufzeichnungen über Industrieanlagen in Nordschweden. Vera hat ihn schon lange für tot gehalten und ist nun mit einem schwedischen Polizeileutnant (Alf Kjellin) verlobt. Natas gesteht ihr, daß er – um seine eigene Haut zu retten – ihre in Sowjet-Ruritanien zurückgebliebenen Eltern verraten hat. Vera geht mit ihm ins Bett und rächt sich anschließend, indem sie ihn umzubringen versucht.
Die Geschichte entwickelt sich in einer Serie von abenteuerlichen Erlebnissen, aufregenden Jagden, Verwicklungen und lustigen Einlagen: Vera liefert die Dokumente der Polizei aus, wird selbst von den Verfolgern gekidnappt und erst im Hafen durch ein ausländisches Schiff gerettet; Natas schließlich überlebt den Mordanschlag seiner Frau, wird von den fremden Agenten entdeckt und springt, um ihnen zu entkommen, von der Terrasse des Katarina-Lifts. Selbstmord.

Medan staden sover

Während die Stadt schläft, 1950
Der Film hatte keinen deutschen Verleihtitel

Inhalt: Im Mittelpunkt der Geschichte steht wieder einmal eine der bösen »Jack«-Personen aus Bergmans früheren Filmen, der hier Jompa (Sven-Erik Gamble) heißt. Er ist an einem Raubüberfall beteiligt, den seine Freunde mit einem gestohlenen Auto begehen, und verübt auch selbst einen Einbruch, um an den Safe des Arbeitgebers seiner Frau heranzukommen.

Seine Frau, die schon vor der Ehe von ihm schwanger war, hat er nur geheiratet, weil deren Vater ihm drohte, und als das Baby geboren wird, kümmert er sich nicht einmal um sie.
Er kommt ins Gefängnis, wird entlassen, kommt wieder ins Gefängnis, wird wieder entlassen und versucht erneut, einen Safe aufzubrechen, um an Geld heranzukommen: Seine Frau will einen Pelzmantel. Unbeabsichtigt tötet er dabei einen Polizeibeamten.
Am Schluß sagt einer über ihn: »Da ist was, was wir hätten tun sollen, aber nicht getan haben. Zumindest ich hätte es tun sollen. Und daran sollten wir ziemlich lange denken und etwas zu ändern versuchen.«
Vernon Young meinte über diesen Film:
»Man kann ihn kaum Ingmar Bergmans Konto zurechnen ... Der Film enthüllt eine ziemlich naive Konzeption der Stockholmer Unterwelt. Ohne unsere Intelligenz zu beleidigen, kann er weder mit dem Argument empfohlen werden, daß Jompa ein Opfer der Gesellschaft sei, noch mit der Behauptung, er sei ein Opfer Gottes ... Noch hatte Ingmar Bergman nicht den Boden der Büchse Pandoras erreicht – in den anderthalb Jahren, bis die Studios wieder aufmachten.«

Frånskild

Geschieden, 1951
Der Film hatte keinen deutschen Verleihtitel

Geschieden ist einer der letzten Filme, bei denen Bergman zwar das Drehbuch schrieb, aber nicht selbst Regie führte – der Stoff wurde wiederum von Gustaf Molander verfilmt, in einer Stimmung »zwielichtiger Trauer« (Peter Cowie).
Der Beitrag, den Bergman zur Ausgestaltung des Stoffes leistete, ist umstritten – Vernon Young hält ihn für gering, Jörn Donner für bedeutsamer, besonders in der zentralen Schilderung der Einsamkeit der Frau.
Genau unterscheiden lassen sich die Einflüsse nicht, weil Svensk Filmindustri ihren ständigen Drehbuchautor Herbert Grevenius mit einsetzte.

Inhalt: *Geschieden* ist ein Ehedrama, eine Dreiecksgeschichte, in der eine Frau reiferen Alters (Inga Tidblad) eine Romanze mit einem jungen Nachbarn (Alf Kjellin) durchlebt.
Gertrud Holmgren (Inga Tidblad) bezieht Wohnung bei einer ältlichen Vermieterin, Frau Nordelius (Hjördis Pettersson). Ihre Ehe mit ihrem Mann (Holger Löwenadler) ist zerbrochen – er hat sich einer Jüngeren zugewandt, die ihn besser versteht. Gertrud Holmgren hat nur noch eine Tochter – ihr Sohn ist in jungen Jahren verstorben –, doch die Tochter ist bereits aus dem Haus und studiert. Die Beziehung zu ihr ist kühl: Die Tochter hält offenbar zum Vater: »Mutter, Vater hat sich weiterentwickelt, aber du bist stehengeblieben – hast du dich je für seine Probleme interessiert?«
»Hier endet mein Leben«, schreibt Gertrud auf die erste Seite ihres Tagebuches, als sie alleine in der Wohnung sitzt. Ein Kind schreit draußen in der Nacht – ein sichtlich von Bergman stammender Einfall –, sie schließt das Fenster und bereitet sich innerlich darauf vor, Selbstmord zu begehen.
Die Begegnung mit dem Sohn ihrer Vermieterin, Bertil, einem jungen Arzt, der sich offenbar für sie interessiert, gibt ihr den Lebensmut zurück. Sie versucht, wieder beruflich tätig zu sein, und trifft bei ihrer Bewerbung auf den freundlichen älteren Disponenten Beckman (Håkan Westergren). Beckman – eine Gottvater-Figur wie der »Mann mit Regenschirm« in *Es regnet auf unsere Liebe* – taucht überraschend an allen möglichen Stellen auf, vor dem Kino, in einem Eisenbahnzug.
Doch zunächst kämpft Gertrud gegen ihre aufkeimende Liebe zu Bertil, bis sie sich endlich – nunmehr ihrer eigenen Fähigkeiten und im Vertrauen auf ihre eigene Zukunft sicherer geworden – entschließt, die Beziehung zu beenden.

Sommarlek

Einen Sommer lang, 1951

Einen Sommer lang stellt einen Meilenstein auf dem Wege zu Bergmans weiterer Entwicklung dar. Mit diesem Film be-

›Das Lächeln einer Sommernacht‹: Bergmans heiterster Film

ginnt die Reihe der »Sommerfilme«, in denen er einen heiteren, unbeschwerten Ton trifft, den man bislang bei ihm nicht vermutete.

Manche Kritiker haben darin einen Einfluß seiner letzten Scheidung sehen wollen, andere haben diese Einflüsse bestritten, weil die Pläne, einen Film über »eine sentimentale Reise« zu machen, wie Bergman den Stoff zunächst nannte, weit zurückreichen. Die Idee stammt bereits aus dem Sommer 1945, ein Jahr später war das Manuskript tatsächlich fertig.

Doch sind die Zusammenhänge mit Bergmans neuer Ehe nicht zu übersehen. In *Durst* rechnete er in aller Bitterkeit mit seiner gescheiterten zweiten Ehe mit der Göteborger

Choreographin Ellen Lundström ab, in *An die Freude* wird diese Ehe bereits verklärt, und in *Einen Sommer lang* gibt er der Liebesgeschichte einen, wie er meint, »schönen Schluß«, obgleich das Mädchen seinen Geliebten durch den Tod verliert.
Anders als in seinen beiden vorhergehenden Ehen war Bergman jetzt zum erstenmal mit einer Frau verheiratet, die nicht aus dem Theatermilieu stammte – alle früheren waren Choreographinnen gewesen –, der aber dennoch manche Einflüsse auf seine folgenden Filme zu verdanken sind, wie er selbst eingesteht. Vielleicht ist das der Grund, warum Bergman nicht länger glaubte, eheuntauglich und nur mit der Kunst verheiratet zu sein.
Einen Sommer lang ist also in vielem eine Fortsetzung von *An die Freude* und gehört in eine harmonischere Periode in seinem Schaffen. *Einen Sommer lang* handelt, wie Bergman es formulierte, von dem Schönsten, das es gab, als man jung war: von Ferien und den Schären und von der ersten großen Liebe. Doch wie in *An die Freude* mischt sich in die hellen Töne ein bitterer Klang.

Inhalt: Marie (Maj-Britt Nilsson) ist eine Ballettänzerin an der Oper in Stockholm, wo der Film beginnt (und endet). Während der Proben zu *Schwanensee* gibt der Journalist David Nyström (Alf Kjellin) ein Buch für Marie ab, kann aber nicht zu ihr persönlich gelangen. Die Stimmung ist bedrohlich, das Licht funktioniert nicht, die Probe muß auf den Abend verschoben werden.
Marie blickt in das Tagebuch, wendet dessen Seiten und sagt: »So viele sterben.« Sie blickt in den Spiegel. Aus dem Dunkel heraus erscheint das Gesicht von Henrik (Birger Malmsten). Henrik war ihr erster Geliebter, er ist tot. Jetzt liebt sie der Journalist David. Doch sie glaubt seit dem Verlust von Henrik, nicht mehr lieben zu können.
Sie scheidet im Streit von David und wandert ziellos herum. Sie kommt zu einem Schiff, das in die Schären fährt, und fährt mit. Während der Reise kommen die durch das Tagebuch ausgelösten Erinnerungen wieder.

Sie sieht, wie Henrik sie im Theater sucht – doch sie hat keine Zeit für ihn, Onkel Erland kümmert sich um sie. Als sie ihn dann auf einem Schiff wiedertrifft, sagt er ihr, daß sie schön sei.
Im Haus auf den Schären kommt ihr die Erinnerung an ein weiteres Treffen mit Henrik, ein heimliches Treffen am Meer, wo sie wilde Erdbeeren sammelt, und an ein drittes Zusammensein: Sie macht Tanzübungen im Haus, und Henrik wartet auf sie, geht verärgert weg, und sie besucht ihn abends in seinem Haus. Sie schlafen miteinander, gehen zusammen im Mondschein spazieren, erleben die sommerliche Dämmerung. Nur ein Schatten fällt auf ihre Liebe: Onkel Erland. Er hat früher einmal ihre Mutter geliebt – jetzt schlägt er Marie vor, mit ihm zu verreisen, um etwas vom Leben zu haben. Für ihn ist sie die Mutter, die er liebte.
Marie geht noch einmal zu all den Stellen, die mit ihrer Erinnerung verknüpft sind, auch zu der, an der die letzte, bitterste Erinnerung hängt, mit der dieser schöne Sommer vor sechzehn Jahren endete, zu der Stelle, von der aus Henrik ins Wasser springen wollte, doch hart auf einem Felsen aufschlug und vor ihren Augen starb.
Die Erinnerungen haben Marie befreit. Sie kehrt nach Stockholm zurück und gibt David das Tagebuch mit den Erinnerungen. Er soll das Bisherige mit ihr teilen und sie verstehen. Dann wird sie ihn lieben können.
Die Proben gehen weiter, David wartet hinter den Kulissen auf Marie. Sie geht auf ihn zu und umarmt ihn.
Marie hat zu sich und zu David gefunden. Die Erinnerung an den Toten beherrscht sie nicht mehr. Sie wird mit David leben.

Der schwedische Sommer

Weiter südlich weiß man kaum, was der Sommer im Norden bedeutet. Gesellschaft und Zeit spiegeln sich selbstverständlich in der Kunst, wirken auf sie ein. Ebenso selbstverständlich spiegeln sich in der nordischen Kunst und Literatur die Kontraste zwischen Licht und Dunkel, zwischen Wärme und

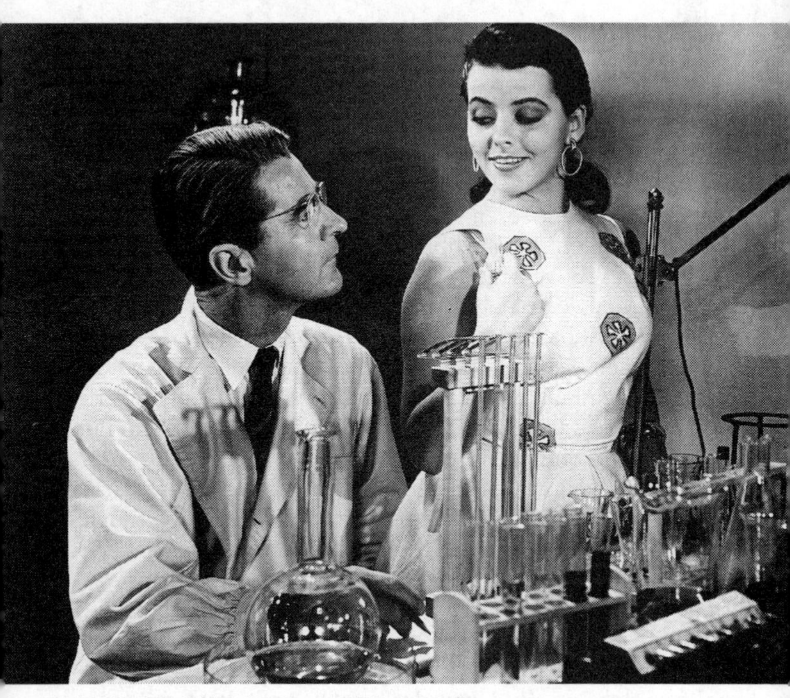

›Lektion in Liebe‹ für Gunnar Björnstrand

Kälte. Diese Kontraste spiegeln sich im Leben der Menschen, im Traum von der Freiheit, der fast immer ein Sommertraum ist. Man kann sich viele verschiedene Bilder vom Sommer machen, man kann sonnenbeschienene Klippen wählen oder ruhige Buchten, die Stille der Binnenseen oder die tiefen Wälder, Lichtungen mit Wärme und wilden Erdbeeren. Sie rufen Augenblicke der festlichen Freude oder des Schmerzes in Erinnerung. Der Sommer, kurz und fortwährend bedroht, ständig überraschend, spielt eine große Rolle im sozialen Leben. Ein nordischer Künstler, der dieses Motiv wählt, ist nicht originell, entdeckt keine neuen Symbole. Doch das heißt nicht, daß sein Werk nicht aussagekräftig ist. Mittsommer enthält alle Bedeutungen des Sommers. Da ist das Leben am intensivsten, die Dunkelheit am weitesten

weg. Leben und Tod berühren einander. Sommer bedeutet nicht nur Rückkehr in die Kindheit und zu ihren Spielen, sondern auch sexuelle Befreiung.
Die Sommerträume haben bei Bergman viele Formen und Ausdrücke, auch in seinen Filmen Ende der fünfziger Jahre. *Eine Lektion in Liebe* gestaltet in einer Rückblende den höchsten Moment ehelichen Glücks. Die Szene zwischen den Eheleuten spielt draußen, in der Natur, im Sommer, im Wald. *Das Lächeln einer Sommernacht* baut in seiner Thematik ganz auf die Befreiung, die die menschlichen Gefühle in einer Sommernacht erleben. Im *Siebenten Spiegel* und in *Wilde Erdbeeren* haben die Erdbeeren die Bedeutung von Paradiessymbolen.
In der schwedischen Literatur ist die Natursehnsucht, die Sehnsucht nach dem Sommer, eine Sehnsucht nach dem verlorenen Land, dem Paradies, das man nie findet. Der Sommer, das bedeutet stets Bewegungsfreiheit nach der winterlichen Beengtheit. In der Schilderung des Sommers zeigt Bergman, wie schwedisch, wie heimatgebunden er ist.
Ebenso klar wie das Sommerbild ist das vom Tod. Er ist die Macht des Herbstes, der Bedrohung und Vernichtung …

Die Seife »Bris«

1951

Während des Filmstreiks von 1951 drehte Ingmar Bergman im Auftrag der Firma AB Sunlight insgesamt neun kurze Reklamefilme von je knapp neunzig Sekunden Länge für deren Seife »Bris«. Diesen Auftrag nahm Ingmar Bergman mit Freuden an: »Sie waren für mich ein kleines Glück – meine Einnahmen schrumpften ja auf ein Nichts zusammen, und ich hatte viele Mäuler zu versorgen. Deshalb war ich ungeheuer dankbar, als Sunlight mich fragte, ob ich neun Brisfilme machen wollte.«
Die Auflagen, die mit diesen Filmen verbunden waren, belasteten Ingmar Bergman zunächst jedoch schwer. Denn die Werbeaussage »Schweiß allein riecht nicht. Erst wenn die

Hautbakterien mit ihm in Kontakt kommen, entsteht der üble Geruch« und »Bris tötet die Bakterien. Keine Bakterien – kein Geruch« durfte niemals fehlen.
Die Aufgabe machte ihm jedoch Freude, sie forderte seine handwerkliche Geschicklichkeit heraus und erlaubte ihm manche Formspielereien: In drei Filmen beschäftigte er sich mit dem Medium Film selbst, in zwei weiteren setzte er Miniaturmenschen auf einer Puppentheaterszenerie ein, ein Thema, das ihn seit frühester Jugend beschäftigte, und kontrastierte die Miniaturmenschen mit Schauspielern in normaler Größe. Ein Film war eine Imitation früher Filme von Méliès, dessen Werke er seit frühester Jugend bewunderte. Selbst nach dem Ende des Filmstreiks arbeitete er weiter mit diesen kleinen Filmchen.

Die Seife Bris

In dem ersten der Filmchen stellt Bergman nur die Verpakkung des Produkts vor (»Ist das nicht eine ungewöhnlich hübsche Verpackung?«) und spult den Reklamespruch ab – persönliche Prägung erfährt der Film durch die Einführung der Figur des gütig-trotteligen alten Mannes (John Botvid), der in fast allen folgenden Filmen wiederkehren sollte. Hier ist es Botvids Aufgabe, den Namen der Seife fortwährend mißzuverstehen und sie damit dem Zuschauer einzuprägen.

Die Filmaufnahme

Dieser Film ist einer der drei, in denen Bergman sich mit dem Medium Film beschäftigt. Hier geht es um die Aufnahmen zu einem Reklamefilm (eben über die Seife »Bris«), was ihm die Gelegenheit gibt, ein Filmatelier zu zeigen und die Atmosphäre der Aufnahmen festzuhalten.

Die Filmvorstellung

Der zweite der Medien-Filme: Vorführung des Films im Filmtheater, diesmal geht es um den damals gerade aktuellen dreidimensionalen Film, zu dessen Betrachtung die Zuschauer Brillen aufsetzen mußten: Bergman bricht dabei die Form, indem er das Starlet, das die Seife präsentiert, aus dem Rahmen heraus- und den Zuschauerraum betreten läßt (es landet natürlich auf dem Schoß John Botvids).

Das Rebus

Im ersten Teil sieht man zunächst nur Bilder ohne Kommentar, so daß der Zuschauer aufgefordert wird, die Bildsprache zu deuten. »War es schwierig, diesen kleinen Film zu begreifen?« fragt die Sprecherin am Ende, und dann läuft das Ganze noch einmal ab, diesmal mit Erklärung, so daß auch jedermann versteht: »Schweiß allein riecht nicht. Erst wenn die Hautbakterien mit ihm in Kontakt kommen, entsteht der üble Geruch.«

Der Erfinder

Die harmlose Geschichte eines Mannes, der träumt, er habe eine phantastische Seife erfunden, gibt Bergman Gelegenheit, eine Farce à la Méliès zu imitieren.

Das magische Theater

Böse Ungeheuer – die Bakterien der Haut – kämpfen mit harmlosen Wesen – den Schweißtropfen –, um sich mit ihnen zu vereinigen und den üblen Geruch zu produzieren.

Die Zaubervorstellung

Wie in *Das magische Theater* ergreift Bergman hier die Gelegenheit, Miniaturmenschen auf einer Puppentheaterszenerie einzusetzen, die den Kampf des Guten und des Bösen darstellen, und sie mit Schauspielern in normaler Größe zu kontrastieren.

König Gustav III.

In den letzten beiden Filmen wendet sich Bergman der von ihm seinerzeit bevorzugten historischen Kulisse zu. »Die Zeiten König Gustavs sollen glanzvoll gewesen sein – aber ehe Majestät nicht parfümiert waren, verbreiteten sie einen schlimmen Gestank im ganzen Zimmer.« Natürlich wäre es gut gewesen, wenn es damals schon die Seife »Bris« gegeben hätte.

Die Prinzessin und der Schweinehirt
Hier hat Bibi Andersson, damals fünfzehn Jahre alt, ihre erste Filmrolle als Prinzessin, die dem armen Schweinehirten – der endlich die wunderbare Seife erfunden hat – hundert Küsse verspricht. Und weil auch der König (natürlich wieder John Botvid) nicht umhinkann, diese Erfindung zu würdigen, bekommt die Prinzessin ihren Schweinehirten sogar zum Prinzgemahl.

Selbst diese kurzen Stücke sind ziemlich voller Charme. Man kann »Bergman nicht die Fähigkeit absprechen, auch unter den Bedingungen kinematografischer Improvisation etwas Persönliches und Wertvolles zu schaffen« (Jörn Donner).

Kvinnors väntan

Sehnsucht der Frauen, 1952

Sehnsucht der Frauen ist der erste Film, den Bergman nach dem Ende des Filmstopps machte. Bereits im Juli 1952 waren die Aufnahmen (unmittelbar anschließend, im August, begannen die Arbeiten an *Die Zeit mit Monika)* beendet.
Nach dem totalen Stopp jeder Filmproduktion wollte SF unbedingt einen Film herausbringen, der publikumswirksam war. Unter dem Druck der wirtschaftlichen Verhältnisse war Bergman nur zu gern dazu bereit und auch selbst stärkstens daran interessiert, einen Film zu schaffen, der ihn von den dringlichsten Sorgen befreite. Er selbst sah das Projekt als seine letzte Chance und schrieb das Manuskript »in einer Art Galgenhumor«.
Das Drehbuch stammt von Ingmar Bergman allein; er griff dafür auf einen Stoff zurück, den er bereits 1946 auf der Bühne inszeniert hatte: *Rakel och biografvaktmästaren* (Rachel und der Kinokontrolleur).

Inhalt: Drei Frauen – Rachel (Anita Björk), Märta (Maj-Britt Nilsson) und Karin (Eva Dahlbeck) – sind allein in den Ferien auf den Schären. Sie warten auf die Rückkehr ihrer

›Sehnsucht der Frauen‹

Männer und kommen überein, sich die Zeit damit zu verkürzen, daß sie gegenseitig die Erinnerungen an die Vergangenheit austauschen, an die dramatischen Zeiten der Liebe und der Ehe.
Noch eine vierte Frau sitzt dabei, Anita (Aino Taube), die den Erzählungen ihrer drei Schwägerinnen lauscht. Und dann ist da noch Märtas kleine Schwester, die siebzehnjährige Maj (Gerd Andersson): Sie allein hat das Leben noch vor sich und ist nicht der Resignation der älteren verfallen. Diese sind mit vier Brüdern Lobelius verheiratet, die eine alte Familienfirma geerbt haben. Das Oberhaupt der Familie ist Frederik Lobelius (Gunnar Björnstrand – der hier zum erstenmal unter der Regie Bergmans in einem Film mitwirkt); er ist mit Karin verheiratet. Anita ist die Frau des zweiten Bruders,

Die ›Sehnsucht der Frauen‹ im Spiegel der Vergangenheit

Paul (Håkan Westergren), Rachel die des dritten Bruders Eugen (Karl-Arne Holmsten). Märta, die jüngste schließlich, ist jetzt die Frau von Martin Lobelius (Birger Malmsten), dem früheren schwarzen Schaf der Familie.
Es ist ein traumhaft schöner Sommerabend, die Sonne ist gerade versunken. Die Frauen sitzen gemütlich beim Kaffee zusammen, plaudern entspannt, eine vertrauliche Stimmung zwischen ihnen kommt auf. Die Rückkehr ihrer Männer von der Geschäftsreise wird noch etwas auf sich warten lassen. Die Kinder sind ins Bett gegangen. Die Gelegenheit ist da, private Sehnsüchte auszudrücken, sich an Vergangenes zu erinnern.
Die Übergänge der einzelnen Episoden sind einfach und schmucklos, es heißt lediglich: »Nun bist du dran.«

Rachel beginnt den Bericht, sie hatte eine kurze Affäre mit einem früheren Geliebten, Kaj. Ihre Ehe mit Eugen war innerlich längst gestorben. Eugen interessiert sich nur für tote Dinge. Kaj überrascht Rachel eines Tages und will sie verführen. Sie gibt nach – und gesteht ihrem Mann alles, als er nach Hause kommt. Eugen will sich scheiden lassen, doch dann nimmt er ein Gewehr – für Rachel, für Kaj oder für sich selbst? Schließlich schließt er sich im Badeschuppen ein, um sich zu erschießen. Rachel holt seinen Bruder Paul, um Eugen davon abzuhalten. Aus Pauls Mund kommen einige Kernthesen der Bergmanschen Philosophie: »Eine untreue Frau ist besser als überhaupt keine Frau ... Besser betrogen als ganz allein.« Später, als Paul dies Rachel wieder berichtet, fügt er zynisch hinzu: »Ich weiß nicht, ob's wahr ist, aber es klingt so gut.« Eugen gibt Pauls Ratschlägen nach, er wird

Birger Malmsten, Gunnar Björnstrand und Maj-Britt Nilsson in der ›Sehnsucht der Frauen‹

weiterleben und will lieber betrogen sein und weiter betrogen werden als selber unabhängig zu sein. Das letzte Wort hat Rachel. Befragt, ob ihre Ehe nun besser sei als vorher, sagt sie: »Nicht für Eugen natürlich, aber für mich. Jetzt verstehe ich das Kind in ihm. Der einzige Sinn unseres Lebens sind wir. Das ist sehr einfach.«
Die zweite Episode handelt von Märta und Martin und spielt in Paris. Märta hat sich von ihrem amerikanischen Verlobten wegen Martin getrennt. Martin, ein schwedischer Student, lebt als Maler in Paris. Märta erwartet ein Kind von ihm, ohne daß Martin dies weiß. Sie gebiert dieses Kind unter Schmerzen. Am Schluß des Berichts fragt Märtas siebzehnjährige Schwester: »Warum hast du Martin schließlich geheiratet?«, und Märta antwortet: »Weil ich ihn liebe.«
Die dritte Episode, die Aufzugszene zwischen Karin und ihrem Mann Frederik (Gunnar Björnstrand), ist wohl eine der bekanntesten aus Bergmans Filmen. Im Aufzug ihres Wohnhauses treffen beide Ehepartner zum erstenmal seit Monaten zu einem Gespräch zusammen – mehr haben sie sich sonst nicht zu sagen. Frederik ist ein erfolgreicher Geschäftsmann, der von Besprechung zu Besprechung jagt. Auf dem Heimweg vom Firmenjubiläum bleibt der Aufzug stekken, beide sind gefangen – und öffnen sich füreinander; eine der ersten gekonnten komischen Szenen bei Bergman, auf engstem Raum inszeniert. Sie lieben einander schließlich im Aufzug und werden erst am nächsten Morgen daraus befreit. Die Dinge haben sich zwischen ihnen geändert. Oder nicht? Frederik erinnert sich an einen wichtigen Termin mit einer brasilianischen Delegation, heute morgen um zehn.
Hier endet der letzte Bericht, die erwarteten Männer kommen, Märtas junge Schwester, die die Geschichten mit angehört hat, entfernt sich: Sie flieht mit einem Jungen, der ihr versprochen hat, anders zu sein. Märta möchte, daß Paul – wieder einmal – eingreift, er soll die Jungen zurückholen. Doch diesmal weigert Paul sich: »Wichtig ist nur, daß sie etwas tun, von dem sie glauben, daß es verboten ist … Laßt ihnen ihren Sommer. Die Wunden und die Weisheit werden schnell genug kommen.«

Sommaren med Monika

Die Zeit mit Monika, 1953

François Truffaut erklärte *Die Zeit mit Monika* zu seinem Bergman-Favoriten, und auch Vernon Young hält ihn für einen seiner besten Filme. Wie man zu diesem Film auch stehen mag, es »offenbart die ganze persönliche Einstellung zu Bergman« (Peter Hirsch).

Noch ist der Streit nicht entschieden, wem die Leichtigkeit dieses Films zu verdanken ist: ob es der Schriftsteller und Drehbuchautor Per Anders Fogelström war oder Ingmar Bergman selbst, in dessen Leben zwei wichtige persönliche Ereignisse eintraten: die Begegnung mit Harriet Andersson, einer kleinen wilden Revueratte mit Netzstrümpfen, die er entdeckte und der niemand filmkünstlerische Qualität, nur animalische Sexualität zutraute, und die Wiederaufnahme der Filmarbeit im Sommer 1952 nach dem Filmstopp, die auf ihn befreiend und erleichternd gewirkt haben muß.

Die zurückliegende Periode seines Lebens war nie ganz von Sorgen frei gewesen. Verfolgt von Unterhaltspflichten – ein Kind aus erster und vier Kinder aus zweiter Ehe waren zu versorgen –, suchte er nach einer neuen ständigen Wirkungsstätte und zog heimatlos von einer Gastregie zur andern. Zwar fand er kurzfristig eine für langfristig gedachte Regieaufgabe am Stockholmer Intimen Theater, das Lorens Marmstedt im Herbst 1950 eröffnet hatte. Nach drei Inszenierungen – Brecht, Hjalmar Bergman und Anouilh –, die entweder bei der Kritik oder beim Publikum durchfielen, gab er auf, weil er der Meinung war, ihm könne in dieser kritischen Periode einfach nichts gelingen. Hinzu kam, daß Hasse Ekman, mit dem Bergman damals heftig rivalisierte, die künstlerische Leitung des Theaters erhielt.

So griff er freudig die Idee auf, einen Stoff für SF zu bearbeiten, den der Schriftsteller Per Anders Fogelström in einer Novelle bereits verwendet hatte (und später zu einem Roman erweiterte). Da der Film billig zu werden versprach – tatsächlich lieferte Bergman im Überschwang der Gefühle für den schwedischen Sommer und für Harriet Andersson dann einen

Film von über sechstausend Metern ab, der erst mühsam geschnitten werden mußte –, beschloß SF trotz der erheblichen wirtschaftlichen Schwierigkeiten nach dem Ende des Filmstopps die Produktion.
Der Film spielt wieder auf den Schären. Motive aus *Hafenstadt* und *Einen Sommer lang* kamen darin vor, so daß der Stoff gut in die realistische Linie paßte, die SF von Bergman erwartete. Doch unterscheidet sich der fertige Film erheblich sowohl von der Novellenvorlage wie auch vom Drehbuch, da noch während der Aufnahmen zahlreiche Änderungen vorgenommen wurden.
Der Realismus in der Bildsprache, den Ingmar Bergman hier erreichte, ließ die Kritiker Einflüsse des italienischen Neorealismus erkennen – und in der Andersson eine schwedische Silvana Mangano.

Inhalt: Harry, siebzehn Jahre alt, arbeitet in einem Glas- und Porzellangeschäft, Monika in einer Fischfabrik. Beide leiden unter ihrer Arbeit: Harry wird häufig ohne Grund schikaniert, Monika muß sich ständiger Annäherungen erwehren. Beide sehen sie keinen konkreten Ausweg. Harry träumt von der Zukunft, Monika von Filmstars – um der häuslichen Enge mit den vielen Geschwistern zu entfliehen. Ihr Vater trinkt. Monika ist zynisch, animalisch, erotisch, ungewaschen, ständig Kaugummi kauend. Harry und Monika lernen sich in einem Kaffeehaus kennen.
Monika will – mit Harry – allem entfliehen. Sie kündigt ihre Arbeitsstelle, verschwindet von zu Hause und erscheint eines Tages bei Harry. Sie bringt ihn dazu, mit ihr im Motorboot seines Vaters wegzufahren. Sie verlassen Stockholm, fahren durch die Schären – der Himmel ist hell und frei (als sie später wieder zurückkehren, sieht man nur schwarze, dunkle Brükken und Silhouetten).
Fern von der Masse, in der Freiheit, kann Monika sich endlich entwickeln, völlig ungebunden, stolz auf ihren jungen Körper. Sie kann so laut schreien und singen und tanzen, wie sie will. Das Glück, das sie finden, liegt in der sexuellen Harmonie.

Liebe im Fahrstuhl: ›Sehnsucht der Frauen‹

Aber je länger dieser idyllische Zustand dauert, um so schwerer ist er aufrechtzuerhalten. Eines Tages kommt Lelle mit seinem Zelt auf der Insel an, er ist ein früherer Freund von Monika. Er versucht, ihr Motorboot zu zerstören. Harry kämpft mit Lelle und besiegt ihn. Aber die Nahrungsmittelvorräte gehen zu Ende. Monika beginnt, Essen zu stehlen – und sie merkt, daß sie schwanger ist. Sie müssen also nach Stockholm zurück.
Kurz bevor das Kind zur Welt kommt, heiraten sie. Doch das Kind interessiert Monika nicht, und die Vorstellung, in einer Ehe gefangen zu sein, macht sie fürchten. Sie verläßt Harry und das Kind und nimmt sich ohne zu zögern einen anderen Geliebten.

Gycklarnas afton

Abend der Gaukler, 1953

Der *Abend der Gaukler* ist – nach *Das Gefängnis* – Ingmar Bergmans zweiter reiner Autorenfilm. Dazwischen lag jedoch die Filmkrise, dazwischen lag auch manche private Krise in seinem Leben. Bergman hatte »Sommerfilme« gemacht, Komödien, die gut liefen. Wirtschaftlich hätte alles dafür gesprochen, auf diesem Wege fortzufahren (wie er es auch nach *Abend der Gaukler* mit *Eine Lektion in Liebe, Das Lächeln einer Sommernacht* und *Frauenträume* tat).
Doch Bergman wollte wieder da anknüpfen, wo er mit *Das Gefängnis* und *An die Freude* angefangen hatte, bei den Fragen der Freiheit und der Erniedrigung des Künstlers, den Bedingungen, unter denen er arbeitet, noch klarer, noch präziser, noch schärfer und bitterer als früher.
Die Idee zu *Abend der Gaukler* ist aus einer einzigen Vision geboren, dem Anblick von Zirkuswagen, »die irgendwo in der Gegend von Gimo an einem Spätwintertag durch die Dämmerung rollten. Diese uppländische Landschaft hat in all ihrer Tristesse eine eigenartige Dämonie, die mich gefangennimmt.«
Daraus entstand, in ganz kurzer Zeit, das Manuskript für den Film, den Bergman zunächst SF anbot, wo man jedoch ablehnte. Auch Lorens Marmstedt, der schon so oft eingesprungen war, wenn SF kein Interesse hatte, lehnte ab. So kam Ingmar Bergman zu Sandrews (wo er später noch *Frauenträume* produzieren sollte). Dort war damals Rune Waldekranz Produktionschef; er setzte seine ganze Kraft und sein Prestige dafür ein, daß Sandrews-Chef Anders Sandrew Bergman den Film drehen ließ – allen Warnungen vor einem wirtschaftlichen Fiasko zum Trotz.
Der Film fiel auch an der Kasse durch. Und doch hatte Bergman mit *Abend der Gaukler* seinen bis dahin reichsten und wichtigsten Film geliefert, mit einer rücksichtslos konsequenten, naturalistischen Detailschilderung, die weiter als je zuvor getrieben wurde. »Noch nie ist er einem Evangelium des Schmutzes und der Erniedrigung näher gekommen.«

(Jörn Donner). *Abend der Gaukler* wurde der Grundstein für Bergmans internationalen Erfolg.

Inhalt: Ein dunkler Morgen irgendwo in Schweden nahe der Küste um die Jahrhundertwende. Zirkuswagen ziehen über Land, der Circus Alberti, dessen Direktor Albert Johansson (Åke Grönberg) ist, ein kräftiger Mann mit Schnauzbart. Johansson erwacht, kleidet sich an, gibt seiner jungen Frau Anne (Harriet Andersson), die noch schläft, einen Kuß und klettert auf den Kutschbock neben den Kutscher Jens (Erik Strandmark). Dann beginnt Jens zu erzählen. Er erzählt eine Geschichte, die einzige Rückblende des Films. Sie handelt vom Clown Frost (Anders Ek) und seiner Frau Alma (Gudrun Brost) und hat sich vor sieben Jahren in dieser Gegend abgespielt. Eine furchtbare Geschichte.

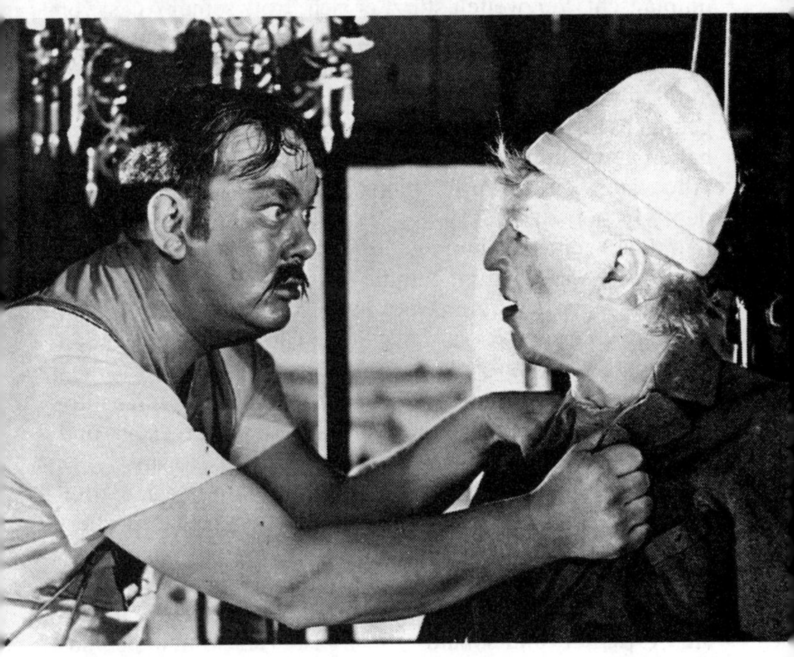

›Abend der Gaukler‹

Die Erzählung ist für Albert bestimmt, auf ihn gemünzt, soll ihn warnen, ihm Aufschluß über seine Situation geben – doch Albert hört nicht zu, schläft ein, und so erzählt Jens die Geschichte nur für sich allein und für den Zuschauer: Frost und Alma waren damals bei einem anderen Zirkus; es ist Sommer, und am Strand üben Soldaten, überall lagern sie, die Offiziere spielen Karten. Da kommt Alma heran, wippend, herausfordernd; obgleich nicht mehr ganz jung, ist sie doch noch hübsch. Sie will baden und beginnt, sich zu entkleiden. Die Offiziere sammeln Geld – für jedes Kleidungsstück mehr, das sie ablegt, bis sie völlig nackt ist. Dann geht sie ins Wasser, unter Johlen und Pfeifen der Soldaten. Ein Offizier flüstert mit einem Burschen: Frost wird geholt, er erscheint im Clownskostüm, ein menschliches Wrack, ein Gespött für alle. Er muß mitansehen, wie Alma nackt mit den Offizieren herumplanscht. Verzweifelt stürzt er sich, trotz seiner Angst vor dem nassen Element, ins Wasser, stolpert über die Steine, erreicht Alma, um sie an Land zu bringen. Doch sie lacht über ihn, küßt ihn albern und drückt ihn unter Wasser. Schließlich gelingt es Frost, Alma an Land zu bringen. Doch die Soldaten haben seine und Almas Kleider versteckt, und so muß er Alma zum Zirkus zurücktragen, stolpernd, fallend, unter dem Gespött der Soldaten – Worte, die man niemals hört, denn die Szene ist stumm gedreht und doch so intensiv, daß man sie zu hören glaubt. Nur die Trommel schlägt zu dem einsamen, langen, schweren Weg, den Frost gehen muß, bis zum Zirkus, wo er wie tot umfällt. Seine Clownskleider werden über ihn gedeckt.
Eine unwirkliche Szene, weiße, überbelichtete Bilder, pantomimische Bewegungen, ein Alptraum des Schreckens und der Erniedrigung, der Clown in der Rolle des Clowns.
Diese Szene bestimmt den ganzen Film, kündigt den kommenden Schrecken an, für den der Zirkusdirektor Albert aber blind ist.
Düster ist der Einzug des Zirkus in die kleine Stadt, wo sie ihre Vorstellungen geben wollen. Es regnet; mühsam wird das Zelt errichtet, und sobald es fertig ist, versammelt sich das ganze Zirkusvölkchen, angeführt von Frost, um zu klagen:

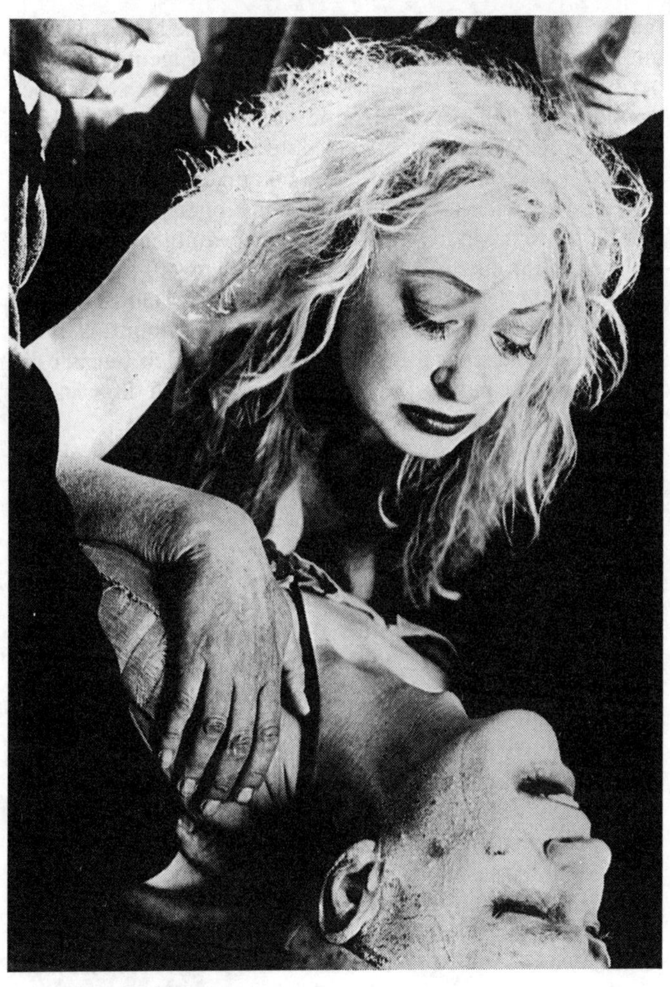

›Abend der Gaukler‹

der Zirkus hat kein Geld, es gibt nichts zu essen, nicht einmal Kleider sind da. Albert sieht nur eine Rettung: Er und Anne ziehen ihre besten Kleider an und machen dem örtlichen Theaterdirektor Sjuberg (Gunnar Björnstrand) ihre Aufwar-

tung. Sie bitten darum, ihnen Kostüme zu leihen, damit sie mit ihren Aufführungen beginnen können. Eigentlich ist Sjuberg nichts anderes als die Zirkusleute, auch er steht einer wandernden Schauspielertruppe vor – aber er spielt klassisch, für die Bürger. Die Zirkusleute aber sind schmutzig, sie riechen, waschen sich nicht – ihnen kann er unmöglich seine Kostüme ausleihen. Er würde sie mit Flöhen wiederbekommen! Obgleich Albert wohlüberlegt Anne mitgenommen hat, nicht ohne ihr einzuschärfen: »Setz du dich still hin und hör zu und lächle lieblich. Sjuberg mag schöne Mädchen. Und atme ganz tief ein, damit deine Brust herauskommt. Wenn er deine Beine sehen will, dann zeig sie ihm. Ich bin bei dir. Wenn er aber unverschämt wird, schlag ich ihm in die Schnauze.«
Albert ist ein Mann der großen Worte, doch seine Bitte trägt er ungeschickt vor.
Annes Gegenwart rettet die Situation, und Sjuberg hat es fröhlich gestimmt, Albert beleidigen zu können. Schließlich kommen sie doch an die gewünschten Kostüme, sie dürfen aussuchen. Frans, ein junger hübscher Schauspieler (Hasse Ekman) verfolgt Anne in den Requisitenraum, gesteht ihr seine Liebe und lockt sie mit einem Amulett. Anne überlegt: Wenn sie das Amulett hat, kann sie es verkaufen, und dann kann sie Albert verlassen. Eigentlich ist sie nicht Alberts Frau, aber von ihm abhängig. Alberts Frau lebt in der Stadt, er hat sie seit drei Jahren nicht gesehen und will sie jetzt besuchen. Anne droht: Wenn du das tust, werde ich weg sein.
Doch Albert sucht seine Frau auf, in der verzweifelten Hoffnung, dadurch etwas an seiner Situation ändern zu können, flüchten zu können. Er ist bereit, den Zirkus im Stich zu lassen – und in einer Parallelhandlung geht Anne jetzt zu Frans. Alberts Verrat steht gegen ihren Verrat. Doch Frans ist nicht wirklich an Anne interessiert, er will nur wissen, welchen Preis sie hat. Und als Anne von Frans zurückkommt – mit dem Amulett –, kommt auch Albert zurück von seiner Frau Agda (Annika Tretow), sie hat ihn empfangen, bewirtet, aber sie kommt besser ohne ihn zurecht.
Albert bittet sie vergebens: »Ich möchte hierbleiben, ich will

nicht länger mit dem Zirkus reisen, ich werde langsam alt, ich habe keinen Mut mehr. Ich will hier bei dir sein, meine Ruhe haben, mit dir leben und meine Jungen aufwachsen sehen. Ich könnte dir im Geschäft helfen. Du kannst mich doch nicht stehenlassen, Agda, du wirst es nicht bereuen, ich verspreche dir, daß ich dich niemals mehr verlassen werde.« Albert sehnt sich nach der Sicherheit, hat genug von der Freiheit, will Ruhe, auch wenn es eine Friedhofsruhe ist.
Aber er wird zurückgewiesen, muß zum Zirkus zurück, zu Anne, ebenso wie Anne zu ihm, denn der Schmuck, den sie von Frans bekam, war nicht echt. Die militärischen Trommeln, die die Szene zwischen Frost und Alma begleiteten, setzen ein, während Albert im Zirkuswagen nach der schrecklichen Wahrheit fragt. Frost kommt herein, mit einer Flasche, Albert gibt ihm eine Pistole: jemand muß sterben, stellvertre-

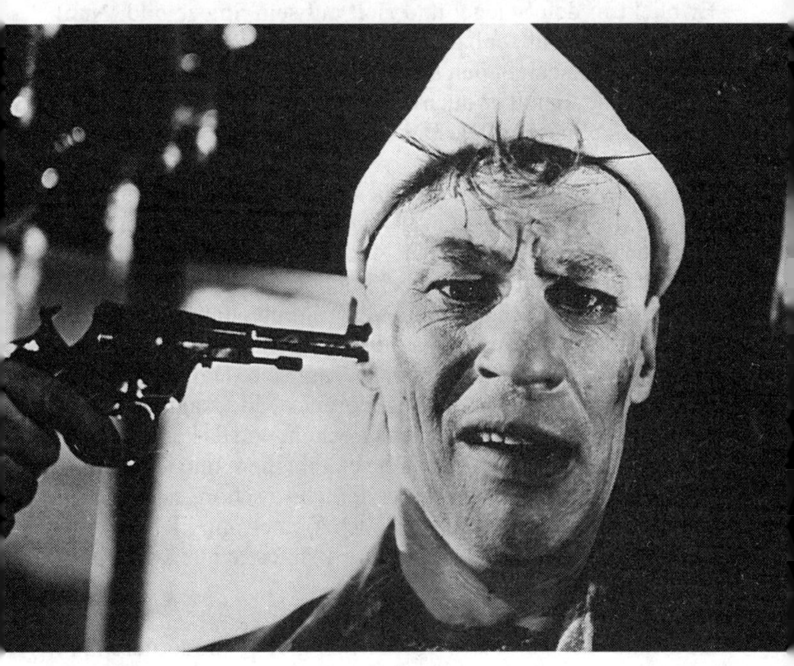

Gefährlich ist die Kunst: ›Abend der Gaukler‹

tend. Frost soll den Zirkusbären erschießen, Almas Liebling, und Alma gleich mit.
Am Abend ist die Vorstellung, zu der die Theaterschauspieler zum Dank eingeladen sind; auch Frans ist gekommen, sitzt provozierend vorne mit einer Freundin, während Anne in der Manege reitet. Ein Knallbonbon fliegt in die Manege, Annes Pferd scheut. Albert rächt sich, indem er Frans mit der Peitsche den Hut vom Kopf schlägt. Der Streit beginnt, Albert in besinnungsloser Wut, Frans überlegen, ironisch, voller Tricks. Albert ist stärker, doch Frans blendet ihn durch Staub und Sägespäne aus der Manege. Albert ist kampfunfähig. Frans schlägt zu. Albert rast in blinder Wut, Frost erklärt die Vorstellung für beendet.
Albert schleppt sich in seinen Zirkuswagen, nimmt die Pistole und will sich erschießen, doch der Schuß geht nicht los. Er blickt in den Spiegel und zielt auf sein Spiegelbild. Nun löst sich ein Schuß, er hat sich symbolisch getötet. Albert geht heraus und erschießt den Bären, wie er es vorher Frost vorgeschlagen hat, damit ist auch Frost gerächt – durch den Tod von Almas Lieblingstier. Die Balance ist nach der tiefsten Erniedrigung wiederhergestellt.
Der Zirkus geht wieder auf die Reise, in der Dämmerung werden die Wagen beladen. Anne und Albert begegnen sich und wechseln einen stummen Blick. Ein neuer Tag nach den Schrecken der Nacht. Frost geht neben Albert und berichtet ihm seinen nächtlichen Traum: »Ich träumte, daß Alma zu mir kam und sagte: Armer Frost, du siehst so müde und traurig aus. Du solltest dich ausruhen. Ja, sagte ich. Dann werde ich dich klein machen wie ein ungeborenes Kind, sagte sie, und dann sollst du in meinen Bauch kriechen, und da kannst du ordentlich schlafen. Ich tat, wie sie es geheißen, und legte mich in ihrem Bauch hin, und da schlief ich so schön, so friedlich wie in einer Wiege, dann wurde ich kleiner und kleiner, und zum Schluß war ich nur noch ein kleines Samenkorn, und dann war ich ganz weg.«

Bergman über den Film: »Sicherlich gibt es modernere Anschauungen der Kunst und des Künstlers als das Motiv der Er-

niedrigung, doch dieses ist essentiell. Eines der stärksten Gefühle, dessen ich mich aus der Kindheit erinnere, ist das der Erniedrigung, durch Wort oder Tat oder Situationen getroffen zu werden.
Erleben Kinder nicht die Erniedrigung besonders stark in ihrer Beziehung zu den Erwachsenen und untereinander? Ich glaube, daß Kinder einander sehr gerne erniedrigen. Unsere ganze Erziehung ist eine Erniedrigung, und war es noch mehr in meiner Kindheit. Eine der Verletzungen, mit der ich es als Erwachsener am schwersten hatte, war die Angst vor der Erniedrigung ... Das ganze Abhängigkeitsverhältnis, das ich in dieser Firma erlebte, bis 1955, empfand ich als Erniedrigung. Selbst als ich Chef von Dramaten war und ins Ministerium gerufen wurde ... Ich erlebe unsere Bürokratie als in hohem Grade auf Erniedrigung aufgebaut, und ich glaube, daß dies eins der schlimmsten und gefährlichsten Gifte ist, die es gibt. Der Erniedrigte sitzt seinerseits immer nur da und denkt darüber nach, wie er jemand anders erniedrigen könnte ...«

Abend und Morgen des Gauklers

Ingmar Bergmans *Abend der Gaukler* markiert eine einschneidende Phase in seiner Karriere als Filmschöpfer, einen entscheidenden Einschnitt in seinem Schaffen. Ingmar Bergman machte einen Riesenschritt vorwärts, urteilt sein amerikanischer Biograph Vernon Young, »niemals zuvor saß er so über sich selbst zu Gericht. Nun konnte er nicht mehr zurück. Mit dem *Abend der Gaukler* war er in die Gesellschaft der illustren Geister eingetreten. Nun war er ein Künstler.«
Mit diesem Film endet das Werk des frühen Ingmar Bergman, die Zeit des Suchens und des Werdens, der Irrungen und der Entdeckungen, aber auch der Mißgriffe und der Nebenwege. *Abend der Gaukler,* meint Peter Cowie, der sich in England am eingehendsten mit dem skandinavischen Film beschäftigt hat, »wurde mit der Zeit zu einem Meilenstein«.
Der Aufschrei, der sich gegen diesen Film erhob, führte zunächst jedoch zu einer Krise in Bergmans Arbeit. Ein Jahr

nach der Premiere sagte er im November 1954 bei einem Vortrag in Lund: »Die Kritik war überall vernichtend, das Publikum blieb weg, der Produzent berechnete seine Verluste – und ich werde zehn Jahre warten müssen, bis ich den nächsten Versuch in diesem Genre machen kann. Würde ich nämlich noch weitere zwei oder drei Filme machen, die derartige wirtschaftliche Verluste zur Folge haben, so würde der Produzent mit Recht der Meinung sein, daß er nicht länger wagen könnte, sein Gold auf meine Talente zu setzen.«
Noch fünfzehn Jahre später, im längsten Interview seines Lebens mit Stig Björkman, Torsten Manns und Jonas Sima, empfand er das Publikumsfiasko und das Kritikerfiasko, das *Abend der Gaukler* erlebte, als Katastrophe.
Und in der Tat war dieser Film in der schwedischen Presse wie beim schwedischen Publikum auf einhellige Ablehnung gestoßen. Es dauerte Monate, bis wenigstens Harry Schein – der spätere Initiator der Filmreform in Schweden und erste Präsident des Schwedischen Filminstituts – in dem Stockholmer literarischen Magazin *BLM* einige Worte der Sympathie und der Verteidigung für den Film fand.
Vernon Young führt die schrille Ablehnung nicht auf die neuen Ideen in *Abend der Gaukler* zurück, sondern auf die neuen Gefühle, die sich darin ausdrückten. »Denn der Film berührte etwas in den Leuten, was sie lieber im Verborgenen gelassen hätten. Er setzte Gefühle frei, mit denen sie nicht fertig werden konnten. Verärgert und in Panik lehnten sie sowohl die Vermittlung wie die Quelle ihrer Beunruhigung ab.«
Und doch war es gerade *Abend der Gaukler,* der Ingmar Bergman den Weg zur weltweiten Anerkennung öffnete. Denn bis dahin wurde der schwedische Film international immer noch durch Alf Sjöberg repräsentiert, mit *Hets* und *Fröken Julie,* und vielleicht Arne Sucksdorff. Mit *Abend der Gaukler* trat plötzlich und unerwartet ein neuer schwedischer Name in die internationale Arena. Die Filmwelt – besonders in Frankreich – starrte mit Verwunderung auf »diese exotische nordische Mischung von Eigensinn und Filmbegabung, von Kompromißlosigkeit und wilder Bildkraft« (Gösta Werner).
Ingmar Bergman wurde, so der französische Kritiker Jacques

›Abend der Gaukler‹

Siclier, »der Cinéaste à la mode« (der, wie der *Spiegel* zur Premiere von *Jungfrauenquelle* feststellte, in Deutschland allerdings noch 1960 lediglich in Filmclubs und Kunstkinos reüssierte!).

Nach dem *Abend der Gaukler* ändert sich die Bergmansche Problematik. Seine frühen Filme waren Filme über Generationskonflikte, in ihnen drückte sich der Aufstand der Jungen gegen die Alten aus, gegen ihre Kompromisse und ihre Resignation, gegen ihre Gefühlskälte, die die Jungen leiden läßt. »Doch Leiden läßt reifen, bringt Verpflichtung. Wenn es richtig ist, daß Freiheit bedeutet, verantwortlich zu handeln und die Angst und die Einsamkeit zu ertragen, die die Verantwortung mit sich bringt, dann kann man von Bergmans Filmen bis 1956 im großen und ganzen sagen, daß sie von Menschen handeln, die sich zur Freiheit entwickeln.« (Niels Jensen)

Zwar stehen nicht in allen frühen Filmen junge Menschen im Mittelpunkt – wie Jan-Erik in *Die Hörige,* Johannes in *Schiff*

Die Zähmung eines Widerspenstigen: ›Lektion in Liebe‹

nach Indien, Marie in *Einen Sommer lang,* Berit und Gösta in *Hafenstadt,* Stig in *An die Freude,* Harry in *Die Zeit mit Monika* –, manchmal wie in *Durst, Gefängnis* oder *Abend der Gaukler* sind es auch nicht mehr ganz so junge, deren Optimismus schon gebrochen ist. Und trotzdem, in allen seinen frühen Filmen bis hin zu *Abend der Gaukler* gibt es so etwas wie Hoffnung, siegt am Ende der Wille, mit der Angst zu leben.

Nach den Erfolgen in Berlin und Cannes häuften sich die Angebote an Bergman, auch im Ausland zu drehen, in Deutschland, Frankreich, Amerika, sogar Rußland. Alle diese Angebote – so das der Verfilmung von Ibsens *Nora* aus Deutschland oder Turgenjews *Erste Liebe* aus Amerika – schlug er aus: Zu sehr war er sich seiner Verankerung in Schweden, der schwedischen Mentalität bewußt. In einem Interview mit der französischen Filmzeitschrift *Cahiers du Cinéma* begründete er seine Einstellung: »Ich möchte nirgendwo Filme machen außer in Schweden. Denken Sie nur an Sjöström und Stiller – was ist aus ihnen geworden, als sie ihr Land verließen. Ein Künstler kann sich nicht voll und ganz ausdrücken und das Publikum auch in andern Ländern erreichen, wenn er nicht all den Eigentümlichkeiten seiner heimatlichen Erde verhaftet bleibt. Abgesehen davon lassen mir meine Produzenten hier völlig freie Hand. Das war nicht immer so. Ich habe lange Zeit darum kämpfen müssen, diese privilegierte Position zu erreichen. Manchmal habe ich sogar Auftragsfilme machen müssen wie *Menschenjagd* (ich hoffe, daß dieser Film nie in Frankreich gezeigt wird) ... oder sogar Reklamefilme ...

Jetzt bin ich so etwas wie ein ›seltener Vogel‹. Das ist in mancher Hinsicht unangenehm, aber es stört nicht die Freiheit meiner Inspiration. Ich kann alles tun, was ich will, was ich wünschen könnte.

Gunnar Fischer* und ich verstehen uns intuitiv. Ich arbeite immer mit demselben Material; ich kenne alle Winkel unserer Studios und Laboratorien in- und auswendig. Auch setze ich meistens meine Schauspieler vom Stadttheater Malmö ein. Warum sollte ich mich sonstwo prostituieren? Hier habe ich alles für meine Arbeit, was ich will. Die Luft, die ich atme, ist die, die mir zu glauben und mich zu formen erlaubte. Warum sollte ich ihr untreu werden?

---

* Bergmans Kameramann

Der schwedische Film ist endlich zu seinen lange verlorenen, geheimen Quellen zurückgekehrt. Wir können es uns nicht leisten, sie ein zweites Mal zu verschütten. Wenn Produzenten aus aller Welt mit mir arbeiten wollen, dann sollen sie hierher kommen und versuchen, eine gemeinsame Basis des Verständnisses mit meinen wirklichen Produzenten zu finden.
Ich fühle, daß ich noch viel zu sagen habe, über die Welt und über den Menschen. Doch spüre ich auch, daß ich es nicht wirklich gut sagen könnte, ohne über Schweden und die Schweden zu sprechen.«

En lektion i kärlek

Lektion in Liebe, 1954

Eine scheinbar überraschende Serie von Komödien eröffnete Ingmar Bergmans zweites Film-Jahrzehnt. Denn Humor, so war die gängige Meinung, fehlte ihm völlig. Dabei hatte bereits 1952 die berühmte Schlußepisode in *Sehnsucht der Frauen* (mit Gunnar Björnstrand und Eva Dahlbeck) seine Fähigkeit zu erotisch-ironischen Lustspielen bewiesen. Aber: Bergmans plötzlich hervorbrechender Humor war mehr Galgenhumor, geboren aus Verzweiflung und nackter Notwendigkeit.
1954 verließ Ingmar Bergman Stockholm und wurde (bis 1960) Regisseur am Stadttheater in Malmö. Damit hatte er zumindest eine feste Anstellung und war nicht mehr, wie in den vorhergehenden Jahren, auf zufällige Gastregie-Aufträge angewiesen. Das Drehbuch zu *Lektion in Liebe* hatte er schon im letzten Sommer, nach Beendigung der Dreharbeiten an *Abend der Gaukler,* geschrieben, als er mit Harriet Andersson Ferien machte. Noch schien die Welt in Ordnung. Seine ironische Distanz macht Bergman im Vortext des Films deutlich: »Aus dieser Komödie hätte eine Tragödie werden können – aber die Götter meinten es gut.«
Nach dem »Reinfall« bei Sandrews gab ihm seine Hausfirma Svensk Filmindustri die Chance zu einem »leichten« Neubeginn, bei dem Bergman an den Erfolg mit dem Paar Gunnar Björnstrand/Eva Dahlbeck anknüpfte.

›Lektion der Liebe‹

Inhalt: Nach fünfzehnjähriger Ehe kriselt es zwischen dem Frauenarzt David Ernemann (Gunnar Björnstrand) und seiner Frau Marianne (Eva Dahlbeck), die vor ihrer Ehe mit dem Künstler Carl-Adam verlobt gewesen war. Als sie mit den Kindern (einem zwölfjährigen Sohn und einer fünfzehnjährigen Tochter), aber ohne ihren Mann, in Südschweden Urlaub macht, nimmt sie die Beziehung zu Carl-Adam, der jetzt in Kopenhagen wohnt, wieder auf. Zwar liebt sie ihren Mann, leidet aber darunter, daß er seit einem Jahr eine junge hübsche Geliebte hat (eine Patientin, die sich ihm aufgedrängt hat).
Die halbwüchsige Tochter Nix haßt die »Poussiererei« ihrer Eltern und läuft fort. Der Vater findet sie am Strand mit einem Dackel, ihrem einzigen Freund.

Gegen Ende des Sommers macht David mit seiner Geliebten Schluß und möchte sich mit Marianne versöhnen. Durch seinen Chauffeur Sam bringt er in Erfahrung, wann Marianne von Stockholm nach Kopenhagen zu Carl-Adam fahren will. Auf halbem Wege steigt David zu, während sein Chauffeur nach Kopenhagen weiterfährt. Im Zug gibt sich Marianne jedoch recht abweisend: Sie will ihm eine Lehre erteilen.
In Malmö treffen sie Carl-Adam, den David in Mariannes Namen herbeitelegrafierte. Gemeinsam fahren die drei nach Kopenhagen und landen in einer Kneipe in Nyhavn, wo Carl-Adam den Barkeeper bittet, seinem Rivalen einen extrastarken Drink zu mixen. Dort trifft er auch eine junge Künstlerkollegin und bittet David, sich um sie zu »kümmern« – David beginnt sogleich einen heftigen Flirt, damit Marianne eifersüchtig wird.
Alles endet ganz anders, als Carl-Adam es sich vorgestellt hatte: Nach einer Auseinandersetzung zwischen David und Marianne taucht plötzlich der Chauffeur Sam auf und bringt beide in ein Hotelzimmer, das David bereits im voraus bestellt hatte. Davids Pläne sind aufgegangen …

Kvinnodröm

Frauenträume, 1955

Nachdem Bergman mit *Lektion in Liebe* bewiesen hatte, daß er sich tatsächlich darauf verstand, erfolgreiche Komödien zu inszenieren, zeigte sich auch Sandrews wieder interessiert. Zwar blieb Bergman nach dem wirtschaftlichen Fiasko mit *Abend der Gaukler* (1953) in der dreijährigen Zwischenperiode bis zum *Siebenten Siegel* (1956) sowohl bei Svensk Filmindustri wie bei Sandrews an das leichte Genre gebunden, aber er konnte zumindest weiter als Filmregisseur arbeiten und brauchte sich nicht beim Stadttheater in Malmö zu verstecken. So entstand eine ganze Reihe von heiteren Zwischenfilmen; zur gleichen Zeit, als Bergman nach dem SF-Film *Lektion in Liebe* für Sandrews *Frauenträume* drehte, war er bei Svensk Filmindustri bereits mit den Vorarbeiten zu

Ein Ehemann in Nöten: ›Lektion in Liebe‹

Lächeln einer Sommernacht beschäftigt, und das sollte, was damals noch niemand vorhersehen konnte, *der* Film werden, der seinen Namen bei einem großen Kinopublikum bekannt machte.
Sandrews erneutes Interesse an Bergman hatte gute Gründe. Der Fiaskofilm *Abend der Gaukler* war im Jahr zuvor beim Festival in São Paulo ausgezeichnet worden. Anders Sandrew war mit zehn bis fünfzehn Filmen, die er damals jährlich produzierte, zu einem der bedeutendsten schwedischen Filmproduzenten geworden und konnte Bergman nicht ohne weiteres der großen Konkurrentin Svensk Filmindustri überlassen. Für Bergman andererseits galt es so etwas wie eine Dankesschuld abzutragen, weil es Sandrew gewesen war, der ihn *Abend der Gaukler* hatte machen lassen.
Was Sandrew von ihm wünschte, war natürlich eine Wiederholung der schon in *Sehnsucht der Frauen* und *Lektion in Liebe* erfolgreichen Paarung von Eva Dahlbeck und Gunnar Björnstrand. Aber Bergman hatte inzwischen Harriet Andersson an sein Theater nach Malmö geholt. Zwar kam er in *Frauenträume* – ebensowenig wie in *Lächeln einer Sommernacht* – um das Paar Dahlbeck/ Björnstrand nicht herum, so daß Eva Dahlbeck wie schon in *Sehnsucht der Frauen* ihren Herrn Lobelius als Partner bekam. Aber dieser wurde in *Frauenträume* von einem anderen Schauspieler (Ulf Palme) dargestellt, so daß Gunnar Björnstrand als Konsul den ältlichen Liebhaber Harriet Anderssons spielen konnte. Bemerkenswert an *Frauenträume* ist die stumme Eröffnungssequenz im Modesalon Eva Dahlbecks, wie Bergman auch mit Bild-Ton-Verschiebungen experimentierte.

Inhalt: Susanne (Eva Dahlbeck) ist Modefotografin, ihr Verhältnis zu einem verheirateten Mann, Henrik Lobelius (Ulf Palme) ist seit sieben Monaten zu Ende. Lobelius lebt mit Frau und Familie bei Göteborg. Doris (Harriet Andersson) ist das Top-Modell ihres Modestudios; sie hat gerade ihre Verlobung mit dem Studenten Palle (Sven Lindberg) gelöst.
Zu einem Fotoauftrag reisen Susanne und Doris nach Göteborg. Susanne kann Lobelius nicht vergessen, schleicht um

sein Haus herum und ruft ihn schließlich an, um sich mit ihm zu verabreden. Die junge Doris läßt sich ihrerseits von einem älteren Herrn, einem Konsul, den Hof machen, der sie mit Juwelen behängt.
Die Begegnung zwischen Susanne und Lobelius ist enttäuschend. Beide werden von Lobelius' Frau im Hotel überrascht. Susanne erkennt, welch ein Feigling Lobelius im Grunde ist; triumphierend verweist seine Frau auf die unauflöslichen Bindungen zwischen ihr und ihrem Mann.
Nicht viel glücklicher entwickelt sich die Beziehung zwischen Doris und ihrem Konsul. Schmuck und teure Kleider verehrt er der jungen Doris nur, weil sie ihn an die Jugend seiner kranken Frau erinnert. Doris ist für ihn Tochterersatz. Als die echte Tochter auftritt und den Egoismus des Vaters enthüllt, wendet sich Doris enttäuscht ab.
Susanne und Doris kehren nach Stockholm zurück. Beide sind um eine Erfahrung reicher und desillusioniert. Susanne stürzt sich in ihre Arbeit als Modefotografin und Doris in die Arme ihres Freundes Palle, dem Fünfziger-Jahre-Klischeebild von einem ordentlich verlobten Jungakademiker.

Sommarnattens lende

Das Lächeln einer Sommernacht, 1955

Als Bergman im Sommer 1955 in fünfundfünfzig Drehtagen *Das Lächeln einer Sommernacht* drehte, ahnte noch niemand den ungeheuren Erfolg dieses Films voraus, im Gegenteil: Bergman empfand seine Situation wieder einmal als verzweifelt. »*Frauenträume* war ein Reinfall gewesen, und ich wollte mich mit Svensk Filmindustri wieder versöhnen. Es war eine der schwärzesten Perioden in meinem Leben. Ich war seit einigen Jahren Regisseur in Malmö, und die Zeit mit Harriet (Andersson) war zu Ende, und ich hatte (dem SF-Chef) Carl Anders Dymling versprochen, daß der nächste Film keine Tragödie werden sollte. Er hatte durchblicken lassen, daß es, wenn es ein ernsthaftes Stück würde, in diesem Sommer kaum mehr zu einem Film kommen würde. Ich brauchte

›Das Lächeln einer Sommernacht‹ mit Ulla Jacobson und Harriet Andersson

Geld und dachte mir, es ist wohl das Klügste, eine Komödie zu machen. Ich fand, es wäre eine technische Herausforderung, eine Komödie mit einem mathematischen Verhältnis zu machen: Mann – Frau, Mann – Frau ... Es sind vier Paare, und sie durcheinander zu mischen und dann die Gleichung herauszufinden.«

Im Herbst 1954 hatte Bergman mit seiner Inszenierung der *Lustigen Witwe* am Malmöer Theater einen bejubelten Erfolg gehabt, und das inspirierte ihn, die Handlung in die gleiche Epoche, die Zeit der Jahrhundertwende, zu legen. Er schrieb ein halbes Jahr am Drehbuch und verwandelte den ursprünglich ernsten Filmstoff, der den Titel *Ein altes chinesisches Sprichwort* (Ett gammalt kinesisk ordspråk) tragen sollte, in

ein Lustspiel. »Bei der Inszenierung der *Lustigen Witwe* kam mir der Gedanke, daß das alte Sprichwort, mit etwas Distanz, eine fröhliche Komödie werden könnte. So kam es, daß der Film wie die *Lustige Witwe* 1901 spielt und auch die Sommernacht zu lächeln beginnt. Ich liebe die Jahrhundertwende. Eine idyllische Epoche, etwas verlogen, aber die Menschen hatten es damals lustiger. Die *Sommernacht* und die *Witwe* gleichen beide einer herrlichen alten Petroleumlampe, zu der es nicht paßt, daß man sie elektrisch beleuchtet. Ich hoffe, daß sie in ihren besten Augenblicken an die Bilder von Renoir und Dégas erinnern.«
Der Film wurde recht aufwendig inszeniert; Bergman erinnert sich, es seien dreihundertfünfzigtausend oder vierhun-

Drei steife Herren in ›Das Lächeln einer Sommernacht‹

derttausend Kronen gewesen, ein »enormes Geld« – es waren sogar siebenhundertfünfzigtausend, und das war tatsächlich um die Hälfte mehr, als damals ein durchschnittlicher Film kosten durfte.

Das Lächeln einer Sommernacht wurde die Sensation des Festivals in Cannes, wo schon lange kein schwedischer Film mehr von sich reden gemacht hatte. Die Jury zeichnete ihn für »Humor und Poesie« aus, außerdem erhielt er den Preis der Filmkritikerinnen – vor allem aber, und das legte die Grundlage für Bergmans zukünftige Filmarbeit, wurde der Film auch für die Produktionsfirma ein außerordentliches Geschäft. Er wurde in fast alle wichtigen Länder verkauft.

In Deutschland lief er als »ungeheuer erheiternde Sexual-Posse« (Klaus Hebecker). Der *Katholische Filmdienst* (FD 13512) war reserviert: »Ein zynischer Advokat verliert seine unerweckte Mädchen-Frau an den Theologie studierenden Sohn erster Ehe und läßt sich von einer früheren Geliebten wieder erobern. Um die Jahrhundertwende angesiedelte bittere Gesellschaftskomödie von Ingmar Bergman, die ein erfülltes Dasein zu zweit verkennt und in ungebundenem Eros eine Ausflucht aus der Leere sieht. Innerhalb des Bergmanschen Gesamtwerks wichtig, doch ohne Bereitschaft zu schwieriger Auseinandersetzung nur belastend und zu falschen Schlüssen verleitend.«

Inhalt: Fredrik Egerman (ein fester Rollen-Name im Bergman-Ensemble), begüterter Advokat um die Jahrhundertwende, hat in vorgerückten Jahren noch einmal geheiratet. Die Frau, die achtzehnjährige Anne, noch unberührt und ein halbes Kind, verblüfft den sonst keine weiblichen Reize verschmähenden Anwalt durch die Entdeckung erster aufrichtiger Liebe. Aus der platonischen Ehe mit ihr läßt Egerman sich in die Arme seiner wiederauftauchenden alten Freundin, der Schauspielerin Désirée, ziehen, während Henrik, sein Sohn aus erster Ehe, ein verkrampfter Theologiestudent, sich in seine Stiefmutter verliebt.

Auf dem Weg zu Désirée fällt Egerman in eine Pfütze und muß sich zum Aufwärmen Nachthemd und Zipfelmütze bei

Eva Dahlbeck und Gunnar Björnstrand erleben ›Das Lächeln einer Sommernacht‹

der Schauspielerin ausborgen, Kleidungsstücke, die dem Grafen Malcolm gehören, einem verheirateten Dragoneroffizier, der Désirée ebenfalls den Hof macht. Während Malcolm den Anwalt in seinem lächerlichen Aufzug auf die Straße jagt, macht Henrik seine ersten erotischen Erfahrungen – nicht mit der Stiefmutter, sondern mit deren Dienstmädchen Petra.

Im Landhaus der Mutter Désirées, wohin alle Beteiligten eingeladen werden, wird der Knoten geschürzt. Désirée will Egerman davon überzeugen, daß sie die einzige Frau ist, die ihn versteht. In einer Atmosphäre höchster Reizbarkeit und uneingestandener Sehnsüchte finden sich in der Nacht die Paare wechselseitig zusammen: Henrik gesteht nach einem Selbstmordversuch Anne seine Liebe; beide fliehen in der

»Freut euch des Lebens ...«, singt Eva Dahlbeck in ›Das Lächeln einer Sommernacht‹

Nacht mit einer Kutsche. Egerman, der die Flucht beobachtet hat, ohne etwas dagegen zu unternehmen, wird von Désirée kuriert: Sein Rendezvous mit der Gräfin Malcolm im Pavillon, das Désirée mit der Gräfin verabredet hat, um den Grafen auf ihn hetzen zu können, endet mit einem »Russischen Roulette«-Duell zwischen dem Grafen und Egerman. Ein Schuß fällt. Graf Malcolm kommt alleine aus dem Pavillon heraus.
Die Pistole war aber nur mit Ruß geladen. So bekommt Désirée ihren Advokaten, und während das Dienstmädchen und der Diener des Landhauses im Heuhaufen ihre Heirat beschließen, verspricht der Graf der Gräfin, in Zukunft ein treuer Ehemann zu sein.

Ingmar Bergman: »Das Hauptmotiv meines Spiels ist das Verhältnis zwischen dem leicht zynischen Advokaten Fredrik Egerman und der schönen Schauspielerin Désirée. Lieben kann er sie nicht, aber sie paßt zu ihm. Sie ist seine sexuelle Komponente. Was er liebt, ist seine junge Frau Anne. Aus zärtlicher Liebe will er sie nicht berühren, sie nicht besudeln mit den Erinnerungen seines Körpers. Sie ist die Liebende, die Verurteilte. Wie auch der junge Henrik …
Charlottes und Malcolms Liebe ist die besessene, im grausam verfluchten Kreis. Sie schlagen sich blutig an den Gittern.
Schließlich das Mädchen Petra und der Diener Frid: die unkomplizierte, robuste Liebe.«

Det sjvnde inseglet

Das siebente Siegel, 1956

Der internationale Erfolg, den *Das Lächeln einer Sommernacht* hatte, machte Bergman mit einem Schlage frei. Noch kurz zuvor hatte Svensk Filmindustri (wie Sandrews) das Drehbuch zu *Das siebente Siegel* abgelehnt. Jetzt legte Bergman es noch in Cannes erneut dem SF-Chef Carl Anders Dymling vor und bekam sofort die Drehgenehmigung, unter der Voraussetzung, daß er mit nicht mehr als fünfunddreißig Drehtagen auskäme.
Das siebente Siegel geht auf einen Einakter zurück, den Bergman ursprünglich als Übungsstück für seine Schauspielschüler am Malmöer Stadttheater geschrieben hatte, *Trämålning* (Holzschnitt). Die Handlung dieses kurzen Schauspiels ist geraffter und konzentrierter als im Film; viele Kritiker bezeichnen es als eine der wichtigsten dramatischen Arbeiten Bergmans. Diese feste dramatische Disposition geht in den vielen Nebenhandlungen des Films etwas verloren.
Trämålning hatte sich in Malmö nicht nur als Übungsstück, sondern auch im normalen Theaterprogramm bewährt und wurde zwei Jahre später (Ende 1955) sogar am Stockholmer Kgl. Dramatischen Theater von Bengt Ekeroth (der im Film den Tod spielen sollte) inszeniert.

Der Ritter und der Tod: ›Das siebente Siegel‹

Das Hauptmotiv des 1351 zur Pestzeit spielenden Stücks über das Schachspiel mit dem Teufel ist Albrecht Dürers berühmtem Kupferstich *Ritter, Tod und Teufel* entnommen. Viele Details gehen auf Dürers fünfzehn Holzschnitte zur Offenbarung des Johannes zurück, deren achtem Kapitel auch der Filmtitel entnommen ist: »Und als (das Lamm) das siebente Siegel öffnete, ward eine Stille im Himmel bei einer halben Stunde ... und es entstand Hagel und Feuer, mit Blut vermischt, und ward auf die Erde geworfen, und der dritte Teil der Erde verbrannte.« Auch der ursprüngliche Filmtitel *Och stjärnans namn var malört* (Und der Name des Sterns heißt Wermut) entstammt der gleichen Quelle (»Und es fiel vom Himmel ein großer Stern ... und der Name des Sterns heißt Wermut; und es ward der dritte Teil der Gewässer zu Wermut, und viele Menschen starben von den Gewässern, weil sie bitter geworden waren«).

In *Das siebente Siegel* tritt ein neuer Schauspieler in das »Bergman-Ensemble« ein: Max von Sydow. Bergman hatte ihn 1955 ans Malmöer Theater geholt und verfügte nun über einen Darsteller, den er – ebenso wie Gunnar Björnstrand in den komischen Rollen – in den großen dramatischen Rollen einsetzen konnte.

Inhalt: Der Ritter Antonius Block (Max von Sydow) und sein Knappe Jöns (Gunnar Björnstrand) kehren aus den Kreuzzügen in das von der Pest heimgesuchte Schweden zurück. Während einer Rast erscheint dem Ritter der Tod in leibhaftiger Gestalt und fordert das junge Leben. Der Ritter kann den Tod zu einem Schachspiel überreden, dessen Ausgang entscheiden soll.

›Das siebente Siegel‹

Dieses Schachspiel zieht sich durch den ganzen Film, währenddessen der Ritter leidenschaftlich und unnachgiebig Gott sucht: Findet er ihn, hat der Tod die Partie auch dann verloren, wenn er gewinnt. So ziehen Ritter und Knappe durch das von der Pest verwüstete, von religiösem Wahnsinn,

Der Totentanz in ›Das siebente Siegel‹

Angst und Not geplagte Land. In einem Dorf treffen sie inmitten eines schaurigen Zuges von Flagellanten die Gaukler Jof, Mia und Skat, deren Spiel die Flagellanten unterbre-

chen. Gemeinsam mit ihnen ziehen sie durch einen dunklen Wald und werden Zeugen einer Hexenverbrennung.
Der Tod fordert die Fortsetzung des Schachspiels. Antonius verliert das Spiel, das er ebensowenig gewinnen konnte, wie er auch Gott nicht fand. Aber durch eine List gelingt es ihm, wenigstens die Leben der Gaukler zu retten. Er stößt die Schachfiguren um, was ihm selbst zwar nicht hilft, weil der Teufel die Stellung im Kopf hat, aber Jof nutzt die Chance, mit seiner Frau und seinem Buben zu entfliehen.
Als der Ritter mit seinem Knappen die heimatliche Burg erreicht hat und von seiner Frau empfangen und bewirtet wird, geht er in die Falle. Der Tod klopft an die Tür, tritt ein und zwingt alle, sich in seinen tödlichen Reigen einzureihen.

»*Das siebente Siegel* ist ein Drama über Glaube und Zweifel in mittelalterlichem Kostüm, das erste von Bergmans großen Legenden- und Mysterienspielen aus den fünfziger und sechziger Jahren. Andeutungen dieser Problematik konnte man schon in *Gefängnis* spüren, aber das waren nur vage Ansätze. In den folgenden Filmen geriet die religiöse Problematik stets in die Klemme, weil der Teufel auf der Szene oder hinter den Kulissen seine Pirouetten drehte. Nun ist der Teufel etwas weniger laut; das Böse wurde zu einem abstrakten Nebel, der die Menschen umhüllt. In der Suche nach dem Erlebnis Gottes erhalten die Probleme des einzelnen ihre richtigen Proportionen erst angesichts des Todes.
Der Tod ist die Hauptperson im *Siebenten Siegel.* Der Ritter Antonius Block, der seine besten Jahre in Kreuzfahrerlanden sinnlos verrinnen sah, spielt mit dem Tod Schach, und erst als er sein Geschick akzeptiert, kann er mit seinem Opfertod die wenigen wirklich Lebenstüchtigen retten: die naive Gauklerfamilie Jof, Mia und Kleinkind auf dem Wege in ein anderes Land, eine neue Heilige Familie auf der Flucht …
Doch nichts ist in dem Film eindeutig. Die vielen Fragen erfahren selten eine Antwort. Bergman selbst hat den Film ein Oratorium genannt, in dem viele Stimmen die gleiche Frage stellen: Was ist der Sinn des Lebens? ›Manchmal glaube ich, daß Fragen das Wichtigste ist‹, sagt der Ritter resigniert – und

Der Ritter (Max von Sydow) und der Tod (Bengt Ekeroth) spielen um das Leben

tut dann die einzige sinnvolle Handlung seines ganzen Lebens und rettet die Gauklerfamilie.« (Gösta Werner)

Sista paret ut

Das letzte Paar raus
Deutscher Titel: *Junge Herzen im Sturm – Aus den Aufzeichnungen Bo Dahlins,* 1956

Angeblich soll es der Erfolg von *Das Lächeln einer Sommernacht* gewesen sein, der Svensk Filmindustri dazu bewog, einen weiteren Ingmar-Bergman-Stoff zu verfilmen, während Bergman selbst *Das siebente Siegel* drehte. Aber Alf Sjöberg, der Regisseur, hatte den Auftrag bereits Anfang 1955 er-

halten, ehe *Das Lächeln einer Sommernacht* überhaupt uraufgeführt worden war.
Junge Herzen im Sturm oder *Der Kinder wegen* (För barnens skull), wie der ursprüngliche Titel lautete, war von Bergman bereits vor Jahren geschrieben worden: SF hatte das Drehbuch 1952 erworben. Der Film erschien für Bergman eigentlich zu spät, denn im Mittelpunkt des Drehbuchs standen Jugendprobleme, wie er sie in seiner früheren Periode formulierte, vor allem in seinem aufsehenerregenden Filmdebüt *Die Hörige* (1944). Aber womöglich war es gerade die Erinnerung an den damaligen Erfolg, die SF bewog, Bergmans neuen Ruhm nun mit der alten Paarung Bergman/Sjöberg erneut zu nutzen.
Ingmar Bergman war an dem Film nicht weiter beteiligt. Regisseur Alf Sjöberg hatte von SF bereits mehrmals *Junge Herzen im Sturm* angeboten bekommen, aber seinerseits zunächst andere Vorschläge gemacht, die ihn mehr interessierten. So steht der Film in beider Werk wie ein altmodischer Fremdkörper, der den Geist einer vergangenen Epoche atmet.
Ende der fünfziger Jahre waren jedoch Filme, die scheinbar die Sprache der Jugend sprachen und eine jugendliche Rebellion ausdrückten, auf dem internationalen Markt recht erfolgreich. Möglicherweise aus diesem Grunde entschied sich Svensk Filmindustri so spät zur Verfilmung dieses Bergmanschen Jugendwerks, das von der Kritik verrissen wurde und auch beim Publikum durchfiel, so daß der Film schon nach wenigen Wochen aus dem Repertoire der Filmtheater wieder verschwand.
Der Mißerfolg des Films hat Bergman nicht mehr schaden können, für Alf Sjöberg bedeutete er aber, daß dieser einst so renommierte Regisseur vier Jahre lang in keinem Filmatelier arbeiten konnte.

Inhalt: Der Gymnasiast Bo Dahlin (Björn Bjelvenstam), Sohn eines prominenten Stockholmer Rechtsanwalts, liebt seine Freundin Kerstin (Bibi Andersson). Beide sind mit der attraktiven jungen Anita (Harriett Andersson) befreundet.

Als Bo erfährt, daß seine Mutter in ihrer Ehe nicht glücklich ist und ein Verhältnis mit einem Arzt hat, mit dem sie trotz der Proteste des Vaters sogar verreist, ist dies ein schwerer Schlag für den heranwachsenden jungen Mann. Er jedenfalls, das beschließt er schon jetzt, wird es einmal anders machen, und deshalb verläßt er auch mit Kerstin zusammen eine allzu wilde Party bei Anita.
Zu Hause bei Kerstin werden beide von Kerstins Mutter überrascht, die in die unschuldigen erotischen Spiele der beiden mehr hineinlegt, als wirklich geschehen ist. Angesichts der mütterlichen Autorität fühlt Kerstin sich schuldig und bittet Bo zu gehen, während dieser Kerstins Mutter wegen ihrer schmutzigen Phantasie anklagt.

›Das siebente Siegel‹

Bo fühlt sich von Kerstin in seinen Idealen verraten. Er geht zurück zu Anita, mit der ihn das Gefühl vereint, daß sie beide Außenseiter der Gesellschaft sind. Er fühlt sich von ihr angezogen, aber als Angehörige einer entwurzelten Jugend meint Anita, daß die Befriedigung körperlicher Lüste nur Ekel erzeuge und deshalb sinnlos sei.
Als Bo wieder in die Schule zurückkehrt, weiß er, daß er weder ausreißen noch Selbstmord begehen wird, aber die Möglichkeiten, die ihm bleiben, verwirren ihn dennoch gleichermaßen.

Smultronstället

Wilde Erdbeeren, 1957

Vier Jahre nach dem *Abend der Gaukler* entstand der zweite Klassiker unter den Bergmanfilmen, *Wilde Erdbeeren* oder, wie der ursprüngliche deutsche Titel lautete: *Am Ende des Tages.* Noch immer arbeitet Bergman am Stadttheater Malmö, aber als Filmregisseur hat er jetzt freie Hand; die Trennung von Harriet Andersson ist überwunden, und das jugendliche Aufbegehren hat sich gelegt. In *Wilde Erdbeeren* machen sich versöhnlichere Töne bemerkbar. Mit etwas Nostalgie wandelt Bergman auf den Spuren der Jugend. Die Suche nach Gott ist abgelöst durch die Suche nach dem Vater.
Bergman schrieb das Drehbuch im Frühjahr 1957 im Anschluß an eine Reise nach Uppsala, die Jugenderinnerungen in ihm ausgelöst hatte. »An einem frühen Morgen wollte ich nach Dalarna reisen, nahm das Auto und fuhr von Stockholm los ... bis nach Uppsala ... eine charmante alte Stadt ... Großmutter wohnte Nedre Slottsgatan 14 in einem unheimlich alten Haus mit einer riesigen Wohnung. Da war ein plüschbezogenes Klo in einem langen Flur, große Zimmer mit tickenden Uhren, gewaltigen Teppichen und großen Möbeln ... Da lebte ich als kleiner Junge, und meine Eindrücke aus dieser Welt waren stark. Als ich an jenem Morgen nach Uppsala kam, hatte ich plötzlich eine Idee: Ich fuhr nach Slottsgatan 14. Es war Herbst, die Sonne schien etwas auf die Domkirche, und die Uhr schlug gerade fünf. Ich ging in den

›Wilde Erdbeeren‹ mit Victor Sjöström

kleinen Hof hinein, der mit Kopfsteinen gepflastert war. Dann ging ich ins Haus und griff nach dem Türriegel der Küchentür, die immer noch dieses bunte Glasmuster hatte, und dabei durchfuhr mich ein Schauer, das Gefühl, wenn ich nun öffne, und die alte Lalla, die alte Köchin also, steht da mit ihrer großen Küchenschürze und dem Frühstücksbrei, wie sie es so oft gemacht hatte, als ich klein war: daß ich also plötzlich einfach wieder in meine Kindheit eintreten könnte ... Wenn man einen Film hieraus machte, nämlich, daß man ganz real eine Tür öffnet, und dann plötzlich sich in seiner Kindheit wiederfindet, und dann öffnet man eine andere Tür und kommt wieder in die Wirklichkeit hinein, und dann geht man um eine Straßenecke und kommt in eine andere Periode seines Lebens, und alles ist real, lebt. Das war tatsächlich die Anregung für *Wilde Erdbeeren.*«

Bergman, der sonst fremde Einflüsse bestreitet, räumt ein,

Eine Fahrt in die Jugend: ›Wilde Erdbeeren‹

daß sich hier Einflüsse von August Strindberg finden, vor allem von dessen *Ett drömspel* (Ein Traumspiel); auf einige direkte Anleihen hat Jörn Donner hingewiesen, so die Promotionsszene in der Domkirche von Lund und die Szene, in der Isak Borg in der Schule abgehört wird und die Antworten nicht weiß.

Inhalt: In *Wilde Erdbeeren* ist die Handlung auf einen einzigen Tag komprimiert: Der achtundsiebzigjährige Professor Isak Borg soll am fünfzigsten Jahrestag seiner Promotion von der Universität Lund geehrt werden; zum goldenen Doktorsjubiläum muß er von Stockholm nach Lund reisen.
Der Film beginnt mit einer Traumvision: Ein alter Mann er-

lebt seinen eigenen Tod, sieht sich als Leiche. Der Mann erwacht. Er beschließt, statt mit dem Flugzeug mit dem Wagen zu reisen. Seine Schwiegertochter Marianne (Ingrid Thulin) fährt ihn; sie hält sich gerade bei ihm zu Besuch auf, weil sie aus einer ehelichen Krise mit ihrem Mann (Gunnar Björnstrand) geflohen ist. Ihr Mann will keine Kinder. Sie mag den alten Schwiegervater, im Gegensatz zu seinem Sohn, der ihm Egoismus vorwirft.
Die Fahrt wird zu einer bitteren Bilanz seines Lebens. Unterwegs besucht Borg das Sommerhaus seiner Jugend, wo er als Kind wilde Erdbeeren gesucht hat, und sieht sich in Gedanken zurückversetzt in den Kreis der Spielgefährten und Geschwister.
Nach einem Unfall nimmt Borg Alman und dessen Frau in seinem Wagen mit. Später sucht ihn Alman in einem der vielen Träume heim, die ihn befallen, und stellt ihm quälende Fra-

›Wilde Erdbeeren‹

Der verbitterte alte Professor

gen. Dann nimmt Borg drei junge Anhalter mit bis Lund, Sara, Anders und Viktor. Das Mädchen (Bibi Andersson) erinnert ihn an seine Jugendliebe. Bei Jönköping besucht er seine greise Mutter. Häufig entschlummert er während der Reise, und dann befallen ihn Alpträume über seine Jugend, seine unglückliche Ehe und seine ungenügenden Leistungen bei schulischen Prüfungen. »Mangelhaft«, notiert der Prüfer. Marianne, deren Ehe zu scheitern droht, wirft ihm vor, egoistisch und selbstherrlich zu sein. Borg sieht ein, daß er sich den Menschen entfremdet, sich selbst um sein Glück betrogen hat. Er läßt die Ehrungen über sich ergehen, aber anschließend zieht er die Summe seines Lebens, möchte das Steuer herumwerfen und herauskommen aus der Kälte. Am

Nochmal ein Blick zurück: ›Wilde Erdbeeren‹

Abend macht er den Versuch, sich Marianne und ihrem Mann zu öffnen, die Ehe und das Glück dieser beiden Menschen, die er liebt, zu retten. Um seinen ernsthaften Willen zu dokumentieren, streicht er die Schulden des Sohnes durch.
Dann hat er einen glücklichen Traum. Seine Jugendgeliebte nimmt ihn an die Hand und führt ihn zu seinen Eltern; sie sind jung und glücklich.

»Die Reise ins Zentrum des Ichs, die der 78jährige emeritierte Professor der Bakteriologie Eberhard Isak Borg in *Wilde Erdbeeren* macht, ist der adäquate Ausdruck der Unsicherheit der Welt, die nicht nur diese erdichtete Gestalt erlebt. Isak Borg hat Angst zu sterben, endgültig zu vertrock-

nen, Angst vor einem schrecklichen Urteil. Er hat die Frau verloren, die er liebte; seine Ehe war unglücklich. Er hat einen Sohn, der die gleichen Schwierigkeiten wie der Vater erlebt. Isak Borg lebt eingeschlossen in seine eigene Welt. Der Film fragt, ob er sich daraus befreien kann.
Wilde Erdbeeren enthält ... drei Analysen: Borgs Selbstanalyse, Bergmans Analyse von Borg und schließlich beider Analyse des Publikums ... Wir erfahren Borgs Deutung, Bergmans Deutung und müssen aufgrund dessen unsere eigene Deutung finden.
Man hat dem Film das Episodenmäßige vorgehalten. Aber jeder Augenblick hat auch hier seinen Anknüpfungspunkt im Gegenwärtigen, seine gedankliche, visuelle Ursache. Die Zeitkonzeption des Films hat ihre Wurzeln bei Strindberg, aber auch bei den großen Erzählern der modernen Literatur, Proust, Joyce, Faulkner. Es geht um den inneren Monolog und die ›bergsonsche Zeitauffassung, den Surrealismus, die Träume, die Gedankenassoziationen und -dissoziationen‹ (Aristarco).
Wilde Erdbeeren ist ein Romanfilm mit gewissen Ähnlichkeiten zu Akira Kurosawas meisterlichem *Ikiru* (den Bergman noch nicht gesehen hatte, als er seinen Film machte) aus dem Jahre 1952. Dort ist die äußere Handlung gleichermaßen nahezu unlogisch. Scheinbar disparate Elemente werden miteinander auf dem Weg der Selbstanalyse, den die Hauptperson geht, verbunden. Wie Kurosawa befreit Bergman den Film von der Abhängigkeit von der physischen Welt.« (Jörn Donner)

Nära livet

Nahe dem Leben, 1958

Schon 1952 hatte sich Bergman für ein Werk der Schriftstellerin Ulla Isaksson interessiert. *Kvinnohuset* (Das Frauenhaus). Aber den Regieauftrag für den gleichnamigen Film bekam nicht er, sondern Erik »Hampe« Faustman. Bergman drehte damals dann nach einem eigenen Stoff *Sehnsucht der*

Frauen. Nach den großen Erfolgen – und Anstrengungen – mit *Lächeln einer Sommernacht, Das siebente Siegel* und *Wilde Erdbeeren* war eine Zwischenphase fällig, und Bergman griff erneut auf die Idee zurück, ein Buch Ulla Isakssons zu verfilmen.
Die ursprüngliche Idee, Isakssons Roman über die Hexenprozesse *Dit du icke vill* (… wohin du nicht willst) zum Drehbuch umzuarbeiten, ließ Bergman fallen, als die Autorin ihre gerade fertiggestellte Novelle *Det vänliga värdiga* (Das Freundlich-Würdige) ins Gespräch brachte. Vielleicht deshalb, weil sie in der Form eines inneren Monologs geschrieben war und sich auch vom Stoff gewisse Parallelen zu *Wilde Erdbeeren* ergaben, nur daß es hier eine Frau ist, die auf die unglücklichen Stadien ihres bisherigen Lebens zurückblickt.

›Nahe dem Leben‹

Inhalt: Drei Frauenschicksale treffen auf der Entbindungsstation eines Krankenhauses aufeinander. Es geht um verschiedene Stadien der Schwangerschaft mit ihren unterschiedlichen persönlichen Problemen: der Angst vor einer Fehlgeburt, der Erwartung der überfälligen Entbindung, dem Wunsch nach Abtreibung.
Die problematische intellektuelle Cecilia (Ingrid Thulin) ist wegen eines Abortes eingeliefert worden: für sie ein Zeichen ihres Versagens als Frau. Die lebenspraktische blühende Stina (Eva Dahlbeck) dagegen erwartet ebenso ungeduldig wie unreflektiert ihr erstes Kind. Und dann ist da noch das junge Mädchen vom Lande, Hjördis (Bibi Andersson), mit ihrer unerwünschten Schwangerschaft, derer sie sich mit allen Mitteln zu entledigen versucht hat. Schließlich überzeugen die beiden Älteren das neunzehnjährige ledige Arbeitermädchen, ihr Kind zu akzeptieren und auf eine Abtreibung zu verzichten, als Stinas ersehntes Kind tot geboren wird. Während Stina sich in ihren Grundfesten erschüttert fühlt, lernt Hjördis ihr Geschick und ihre Mutterschaft zu bejahen.

Ansiktet

Das Gesicht, 1958

Das Gesicht, ein Jahr nach Ingmar Bergmans künstlerischem Erfolg mit *Wilde Erdbeeren* entstanden, ließ seine Kritiker ratlos: Es sei sein »tiefster«, »persönlichster«, »eindringlichster«, »verwirrendster« Film – positive Kritiken allesamt, aber viel mehr geben sie nicht her. Es schien, als ob Bergman sich in Gefilde begeben hatte, in die ihm seine Kritiker nicht folgen konnten. Dabei setzte er darin nur Themen fort, die er in all seinen vorhergehenden Filmen bereits angeschlagen hatte, aber in langen Jahren der Mißerfolge und wirtschaftlicher Bedrängnisse nicht weiterzuverfolgen wagte, und er gab darin überdies einem optischen Spielzeug seiner Kindheit eine zentrale Rolle, das dann 1987 sogar als Titel seiner Memoiren wiederkehrte: *Laterna magica.*
Der amerikanische Titel des Films, *The Magician,* deutet eini-

›Das Gesicht‹

ges davon an. Aber nicht nur um den Magier, den Gaukler, den Künstler in der Gesellschaft ging es Bergman. Der Titel ist durchaus auch wörtlich zu nehmen: *Das Gesicht* ist nicht nur ein Filmtitel, sondern auch ein Essential für Bergmans Filmschaffen.

Den Mut zu dieser Kompromißlosigkeit gaben Bergman nicht nur seine zurückliegenden neuen Filmerfolge. Es war auch eine neue Liebe in sein Leben getreten: Bibi Andersson. Hatte er noch 1955 beim *Lächeln einer Sommernacht* geklagt, daß »die Zeit mit Harriet (Andersson) zu Ende« war, so war die junge Bibi doch schon in diesem Film in einer Nebenrolle zu sehen. Zwei Jahre darauf spielte sie im *Siebenten Siegel* (als Mia) und in den *Wilden Erdbeeren* (als Sara) schon die

Hauptrollen. Und in *Das Gesicht* war sie – wieder als Sara – ebenfalls dabei, und sie sollte es in den fünf Jahren, die Bergman am Stadttheater in Malmö verbrachte, bleiben. In *Persona, Passion* und *The Touch* sollte ihre künstlerische Zusammenarbeit kulminieren. Aber begonnen hat sie bereits in den fünfziger Jahren. Die Begegnung mit der jungen Bibi Andersson war nicht nur eine Zufälligkeit eines gemeinsamen Mittsommerfestes 1955, bei dem Bibis Schwester Gerd die beiden zusammenbrachte – Bergman hatte schon 1951 mit der damals Fünfzehnjährigen einen seiner liebenswerten Seifen-Reklamefilme gedreht, *Die Prinzessin und der Schweinehirt*, in der Bibi als küssende und seifennärrische Prinzessin zum erstenmal vor die Kamera getreten war.
Es war eine gefühlsbestimmte Beziehung, die andauerte: Noch 1979, als Bergman wegen seiner Politikferne in die öffentliche Kritik geriet, verteidigte sie ihn in den Stockholmer *Dagens Nyheter* mit der Feststellung, daß Politik nicht Bergmans Sache sei: Seine Filme handelten von Gefühlen, »und gerade das ist es, was wir brauchen: Gefühle«.

Inhalt: Gegen den hellen Himmel hebt sich dunkel und gespenstisch die Silhouette eines Gauklerwagens ab: Das Wandertheater des »Magiers« Dr. Vogler (Max von Sydow) und seiner Frau (Ingrid Thulin) kommt 1846 nach Stockholm. Auf abenteuerlicher Fahrt erreichen sie die Stadt, in der der Konsul Abraham Egerman (Erland Josephson) mit seinem Freund Dr. Vergérus (Gunnar Björnstrand) eine Wette eingegangen ist, daß es magische Kräfte gäbe – Vergérus als strenger Naturwissenschaftler bestreitet dies und behauptet, alle derartigen Vorführungen seien Betrug.
Auf Wunsch Egermans läßt Polizeichef Starbeck (Toivo Pawlo) die Truppe verhaften und in dessen Haus bringen: Voglers »Magie« soll die Wette entscheiden. Vogler aber stellt sich stumm.
Der Abend und die Nacht im Hause des Konsuls verlaufen turbulent und für jeden ereignisreich: Während sich der Komödiant und der Diener der Truppe mit den weiblichen Hausangestellten vergnügen und Voglers Großmutter als Wahrsa-

gerin ihre Zaubergetränke gegen gutes Geld verkauft, gelingt es Vogler in einer ersten Vorstellung nicht, den skeptischen Vergérus von seinen magischen Fähigkeiten zu überzeugen.
Am nächsten Morgen soll er deshalb eine vollständige Vorstellung seines Theaters geben. Mit seiner Frau Manda trifft er dazu am Abend die nötigen Vorbereitungen. Währenddessen stirbt ein alter, verkommener Schauspieler, den die Gaukler in ihrem Wagen nach Stockholm mitgenommen hatten, und wird in eine große Kiste gepackt, die man am nächsten Morgen aus dem Hause schaffen will.
Am Vormittag kommt es während der Vorstellung zu zwei Zwischenfällen: Der Diener des Hauses, von Vogler erfolgreich hypnotisiert, ist danach so verstört, daß er sich im

›Das Gesicht‹

Schuppen erhängt, und Vogler selbst fällt zu Boden. Vergérus kann nur noch seinen Tod feststellen. Vogler wird in die gleiche Kiste gelegt wie der tote Schauspieler. Vergérus will ihn sogleich sezieren. Aber Vogler hatte sich nur selbst in einen hypnotischen Todesschlaf versetzt und ist heimlich wieder aus der Kiste gekrochen. Als »unsichtbarer Geist« des Toten treibt er jetzt ein teuflisches Spiel mit Vergérus, der in Wirklichkeit nur den toten Schauspieler obduziert hat, und bringt ihn an den Rand des Wahnsinns. Erst als Manda eingreift, wird diese »perfekte Vorstellung« beendet.

Der Polizeichef setzt der Truppe eine Frist, Stockholm zu verlassen, aber weil der Komödiant und die Wahrsagerin sich entschließen, in Stockholm zu bleiben, und sich dafür eine Magd der Truppe anschließt, wird die Frist überschritten. Als die Polizei erscheint, werden die Gaukler entgegen ihren Er-

›Das Gesicht‹

wartungen aber nicht verhaftet, sondern zu ihrer Verwunderung zum Schloß hinauf geführt, wo der König eine Vorstellung dieses bemerkenswerten Theaters sehen möchte.
»Man hat *Das Gesicht* als bittere Abrechnung mit sich selbst gedeutet, aber auch als endgültigen Versuch, sich alle schmerzlichen Erinnerungen an fünfzehn Jahre Theater- und Filmarbeit vom Leibe zu schreiben.
Da spielt es keine Rolle, ob Bergman die Vorlage für den Film in einer frühchristlichen Legende, in G. K. Chestertons Stück *Magic,* das er im Frühjahr 1947 in Göteborg inszeniert hatte, in den Kulissen des Malmöer Stadttheaters oder sonstwo fand. Es sind seine eigenen Masken und sein eigenes Gesicht dahinter, wovon er erzählt.« (Gösta Werner)

Jungfrukällan

Die Jungfrauenquelle, 1959

»Die Jungfrau reitet, in ein gelbseidenes Hemd gewandet, auf dem Weg zur Kirche durch den Wald. Augenblicke später beginnt die gewagteste Vergewaltigungsszene in der Geschichte des Films: zwei Unholde packen das Mädchen, zerren es zu Boden, reißen seine Glieder auseinander und schänden es. Zwei Minuten lang starrt das Kamera-Auge fast gierrend auf die drei verschlungenen Gestalten. Nur Keuchen dringt aus den Lautsprechern im Kinosaal. ›Wo sonst erfuhr man‹, fragte sich *Die Zeit* beeindruckt, ›daß hörbares Atmen von solch dramatischer Wirkung sein kann?‹ Diese Szene in einem neuen schwedischen Film mit dem Titel *Die Jungfrauenquelle,* der Mitte des vergangenen Monats in acht Großstädten anlief, machte in der Bundesrepublik erstmals ein größeres Kinopublikum mit dem Werk eines Regisseurs bekannt, der bis dahin lediglich in Filmclubs und Kunstkinos reüssierte, obwohl er außerhalb des deutschen Sprachbereichs, wie der französische Kritiker Jacques Siclier vermerkte, längst ›der Cinéaste à la mode‹ ist.« – Mit diesen Worten führte der *Spiegel* 1960 Bergman bei einem großen deutschen Publikum ein und lieferte auch gleich eine dramatische Perso-

Die Schöne und die Bestie: ›Die Jungfrauenquelle‹

nenbeschreibung dazu: »›Ein Dämon sucht die Filmwelt heim‹, berichtete schon Anfang des Jahres das amerikanische Nachrichtenmagazin *Time.* ›Die Gestalt ist hochgewachsen, knöchern und mit schlenkernden Gliedern ausgestattet. Die grünen Augen brennen mit seltsamer Intensität in einem hochgewölbten schmalen Schädel. Die Zähne sind lang und eigentümlich spitz. Das Lächeln ist ein wenig verzerrt und ruft in den Alptraumgeplagten die Grimasse eines Gehenkten wach.‹ Der Dämon, laut *Time* ein ›unerhört schöpferischer Geist‹, haust in einem schwedischen Pastorensohn namens Ingmar Bergman (sprich Berjman). Seit der Münchner Erstaufführung seiner mittelalterlichen Filmballade *Die Jungfrauenquelle* wird es in deutschen Eierkopf-Zirkeln nicht länger als Intellektuellen-Test gesehen werden können, ob ein Gesprächspartner bei der Erwähnung des Namens Bergman an Ingrid oder Ingmar denkt. Denn kaum war der Film – mit durchaus mittelmäßigem Besuch – im Münchner Lenbach-Kino gestartet, da wurde ihm unverhofft und gänzlich ohne Zutun der Vertriebsfirma, des Hamburger Europa-Verleih, bundesweite Publizität zuteil. Kriminalbeamte begehrten vom Theaterleiter Fannholzer die Auslieferung der Kopie, um aus ihr 16 laufende Meter herausschneiden zu können: nämlich Teile jener Vergewaltigungsszene, der in Hamburg der Kritiker der *Welt* lobend ›stierhafte Urgewalt‹ bescheinigt hatte und der es an realistischer Ausführung nicht gebricht … Dank dem Schlagzeilenwirbel in den Zeitungen behauptete sich die *Jungfrauenquelle,* was zuvor noch kei-

›Die Jungfrauenquelle‹

nem Bergman-Film in Deutschland vergönnt war, Wochen hindurch in den Premierenkinos.«
Der *Spiegel* war immerhin so fair, Bergmans plötzlichen Ruhm nicht nur auf Sex and Crime zurückzuführen, sondern informierte seine deutschen Leser auch ein wenig über den Hintergrund für Bergmans inzwischen internationalen Ruf: »Besonders den Film-Messen verdankt der schwedische Vierfach-Künstler, daß die Bergman-Legende über die Landesgrenzen drang. Auf den Festspielen von Cannes, Venedig und Berlin wurden in den letzten fünf Jahren mehr Bergman-Filme gezeigt als Filme irgendeines anderen Regisseurs. Und Bergman ergatterte mit seinen billig produzierten Werken – sie werden für ein Drittel der Summe hergestellt, die Ingrid Bergman als Gage für eine Hauptrolle beansprucht – mehr Preise und Trophäen als je ein Filmemacher zuvor: in Berlin den ›Goldenen Bären‹, in Cannes dreimal hintereinander Preise der Jury, in Venedig den Sonderpreis für ›die beste Inszenierung, für poetische Originalität und exquisiten Stil‹. Auf der Biennale bedachten die Kritiker eine Bergman-Komödie mit dem Kritikerpreis, in Cannes, wo Bergman im Mai dieses Jahres *Die Jungfrauenquelle* darbot, sprach die Jury ihm ›lobende Anerkennung wegen ‚seiner Kühnheit' aus …‹ ›Es ist keine Übertreibung‹, konstatierte in Stockholm die schwedische Film-Industrie nach einem hektischen Bergman-Sommer, ›wenn man feststellt, daß er in den letzten Jahren der am meisten diskutierte Filmregisseur der Welt geworden ist.‹«
Von Bergmans einundzwanzig Filmen waren bis dahin nur wenige in Deutschland gezeigt worden, selbst so bedeutende wie *Das Gesicht, Wilde Erdbeeren, Das siebente Siegel, Frauenträume* und *Lektion in Liebe* zog erst der Skandal um *Die Jungfrauenquelle* in die deutschen Kinos. Von nun an aber, und insofern markiert die *Spiegel*-Geschichte einen Wendepunkt, gab es keinen Bergman-Film mehr, der nicht auch hierzulande gelaufen wäre, sogar meist noch im Jahr seiner schwedischen Uraufführung oder zumindest im Jahr darauf. Schnell wurden seine bisher übersehenen früheren Filme ebenfalls in den Verleih gebracht, aber es sollte noch bis in die siebziger oder gar achtziger Jahre dauern, daß auch seine

Die Unholde

wirklichen Frühwerke aus den vierziger Jahren hier zu sehen waren.
Die Idee zu *Die Jungfrauenquelle* hatte Bergman einer schwedischen Volkssage entnommen, und wie so häufig war es ein Stoff, der ihn schon lange beschäftigt hatte, schon seit Studienzeiten, wie er später bekannte. Trotz der ziemlich freien Hand, die er inzwischen bei SF hatte, erschien das Projekt der Produzentin etwas riskant. Sie glaubte, ihre Erfahrungen mit Bergman zu haben, und verpflichtete ihn, im Sommer 1959, als er *Die Jungfrauenquelle* in Dalarna inszenierte, auch noch einen zweiten Film zu drehen. Sicherheitshalber eine Komödie. So entstand einen Monat nach *Die Jungfrauenquelle* bereits *Das Teufelsauge* (dem der deutsche Verleih aus nahelie-

Rache

genden Gründen zunächst den Titel *Die Jungfrauenbrücke* aufklebte).

Das Drehbuch zum *Teufelsauge* schrieb Bergman Anfang 1959 noch in Malmö, während er gleichzeitig die Drehbuchfassung zur *Jungfrauenquelle* weitgehend an Ulla Isaksson delegierte. Mit den Dreharbeiten zu diesem Film begann er ja bereits im Frühjahr. Und im übrigen war er mit vielem beschäftigt, was in dieser Zeit sein Leben veränderte: Die Beziehung zu Bibi Andersson ging im Frühjahr 1959 zu Ende. Er ging zurück nach Stockholm, wo er – allerdings erst ab Herbst des folgenden Jahres – Regisseur am Königlichen Dramatischen Theater, dem »Dramaten«, wurde. Zuvor aber machte er seine erste Auslandsreise mit einem Theaterensemble (noch dem Malmöer) und gab vielbeachtete Gastspiele in Paris *(Sagan)* und in London *(Urfaust)*, bei denen ihn eine neue Frau – es wäre nicht richtig zu sagen: begleitete. Denn Käbi Laretei war eine Konzertpianistin von internationalem Rang und nahm ihre eigenen Engagements wahr. Aber die Skandalpresse nahm natürlich ihren Anteil, und Bergman,

der ansonsten die internationalen Presseauftritte genoß, flüchtete vor den Fragen nach einer »Verlobung«.
Frau Laretei war noch verheiratet. Bergman hatte sie bei einer Probe am Malmöer Theater kennengelernt. Sie war eine gebürtige Estin, Flüchtling vor der Sowjetherrschaft in ihrer Heimat, aber keine Fremde in Schweden: Ihr Vater war der letzte Gesandte der freien estnischen Republik in Stockholm gewesen. So kam nicht nur eine neue Frau, sondern auch ein neuer Lebensstil in Bergmans Leben, nachdem beide am 1. September 1959 geheiratet hatten. »Das Ehepaar bezieht eine Villa in (dem vornehmen Stockholmer Stadtteil) Djursholm, man hat Sekretäre und Domestiken; das Niveau ist weit weg von Existenzbedingungen wie in Malmö. Der Gaukler, der einst die Forderung erhob, ein Schauspieler müsse Haus und Heim entsagen und im Wagen herumziehen, um sich nicht bürgerlich zu korrumpieren, war bürgerlich geworden.« (Marianne Hoök)

Inhalt: Die junge unberührte Karin (Birgitta Pettersson), Tochter des reichen und stolzen Hofbesitzers Töre (Max von Sydow) und seiner Frau (Birgitta Valberg), reitet mit ihrer schwangeren, adoptierten Schwester Ingeri (Gunnel Lindblom) durch den Wald zur nahen Kirche, um dort Kerzen weihen zu lassen. Ingeri hat heimlich zu Wotan gebetet, daß er die fromme Karin verderbe. Das Gebet wird erhört: Ziegenhirten überfallen das Mädchen, vergewaltigen und töten es. Die Hirten ziehen weiter und kommen wenig später durch Zufall in Töres Haus, wo sie sich verraten, indem sie Kleider der Ermordeten zum Verkauf feilbieten. In rasendem Zorn vernichtet der Vater die Mörder seiner Tochter, deren Leiche später im Wald gefunden wird, bereut dann aber seine Tat und gelobt, an der Stelle der Vergewaltigung, an der wie durch ein Wunder eine Quelle in dem Augenblick aus dem Boden entspringt, als die Leiche aufgehoben wird, eine Kapelle zu errichten.

Zensurdebatte: »Dem Film waren, ehe er im Januar 1960 der Zensur vorgelegt wurde, bereits hartnäckige Gerüchte über

Die trauernden Eltern

seine ›Zensurgefährlichkeit‹ vorausgegangen. Die Zensurprüfung erfolgte deshalb im Beisein von drei ordentlichen Zensoren – mir, Viveka Starfelt-Barthel und der Psychologin Merit Hertzmann-Ericson – sowie den Ersatzzensoren Oberarzt Allan Grönwald und Dozent Torsten Eklund ... Nach der Vorführung waren die Zensoren sich einig, daß der Film ein ungewöhnliches künstlerisches Erlebnis geboten hatte ... Eine Diskussion entstand über die Szenenfolgen mit Karins Vergewaltigung und Tod sowie der Tötung der Hirten. Alle waren der Meinung, daß diese Partien zunächst schockten, ohne aber sadistisch zu sein oder offensichtlich gegen das sittliche Gefühl zu verstoßen. Deshalb und weil die betreffenden Teile des Films aus dessen Zweck und Zusammenhang psychologisch und dramatisch motiviert erschienen, wurde der

Film einstimmig und bedingungslos für die Vorführung vor erwachsenem Publikum zugelassen (Prüf-Nr. 95321) …
Am Tage nach der Premiere erschien *Svenska Dagbladet* mit einem Leitartikel, der sich von dem Zensurbescheid ohne Schnitte klar distanzierte. Eingangs wurde Bergmans Drohung (›Nicht ein Millimeter Schnitt, oder ich ziehe den ganzen Film zurück!‹) zitiert … Ob die Zensur auch in – der Ausdruck sei erlaubt – normalen Fällen bei einem Film wie *Jungfrauenquelle* nicht eingegriffen hätte? Die Andeutung unzulässiger Einflußnahmen wurde durch die Schlußworte des Leitartikels unterstrichen, daß ›die Zensur ohne Ansehen der Person ihre Aufgaben erfüllen‹ müsse.

›Die Jungfrauenquelle‹

›*Die Jungfrauenquelle*‹

Damit war ein neuer Mythos geboren – der Kniefall der Zensur vor Bergmans ›Autorität‹ ... Daß Bergman selbst diesen Nonsens richtig charakterisierte, scheint den meisten entgangen zu sein. Anfang März 1960 brachte das *Veckojournalen* (Nr. 10) ein Interview mit ihm ... ›Was war an den Gerüchten über die Drohung, den Film zurückzuziehen, wenn die Zensurschere auch nur einen einzigen Millimeter schnitt?‹ – ›Gequatsche, ohne den geringsten Wahrheitsgehalt.‹« (Zensurchef Erik Skoglund)

Djävulens öga

Jungfrauenbrücke/Das Teufelsauge, 1959

Ein altes irisches Sprichwort besagt angeblich, eine Jungfrau auf Erden sei ein Gerstenkorn in des Teufels Auge. Der Däne Oluf Bang machte daraus ein Hörspiel, dessen Rechte SF erwarb und das Bergman, wie er sagt, als Gegenleistung dafür, daß SF-Chef Carl Anders Dymling ihn *Die Jungfrauenquelle* drehen ließ, als ironische Liebeskomödie verfilmte. Vergeb-

lich versucht der Teufel mit Hilfe von Don Juan dies ärgerliche Gerstenkorn loszuwerden – oder doch nicht vergeblich?
Der Teufel war immer schon Bergmans Thema gewesen. 1955 hatte er Molières *Don Juan* in Malmö am Theater inszeniert. Es gab aber, worauf Peter Cowie verweist, auch noch andere Beziehungen: zum Teufelspakt im *Urfaust*, den Bergman im Mai des gleichen Jahres in seinem berühmten Londoner Theatergastspiel vorgestellt hatte.
Die filmische Umsetzung machte Schwierigkeiten: Jarl Kulle als Don Juan war nun einmal kein Bergman-Schauspieler, und Bergman pflegte ja, wenn irgend möglich, immer mit denselben Darstellern zu arbeiten. Zum letztenmal arbeitete er hier auch mit seinem bisherigen ständigen Kameramann

›Das Teufelsauge‹

Die Liebe im Pfarrhaus: ›Das Teufelsauge‹

Gunnar Fischer zusammen. Nicht daß es ein Zerwürfnis gegeben hätte – aber während eines Engagements Fischers in den USA hatte Sven Nykvist in *Die Jungfrauenquelle* hinter der Kamera gestanden. Das wurde der Beginn einer mehrere Jahrzehnte überdauernden künstlerischen Zusammenarbeit.

Inhalt: Dreihundert Jahre hat Don Juan bereits in der Hölle verbringen müssen, als der Teufel plötzlich ein Gerstenkorn im Auge spürt, weil ein bildhübsches und dazu verlobtes zwanzigjähriges Mädchen auf Erden wandelt und immer noch seine jungfräuliche Tugend besitzt. Mit seinem Diener Pablo soll Don Juan die Erde aufsuchen und den bedauerlichen Mißstand beenden.
Der Vater (Nils Poppe) der tugendhaften Britt-Marie (Bibi

›Das Teufelsauge‹: Der Pfarrer führt dem Teufel seine Tochter vor

Andersson) ist Pfarrer auf dem Lande; er lädt Don Juan (Jarl Kulle) und seinen Diener (Sture Lagerwall) ins Pfarrhaus ein, wo sie nicht nur die junge Schöne, sondern auch die Pfarrfrau Renata (Gertrud Fridh) treffen: Der eine nimmt sich der Frau an, der andere des Fräuleins. Der etwas weltfremde Pfarrer merkt trotzdem, was Pablo mit seiner Frau treibt, verzeiht ihr aber, und beide beschließen, ein neues Leben zu beginnen. Don Juan ergeht es noch schlechter: Er verliebt sich gar in sein Opfer.
In die Hölle zurückgekehrt, melden sie dem Teufel (Stig Järrel) die doppelte Niederlage. Den Teufel wundert nur, daß Britt-Marie in der Hochzeitsnacht ihrem Mann gegenüber zu einer Notlüge greift, und er registriert als kleinen Sieg, daß sein Gerstenkorn verschwindet.

Lustgården

Garten der Lüste, 1961
Der Film hatte keinen deutschen Verleihtitel

Man sollte nicht vergessen: begonnen hatte Bergman als Drehbuchschreiber, und die Lust am Schreiben verließ ihn nie. Zwar schrieb er, nunmehr arriviert, nicht mehr für andere, sondern nur noch für seine eigenen Filme. Aber hin und wieder ergriff ihn die alte Lust daran, selbst hier, inmitten seiner eigenen Arbeit an der großen »Schweigen«-Trilogie, die 1961 ihren Anfang nahm.
Garten der Lüste wurde während eines Interregnums, in dem Ingmar Bergman mit anderen zusammen während einer Erkrankung des SF-Chefs Carl Anders Dymling praktisch die künstlerischen Geschäfte der SF führte, von dem später in die USA gegangenen Alf Kjellin inszeniert. Bergman kannte Kjellin, der als Schauspieler begonnen hatte, schon von der gemeinsamen Arbeit an seinem Erstling *Hets.* Das Drehbuch schrieb er zusammen mit Erland Josephson unter einem Pseudonym: Buntel Eriksson.
Garten der Lüste fiel bei der Kritik durch, eines der letzten Produkte der »alten Welle« vor der künstlerischen Erneuerung des schwedischen Films in den sechziger Jahren. Aber mit Erland Josephson arbeitete Bergman als Drehbuchschreiber auch später noch zusammen, so bei *Ach, diese Frauen.*

Inhalt: In einer schwedischen Kleinstadt der Jahrhundertwende haben alle ihre kleinen Geheimnisse und Verhältnisse, auch der Studienassessor David Franzén (mit der Kellnerin Fanny) und der Studienrat Lundberg (mit der Buchhändlerin Astrid).
Als ruchbar wird, daß David der Autor einer erfolgreichen Gedichtsammlung ist, bekennt er sich öffentlich zu dieser poetischen Jugendsünde – und auch zu Fanny. Aber die Verhältnisse sind doch nicht so … und so bleibt schließlich alles, wie es war.

Såsom i en spegel

Wie in einem Spiegel, 1960/61

Ingmar Bergman schrieb das Drehbuch im Frühjahr 1960 in einem Hotel in Dalarna, wohin er sich – in Erinnerung an frühere Aufenthalte – mit seiner Frau Käbi Laretei zurückgezogen hatte. Er dachte an einen Schauplatz auf den Orkneys, aber realisiert wurde der Film auf der Insel Fårö. Das war Bergmans erste Begegnung mit diesem kargen Eiland, das später eine so große Bedeutung in seinem Leben spielen und zu seiner zweiten Heimat, einer Zufluchts- und Rückzugsstätte, werden sollte.
Er schloß das Manuskript am 12. Mai 1960 ab und schrieb als

›Wie in einem Spiegel‹: Harriet Andersson zwischen Mann und Vater

Widmung »für Käbi, meine Frau«. Wieder kreisten seine Fragen um Gott, aber nicht mehr ganz so hoffnungslos wie früher. »Ich bringe meine Leere und meine schmutzige Hoffnungslosigkeit in diesem Gedanken zur Ruhe«, sagt David am Schluß. »Plötzlich verwandelt sich die Leere in Reichtum und die Hoffnungslosigkeit in Leben. Es ist wie eine Begnadigung, Minus. Von der Todesstrafe.« Und Minus antwortet: »Wenn es so ist, wie du sagst, dann wäre Karin von Gott umgeben, weil wir sie lieben.«

Inhalt: Eine junge, latent geisteskranke Frau wird drei Männern, ihrem Mann, ihrem Vater und ihrem Bruder, zum Spiegel. Die Handlung des Films konzentriert sich auf einen Tag und eine Nacht auf einer einsamen Ostsee-Insel, wo die Familie ihre Ferien verbringt. Die Eröffnungsszene zeigt die vier Menschen, wie sie von einem Bad im Meer zurückkehren: den Schriftsteller David (Gunnar Björnstrand), der gerade aus der Schweiz zurückgekommen ist, wo er an seinem neuesten Manuskript gearbeitet hat, seine Tochter Karin (Harriet Andersson), die bis vor kurzem in einer Klinik für Geisteskranke war, Martin (Max von Sydow), ihr Mann, er ist Arzt, und schließlich Fredrik alias »Minus« (Lars Passgård), ihr siebzehnjähriger, mit Pubertätsproblemen behafteter Bruder mit einem Abscheu vor allem Weiblichen. Karin, so erzählt Martin seinem Schwiegervater, sei unheilbar krank, mit einem Rückfall müsse jederzeit gerechnet werden.
Beim Abendessen sind alle zunächst guter Stimmung: David verteilt Geschenke – ganz offensichtlich hat er sie gar nicht in der Schweiz, sondern erst in Stockholm gekauft –, doch die Geschenke trösten nicht über die Enttäuschung hinweg, daß David die Familie schon bald wieder verlassen und mit einer Kulturdelegation nach Jugoslawien reisen wird.
Zu Ehren des zurückgekehrten Vaters hat David ein kurzes Theaterstück geschrieben: »Der künstliche Spuk oder: Das Grabgewölbe der Illusionen«. David fühlt sich sehr berührt von diesem Stück, in dem es um einen Dichter geht, der sich der Liebe verweigert.
Alle gehen zu Bett, David bleibt allein und schreibt an sei-

Ein ausgebrannter Schriftsteller: Max von Sydow

nem Roman. Gegen Morgen wacht Karin auf und geht in eine Kammer auf dem Boden, wo sie ein sexuelles Ritual aufführt. Sie betrachtet die Tapete, sinkt in der Mitte des Rau-

Harriet Andersson mit dem Vater

mes zusammen und legt sich schließlich im Zimmer ihres Vaters auf dem Sofa zum Schlafen. Als sie erwacht, stöbert sie in Davids Tagebuch, in dem er notiert hat, daß sie unheilbar krank sei und er ihr langsames Dahinsiechen beobachten will, um es später literarisch verwerten zu können.
Auf einer Bootsfahrt stellt Martin, dem Karin ihre erschütternde Entdeckung mitgeteilt hat, David zur Rede und hält

ihm seinen Egoismus und seine Gefühlskälte vor. Da offenbart David ihm seine Situation: ein ausgebrannter Schriftsteller, der in der Schweiz einen Selbstmordversuch unternommen hat.
Währenddessen führt Karin ihren Bruder in die Dachkammer, gesteht ihm ihre Visionen; sie glaubt, daß Gott sich ihr offenbaren werde, und will »das andere« wählen. Sie verschwindet; Minus findet sie am Strand auf einem Wrack. »Plötzlich hat sie sich an ihn geklammert, und er stürzt über sie, versucht sich freizumachen, vermag es aber nicht, sinkt tiefer in sie hinein. Er sieht nackte Haut schimmern ... Sie hält ihn mit Armen und Beinen fest an sich gedrückt, aber ihr Gesicht ist abgewandt und ihr Mund fest verschlossen.«
Karin verfällt vollkommen dem Wahnsinn. Sie will nicht län-

Geheimnisvolle Erlebnisse in der Dachkammer

Bruder und Schwester, ein trügerisches Idyll

ger in zwei Welten leben, will keine Elektroschocks. Martin ruft den Rettungshubschrauber – Karin flüchtet in die Bodenkammer, redet mit »dem andern«. Während der Hubschrauber landet, glaubt Karin einen Spinnengott zu sehen, der in sie hineinkriechen will. Martin hatte ihr gesagt, daß durch die Tür, auf die sie starrte, kein Gott kommen würde. Karin: »Ich habe Gott gesehen.« Martin beruhigt sie mit einer Spritze und führt sie zum Hubschrauber.
David und »Minus« bleiben zurück und sprechen über die Liebe, die Gott ist, und Gott, der die Liebe ist. Der Sohn sagt leise am Schluß: »Papa hat mit mir gesprochen!«

Ingmar Bergman: »Als ich mit der Vorarbeit des Films beschäftigt war, bekam ich Interesse am mitmenschlichen

Drama um eine Person, die dabei war, wegzugleiten – also am Krankheitsbild selbst und den Gruppierungen um ein solches Krankheitsbild. Ich empfand es als wichtig, auf alle Kunstgriffe zu verzichten und mich nur auf das menschliche Drama zu konzentrieren. So entstand dieses Stück, denn es ist ein Stück. Es ist ein verkapptes Theaterstück, das ist ganz klar, mit deutlichen Szenen, die nebeneinander gestellt sind. Das Filmische ist in *Wie in einem Spiegel* ziemlich reduziert ...
Ich spüre einen ernsthaften Zug von Wirklichkeitsflucht und schwerer Verlogenheit in *Wie in einem Spiegel,* eine Art verzweifelten Drang nach Geborgenheit, einen Versuch, eine Lösung aufzuzeigen, eine Art Unlustgefühl darüber, nur mit der Frage selbst zu kommen und nie eine Antwort zu bieten – wie ein Trapezkünstler, der alle Vorbereitungen zu einem Salto mortale trifft und dann eine ironische Reverenz macht und herunterklettert, bevor er seinen Todessprung gemacht hat.
Die Deutschen haben einen guten Ausdruck für Kunst, die nicht rein, sondern mit steuernden Elementen vermengt ist, sie sei »gewollt«. Ich finde, das ist ein guter Ausdruck. Es gibt sowieso immer einen formalen Anspruch, einen ordnenden Faktor, aber dieses Wollen ist etwas anderes. Es ist ein sterilisierendes und antikünstlerisches Element.« (1969)

Nattvardsgästerna

Licht im Winter, 1962

Licht im Winter – wörtlich übersetzt und sinngerechter »Die Abendmahlsgäste« – ist der mittlere Teil der Glaubenstrilogie, die mit *Wie in einem Spiegel* begann und mit dem *Schweigen* abschloß, und es ist zugleich Ingmar Bergmans nachdrücklichste Auseinandersetzung mit Fragen des christlichen Glaubens, die die Grenzen der filmischen Ausdrucksmöglichkeiten bereits überschritt.
Licht im Winter ist eigentlich kein Film mehr, sondern eher illustrierte Version eines theologisch-philosophischen Dialogs, der im Verlauf des Films wiederum mehr den Charakter eines

Monologs über Bergmans Grundthema annimmt: Zweifel an der Existenz Gottes – die Personen des Films scheinen lediglich dazu da zu sein, die Gedanken des Regisseurs auszusprechen.

Inhalt: »Es ist zwölf Uhr mittags an einem Sonntag Ende November. Es dämmert über die Ebene, und vom Moorgebiet im Osten bringt der Wind rauhe Feuchtigkeit mit.« Die ersten Worte des Drehbuchs deuten die Atmosphäre der Kälte und Verlassenheit an, die über dem Film liegt. In der mittelalterlichen Kirche von der dreihundertsiebenundsechzig-Seelen-Gemeinde Mittsunda haben sich neun Personen eingefunden, um von Pastor Tomas Ericsson (Gunnar Björnstrand) das Abendmahl zu empfangen.

Ein abgefallener Priester unter dem Kreuz

›Licht im Winter‹

Die Handlung des Films spielt an wenigen Stunden dieses Tages. Ericsson, ein Witwer in mittleren Jahren, hat längst den Glauben verloren, er zelebriert den Gottesdienst ohne die geringste Anteilnahme, und so gelingt es ihm auch nicht mehr, den wenigen, die noch in die Kirche kommen, den Glauben zu erhalten. Die Abendmahlsworte »Christi Leib,

Der Fischer und seine Frau

der für dich gekreuzigt wurde – Christi Blut, das für dich vergossen wurde« sind zur Routine erstarrt. Gelangweilt gähnend wartet auf der Empore der Organist (Olof Thunberg) auf den Schlußgesang.
Nach dem Gottesdienst zieht sich Tomas mit dem Küster Aronsson (Kolbjörn Knudsen) sofort in die Sakristei zurück, wo ihn zwei Mitglieder seiner Gemeinde aufsuchen, der Fischer Jonas Persson (Max von Sydow) und seine Frau Karin (Gunnel Lindblom). Sie, die ihr viertes Kind erwartet, ist über den Seelenzustand ihres Mannes in großer Sorge und bittet den Pfarrer um Hilfe: Jonas hat in der Zeitung gelesen, daß die Chinesen bald eine Atombombe haben werden, und hält ein Weiterleben für sinnlos. Tomas spürt, daß er hier einem Menschen voller Verzweiflung und Hoffnungslosigkeit

auf der Schwelle des Todes gegenübersteht, und verspricht dem skeptischen Fischer ein Gespräch unter vier Augen. Tomas' wahres Motiv für die Gesprächsbereitschaft ist die Hoffnung, sich durch Jonas selbst bestätigen zu können: Kann er ihm helfen, so hat sein Amt noch einen Sinn. Denn in seiner Verzweiflung hatte er sich bereits völlig verhärtet, so sehr, daß ihm selbst die Fürsorge seiner früheren Geliebten, der Lehrerin des Dorfes, Märta Lundberg (Ingrid Thulin), zuwider ist. Sie sucht ihn ebenfalls in der Sakristei auf. Aber ihren Brief hat er noch nicht gelesen, und nur widerwillig liest er ihn später, nachdem sie gegangen ist, doch noch. Auch ihr kann er nicht helfen. Die Liebe, die sie von ihm erwartet, kann er ihr nicht geben.

Die ehemalige Geliebte des Pastors (Ingrid Thulin)

Das Gespräch zweier Verzweifelter (Gunnar Björnstrand, Max von Sydow)

Als Jonas zu dem verabredeten Gespräch kommt, spricht Tomas zu ihm von seinen eigenen Problemen. Er ist am Ende: »Wenn es wirklich so ist, daß Gott nicht existiert, was macht es schon aus? Dann hätten wir ja für alles eine Erklärung. Die Einsamkeit der Menschen, ihre Grausamkeit, ihre Furcht wären damit ja kein Problem mehr.« In seiner Ichbezogenheit versagt er so in der entscheidenden Prüfung. Er ergeht sich in einem Selbstmitleid, das dem Fischer Jonas nicht helfen kann. Still geht dieser und erschießt sich.
Der Selbstmord des Fischers kann Tomas nicht mehr erschüttern. Er muß zum Nachmittagsgottesdienst ins Nachbardorf. Er läßt es sogar zu, daß Märta ihn dahin begleitet. Küster und Organist sind pünktlich zur Stelle, sonst niemand. Tomas beschließt, trotzdem Gottesdienst zu halten. Märta ist die ein-

zige Zuhörerin im Hintergrund der dunklen Kirche. Vor dem Altar breitet Tomas die Hände und spricht: »Heilig, heilig, heilig ist der Herr Zebaoth. Die Erde ist voll von seiner Herrlichkeit!«

Tystnaden

Das Schweigen, 1963

Einhundertachtzehn Sekunden entschieden den Ruf des Films, und sie bestimmen ihn in gewisser Weise noch immer: die damals erregenden Sexualszenen in *Das Schweigen.* Sie lösten in Schweden wie in Deutschland eine heftige Zensurdebatte über die Grenzen der Freiheit der Kunst und das zulässige Maß sexueller Darstellung im Film aus. Einhundertachtzehn Sekunden von den fünfundneunzig Minuten, die der Film dauerte.

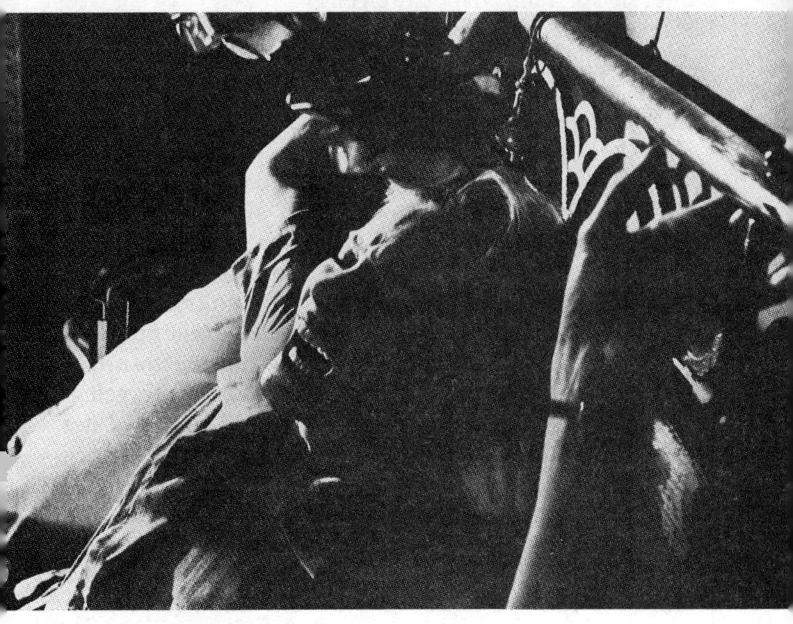

Der Skandal: ›Das Schweigen‹

Diese einhundertachtzehn Sekunden – oder besser: die öffentliche Diskussion darum – entschieden aber auch den wirtschaftlichen Erfolg des Films.
In Deutschland wurde er der größte Kassenschlager des letzten Jahrzehnts; zehneinhalb Millionen Menschen sahen ihn in den ersten achtzehn Monaten.
Bergman hatte sich *Das Schweigen* als einen »kleinen« Film vorgestellt und weder den Erfolg noch – so sagt er – den Skandal vorausgesehen. Mit dem Drehbuchschreiben begann er Weihnachten 1961, sobald er *Licht im Winter* beendet hatte. Zugrunde lagen Erinnerungen an Bilder, die weit zurückreichten: eine Reise nach Berlin in Vorkriegszeiten, eine fremde, bedrohliche Stadt, der er sich mit der Bahn näherte, und Impressionen aus dem Hamburg der Nachkriegszeit, in dessen Straßen noch immer die Panzer patrouillierten. Menschen kamen in diesen Bildern nicht vor, und zwischen ihnen breitet sich im Film »das Schweigen«.
Bergman verlegt die Handlung des Films in ein fremdes, nicht identifiziertes Land, auf die Reise dorthin, in die Stadt Timoka. Er will dieses Wort in einem Buch seiner damaligen Frau gefunden haben. Käbi Laretei war gebürtige Estin. »Timukas« bedeutet auf estnisch »der Henker«.
Am Schluß steht eine Botschaft in der unbekannten Sprache des fremden Landes, die es zu entziffern gilt. Geredet wird – im Gegensatz zum dialogfreudigen *Licht im Winter* – wenig in diesem Film. Schon gar nicht von Gott. Aber die theologische Diskussion über das »Schweigen Gottes« kam früh in Gang und legte die Wertung des Films von vornherein einseitig fest. Das war zumindest vorteilhaft für die notwendige Zensurfreigabe. Als *Das Schweigen* in Schweden der Zensur vorgelegt wurde, war zudem der Oberzensor auf Urlaub, was in der späteren Diskussion nach der Freigabe (ohne Schnitte) noch eine Rolle spielen sollte.
Auch die deutsche FSK gab *Das Schweigen* ohne Schnitte frei, und die Massen strömten. »Bergmans *Schweigen* ist nicht irgendein Filmerfolg unter anderen der Nachkriegsjahre, sondern seit 1955 der größte in der Bundesrepublik«, schrieb die *Filmkritik* 1965 in einer Nachbetrachtung der Vor-

Mutter und Kind

und Wirkungsgeschichte des Films. »Die Reaktion der Filmkritik begann in der deutschen Presse schon im Herbst 1963. In Schweden war am 23. September 1963 *Das Schweigen* angelaufen. Einige Filmjournalisten – Hebecker, Ramseger, Ripkens u. a. – waren dem umstrittenen Film entgegengereist und legten ihn ein für allemal in der Hilflosigkeit des ersten Zusammenstoßes auf Interpretationen fest, die ihm auch später nicht mehr genommen wurden ... Diese Etikettierung sollte ihre Folgen haben. Indem der Film als quasi-religiöses Opus abgestempelt war, hatte man seinen provokatorischen Inhalt mit einem entschärfenden Vorzeichen versehen, das wie ein Paßwort auf die bundesrepublikanischen Passierinstanzen wirkte.«

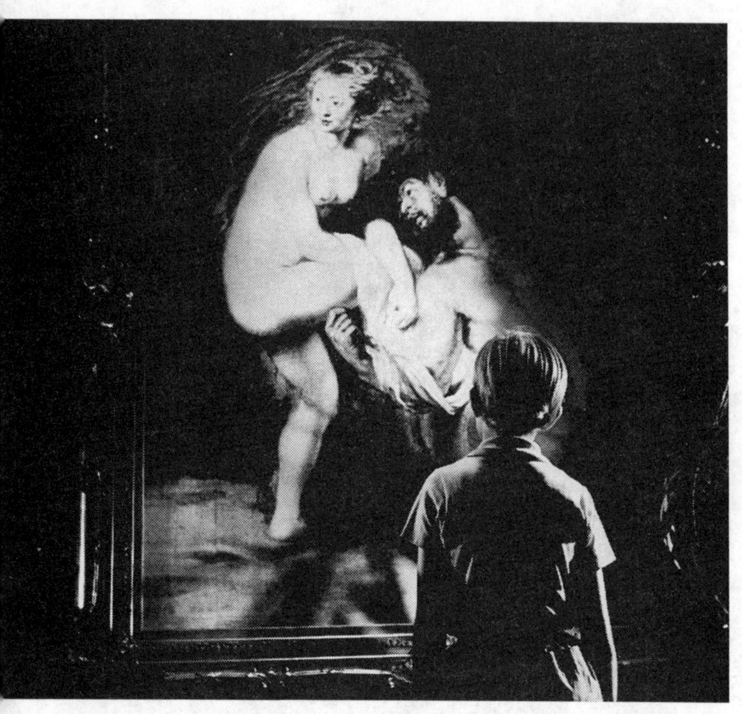

Das Kind begreift allmählich die Sexualität

In der in der Bundesrepublik verliehenen Fassung schickten die deutschen Filmjournalisten Martin Ripkens und Hans Stempel dem Film überdies einen Vorspann mit Ausschnitten aus *Wie in einem Spiegel* und *Licht im Winter* voraus, in denen vom Sinn der Liebe und der Suche nach Gott die Rede ist, wodurch die Auslegung dieses Opus 3 verstärkt in eine bestimmte Richtung gezwungen wurde. Nicht genug damit, gab es auch noch einen geschriebenen Vorspann mit der Erklärung, *Das Schweigen* schildere eine Welt, »in der es Gott nicht mehr gibt. Und eine Welt, in der Gott schweigt, ist die Hölle.« Unter dem Eindruck dieser Interpretationen nahm sich selbst das Urteil des *Katholischen Filmdienstes* – angesichts früherer »Skandale« und kirchlicher Filmfehden – zurückhaltend aus: »Die Probleme dieses an sich ernst gemeinten und außergewöhnlich gestalteten Films sind in einer sehr vielen Besuchern unzugänglichen Fülle von Symbolen verschlüsselt. Einige Szenen überschreiten die Grenze des öffentlich Darstellbaren und können als Beleidigung der Menschenwürde empfunden werden, vor allem bei isolierter Betrachtung.« Hinzugefügt war, aufgrund von Bedenken kirchlicher Amtsträger, folgender Nachsatz: »Sie verletzen das sittliche Empfinden *vieler* Zuschauer.«

Inhalt: Zwei Schwestern, Anna (Gunnel Lindblom) und Ester (Ingrid Thulin), sind mit Annas neunjährigem Sohn Johan (Jörgen Lindström) auf der Heimreise nach Schweden. Ester, die ältere, ist unheilbar lungenkrank und verzehrt

›Das Schweigen‹

sich – seelisch und körperlich – in lesbischer Liebe zu ihrer jüngeren, lebenslustigen Schwester Anna, die ihrerseits, von der fanatischen Leidenschaft Esters angewidert, in das entgegengesetzte Extrem flüchtet.
Durch einen Zusammenbruch Esters werden sie anderthalb Tage in einer Stadt des europäischen Südostens festgehalten, in der die Menschen eine unverständliche Sprache sprechen. Die Stadt scheint bedroht. Nachts rasseln Panzer durch die Straßen. Eine Verständigung mit den Menschen ist nur durch Zeichen möglich, da selbst die Übersetzerin Ester nur wenige Worte begreifen kann. Sie finden Unterkunft in dem alten Grandhotel, in dem es aber offenbar außer ihnen nur den alten Zimmerkellner (Håkan Jahnberg) und eine Liliputanergruppe als Gäste gibt.
Auch die Schwestern können oder wollen sich kaum miteinander verständigen, einzig das Kind Johan ist noch eine Brücke zwischen ihnen. Die intellektuelle Ester sieht sich in ihrem körperlichen Verlangen nach ihrer Schwester von dieser gedemütigt und flüchtet in unmäßigen Alkohol- und Zigarettenverbrauch und in Masturbation.
Anna verläßt das Hotel, während Ester einen heftigen Anfall erleidet, bei dem ihr der greise Zimmerkellner beizustehen versucht. In einem Varieté sieht Anna den Geschlechtsakt eines Pärchens in der Loge nebenan; angeregt durch dieses Erlebnis gibt sie sich noch am gleichen Nachmittag einem Kellner (Birger Malmsten) hin, was sie, um Ester zu demütigen, sogleich erzählt. Ester bittet Anna, sie nicht mehr allein zu lassen, doch demonstrativ verläßt Anna das Zimmer. Auf dem Korridor begegnet sie ihrem Liebhaber, mit dem sie nicht einmal sprechen kann, weil sie seine Sprache nicht versteht, und verschwindet mit ihm in einem leeren Hotelzimmer.
Der sich selbst überlassene Johan streift durch die Gänge des Hotels. Er sieht seine Mutter mit dem fremden Mann und berichtet Ester davon. Diese will eine letzte Aussprache mit Anna erzwingen, die gerade ihrem – nicht verstehenden – Liebhaber erklärt hat, sie wünschte, ihre Schwester wäre tot. Anna beschuldigt Ester, sie zu bevormunden, sie zu hassen.

Keine Kommunikation

Ihre Vorstellung von Liebe ist eine andere, ist Sexualität. Vor den Augen ihrer Schwester wendet sie sich wieder ihrem namenlosen Liebhaber zu. Doch die Vereinigung mit ihm gerät jetzt zur Verzweiflung.
Ester hat nur einen Wunsch: nicht in dieser fremden Stadt zu sterben. Doch sowenig Ester durch ihre Einsicht in ihre Lage die Angst überwinden kann, sowenig kann Anna durch die Lust ihrer Verzweiflung entrinnen.
Am nächsten Morgen findet Anna Ester zusammengebrochen vor ihrer Tür. Überstürzt geht Anna davon, um ihre und Johans Abfahrt zu regeln. In Anwesenheit des Zimmerkellners erleidet Ester einen die Agonie vorausnehmenden An-

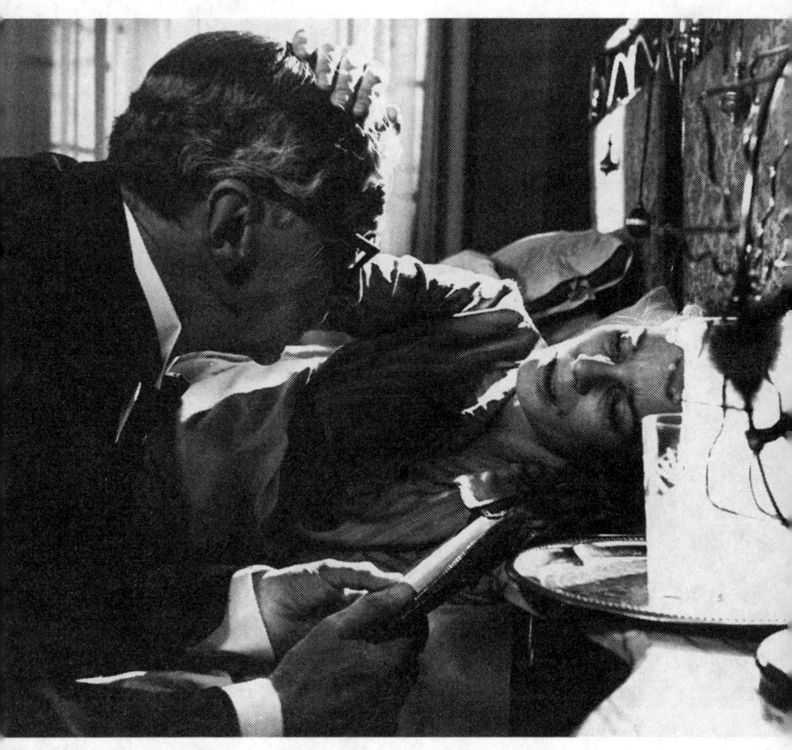

›Das Schweigen‹

fall und stößt dabei Worte hervor, die ihren Abscheu vor der Liebe und vor dem Leben zeigen.
Noch am selben Tag verläßt Anna mit Johan die Stadt und überläßt ihre Schwester einem einsamen Tod.
Zum Abschied gibt Ester Johan einen Brief mit. »Es ist *wichtig,* verstehst du! Du mußt genau lesen. Es ist alles, was ... Es ist alles, das ... Du wirst es verstehen.« Im Zug liest der Junge den Brief. Es sind ein paar Wörter in der fremden Sprache. »Johans Gesicht ist blaß von der Anstrengung, die fremde Sprache zu verstehen. Diese geheime Mitteilung.«
»In *Das Schweigen* wird Gott in Form von Esters totem Vater

von der Bergmanschen Bühne getragen. ›Er war so lieb, obwohl er schrecklich groß und schwer war, er wog fast zweihundert Kilo. Man hätte die Mienen der Männer sehen sollen, die den Sarg trugen‹, sagt die sterbende Ester. Daß es sich nicht um irgendeinen beliebigen Vater handelt, begreift man aus einem Dialog zwischen Anna und Ester. Anna sagt: ›Als Vater noch lebte, bestimmte er. Und wir gehorchten. Weil wir mußten.‹ ... Das ist Bergmans Abschied von dem alten, Sicherheit gebenden Gottvater. Vilgot Sjöman gegenüber meinte er lachend: ›... alles was von ihm übrig ist, ist ein toter Alter, der zweihundert Kilo wiegt.‹
Aber das Schweigen, das belastende Erlebnis der Sinnlosigkeit, der negative Abdruck Gottvaters, bleibt. Auch das Erlebnis des schweigenden Gottes scheint bei Ingmar Bergman mit dem Vater und Erinnerungen aus der Kindheit verknüpft zu sein. Auf die schmerzhafte Bestrafung für irgendwelche Vergehen folgte die schweigende Bestrafung durch die Erwachsenen, bis das Kind bereute. ›Das war wirklich Gottes Schweigen‹, äußerte Bergman Sjöman gegenüber ... Der Vatergott ist tot – aber mit ihm scheinen auch die tieferen Triebkräfte des Lebens getötet worden zu sein. Anna sagt zu Ester in *Das Schweigen:* ›Als Vater starb, sagtest du: ‚Jetzt will ich nicht mehr leben.' Warum lebst du eigentlich noch?‹« (Maria Bergom-Larsson)

För att inte tala om alla dessa kvinnor

Ach, diese Frauen, 1964

Am 1. Juli 1963 trat Bergman einen der bedeutendsten Posten im Bühnenwesen Skandinaviens an, den Posten des Chefs des Königlichen Dramatischen Theaters (»Dramaten«) in Stockholm, den er bis 1966 bekleiden sollte. Dieses Amt nahm seine ganze Arbeitskraft in Anspruch. Bevor er es antrat, hatte er jedoch noch ein Drehbuch geschrieben, wiederum zusammen mit Erland Josephson.
Den Anstoß zu *Ach, diese Frauen,* einer spöttischen Farce über Künstlerkult und Kunstbanausentum, in der ein von sie-

›Ach, diese Frauen‹

ben Frauen in seiner Prunkvilla abgeschirmter Meistercellist an der schlechten Komposition eines Musikkritikers stirbt, soll Käbi Laretei gegeben haben, die sich ja als Konzertpianistin in der Musikwelt auskannte.
Für Bergman war es wichtig, erste Erfahrungen mit dem Farbfilm zu sammeln. Er hatte bei SF eigens eine »Farbfilmschule« ins Leben gerufen und auf vielen tausend Metern Filmmaterial Versuche anstellen lassen, ehe er mit den Dreharbeiten begann. Das Ergebnis überzeugte nicht, weder technisch noch künstlerisch. Ingmar Bergmans Enttäuschung über den Mißerfolg führte dazu, daß es noch Jahre dauern sollte, ehe er den nächsten Farbfilm in Arbeit nahm, und selbst 1976 überlegte er noch, ob es nicht besser wäre, *Das Schlangenei* in Schwarzweiß zu drehen.

Inhalt: Vom Sarg des Cellovirtuosen Felix, den man im Film niemals zu Gesicht bekommt, nimmt der Film in einem einzigen Rückblick seinen Ausgang. Der Kritiker Cornelius (Jarl Kulle), der eine Biographie über den Meister schrieb, erinnert sich seiner vergeblichen Versuche, sich diesem zu nähern: Zunächst erreicht er nur dessen junge Cousine Cecilia

Zur Abwechslung ein harmloser Bergman

›Ach, diese Frauen‹

(Mona Malm), die jedoch vom Meister zu einer »Privatlektion« abberufen wird, dann dessen Ehefrau Adelaide (Eva Dahlbeck), der er bekennt, daß er Felix eine eigene Komposition gewidmet habe und hoffe, daß der Meister sie spiele.

Schließlich erreicht er des Meisters Geliebte (Bibi Andersson), die ihn sogar in dessen Schlafzimmer führt, was mit einer Liebesnacht – die aus Rücksicht auf die Zensur als Tango dargestellt wird – endet und mit dem Mordversuch einer Dame in Schwarz, die ihn – natürlich – für Felix hält. Am nächsten Tag gibt ihm der Impresario Jillker (Allan Edwall) den Tip, der zum Erfolg führt: Als Frau verkleidet, gelingt es, beim Meister vorzusprechen, der sogar zusagt, seine Komposition aufzuführen. Doch gerade während dieses Konzerts stirbt er.
Cornelius liest noch einmal das Manuskript seiner Felix-Biographie. Das innerste Wesen dieses Menschen kann er darin jedoch nicht ausmachen. Statt dessen muß er erleben, daß Felix' Damenflor nun einen begabten jungen Mann anhimmelt, für den sie alles zu tun bereit sind. Felix ist vergessen, und mit ihm auch Cornelius' biographisches Werk.

›Ach, diese Frauen‹

Daniel

In Deutschland nicht verliehen, 1965/66

Im Jahre 1964 beging Svensk Filmindustri ein Jubiläum: Vor fünfundvierzig Jahren, 1919, war der Konzern gegründet worden. Nun trug man sich mit ambitiösen Plänen zu dem monumentalen Projekt einer zu einem abendfüllenden Film vereinigten Kurzfilmanthologie, an der sich fast alle bedeutenden schwedischen Regisseure beteiligen sollten, und zwar jeder von ihnen, unabhängig vom andern, mit einer Episode über das, was ihm Stimulanz des Lebens war. *Stimulantia* lautete der Titel dieses Sammelwerks, dessen Gesamtredaktion in den Händen von Olle Nordemar lag.
Der Film ist außerhalb Skandinaviens kaum gezeigt worden. Das Aufgebot an Regisseuren war beachtlich; so übernahmen Vilgot Sjöman, Jörn Donner, Hans Alfredson/Tage Danielsson und der kurz darauf so früh verstorbene Schriftsteller Lars Görling *(491)* je eine Episode. Selbst der Filmveteran Gustaf Molander, der seit nahezu einem Jahrzehnt keinen Film mehr gemacht hatte, wurde – siebenundsiebzigjährig – noch einmal aktiv und holte für diesen Film einen Star wieder nach Schweden, der das Land bereits vor mehr als einem Vierteljahrhundert verlassen hatte: Ingrid Bergman.
Auch Ingmar Bergman trug eine Episode bei. Er stellte Bilder zur Verfügung, die er mit einer privaten 16-mm-Kamera 1964 im Familienkreise gemacht hatte. *Daniel* nannte er die Episode, nach seinem 1963 geborenen Sohn aus seiner vierten Ehe mit der Pianistin Käbi Laretei (die in dem Film Klavier spielt). Ingmar Bergman übernahm auch den Part des Sprechers und präsentiert sich als jemand, dessen höchstes Stimulanz die ersten Regungen dieses eigenen, sich gerade entfaltenden kleinen Kindes sind.
Wegen der großen Zahl der beteiligten Regisseure – der Film hatte ingesamt acht Episoden – verzögerte sich die Fertigstellung erheblich. Als *Stimulantia* dann am 28. März 1967 in Stockholm Premiere hatte, lebte Bergman bereits mit Liv Ullmann zusammen. Im Jahr zuvor war Linn, das einzige Kind aus dieser nie geschlossenen Ehe, geboren.

Liv Ullmann und Ingmar Bergman waren einander begegnet, als Bergman nach seinem ersten Farbfilm (1963) und seiner Berufung zum Chef des Königlichen Dramatischen Theaters 1964/65 eine Pause einlegte und an dem Drehbuch zu dem vierstündigen Doppelfilm *Människoätarna* (Die Menschenfresser) schrieb. Für sie schrieb er eigens noch eine Rolle. Wegen einer langen Erkrankung konnte er das Drehbuch jedoch nie realisieren.

Inhalt: Ingmar Bergman im Kreis seiner Familie, als 16-mm-Hobby-Filmer, bei schönem strahlendem Sommersonnenschein. Ein Amateurfilm über die letzten Monate der Schwangerschaft Käbi Lareteis (1962) bis zum zweiten Geburtstag des Kindes aus dieser Ehe, Daniel Sebastian (»Daniels Gesicht ist nämlich für mich das Feinste und Stimulierendste, was es gibt«), den Bergman selbst – im Film – den Zuschauern als Operateur eines 16-mm-Gerätes vorführt. Dazu zitiert er Teile aus seinem nie fertiggestellten Film *Människoätarna* (»Es gibt einen Passus in diesem Film, den ich Ihnen gerne vorlesen möchte, der ungeheuer viel mit Daniel Sebastian zu tun hat«), in denen menschliche Nähe und Gemeinschaft mit der Vorstellung eines richtenden und strafenden Gottes kontrastiert werden. Was bedeuten Worte wie Schuld, Strafe, Sühne und Vergebung? Was ist ein toter Gott angesichts eines lebendigen Kindes?

Persona

Persona/Geschichte zweier Frauen, 1965

Persona hat eine mehrfache Berühmtheit erlangt, leitete dieser Film doch Ingmar Bergmans langjährige Zusammenarbeit und seine Lebensgemeinschaft mit Liv Ullmann ein, die damals zwar schon eine erfahrene (am norwegischen Nationaltheater in Oslo tätige), aber noch keine weltberühmte Schauspielerin war, wie sie es – dank Bergman – heute ist. Er hatte sie bei einem zufälligen Besuch in Stockholm durch Bibi Andersson kennengelernt, war von ihr beeindruckt und suchte nach einer Möglichkeit, sie in einem seiner Filme einzusetzen, möglichst zusammen mit Bibi Andersson, denn ihm war eine frappierende Ähnlichkeit zwischen beiden aufgefallen, aus der heraus sich bei ihm langsam die Idee zu einer Geschichte zweier ähnlicher und immer ähnlicher werdender Menschen entwickelte, deren Identitäten schließlich miteinander verschmelzen.

Eine einfache Idee zu einem Film, die Bergman dem Produzenten (wieder SF) auf die Frage, wovon denn sein nächster Film handeln solle, mit den bloßen Worten verkauft haben will:

»Ja, er handelt von einer, die redet, und einer, die schweigt, und dann vergleichen sie ihre Hände miteinander, und dann vermischen sie sich miteinander. Es wird ein sehr kurzer Film, der kann sicher sehr billig werden.«

Nicht nur wegen der »Entdeckung« Liv Ullmanns, vor allem wegen der Art, in der Bergman aus dieser einfachen Idee einen seiner kärgsten, konzentriertesten und intensivsten

Eine Frauengeschichte: Bibi Andersson und Liv Ullmann

Zwei Frauen ineinander verstrickt

Filme gestaltete, begründet sich die Stellung dieses Films als Meisterwerk innerhalb des Bergmanschen Opus, innerhalb des schwedischen Films und darüber hinaus in der Weltkinematographie.

Persona ist ein sparsamer Film, der mit fünf Personen, im Grunde nur zwei, auskommt und sich damit an die anderen »Kammerspiele« anschließt. Ein Film fast ohne Handlung, der die Frage nach der Identität radikal stellt.

Ursprünglich benannte Bergman seinen Film einfach *Kinematografi*, später erwog er auch andere Titel, *En sonat för två kvinnor* (Sonate für zwei Frauen), *Ett stycke kinematografi* (Ein Stück Kinematographie) oder – es war sein sie-

benundzwanzigster Film – einfach *Opus 27.* Der schließliche Titel kam auf Verlangen der Produktionsfirma zustande, die um die Verkäuflichkeit des Films besorgt war.
Der Titel *Persona* reflektiert einerseits auf die »persona« des antiken Theaters, die Maske des Schauspielers, die ihn in seiner Rolle kennzeichnet, aber auch auf C. G. Jungs modernen psychologischen Begriff von dem bewußt artifiziellen oder maskierten Persönlichkeitskomplex, der von einem Individuum entgegen seinen inneren Charakterzügen adaptiert wird, um ihn vor der Umwelt als Schutz, zur Verteidigung, zum Betrug oder als Versuch der Anpassung zu nutzen.

Inhalt: Am Anfang eine befremdende Folge scheinbar unzusammenhängender Bilder: ein Junge (Elisabet Voglers Sohn) blättert in Lermontows *Ein Held unserer Zeit,* dann Bilder aus einem Film im Film, Zitate aus früheren Bergmanfilmen, *Gefängnis, Das Schweigen,* die ein Projektor flackernd auf die Leinwand wirft, der Film reißt, Fernsehbilder von einem brennenden vietnamesischen Mönch und jüdischen Kindern auf dem Weg ins Vernichtungslager.
Dann die Zentralfigur des Films, Elisabet Vogler (Liv Ullmann), eine bekannte Schauspielerin. Nach einer Elektra-Aufführung, in der sie die Klytemnästra spielte, versinkt sie in eine plötzliche Apathie, die sich auch in der Klinik nicht löst. Äußerlich völlig gesund, hat sie das Schweigen gewählt und reagiert weder auf Zureden noch auf Fragen.
Die behandelnde Ärztin bietet der stummen Patientin ihr abgelegenes Sommerhaus in den Schären zu einem Heilaufenthalt an und gibt ihr die junge Krankenschwester Alma (Bibi Andersson) mit.
Beide ähneln einander äußerlich sehr und kommen sich allmählich auch innerlich näher. Dabei bleibt Elisabet stumm und erweist sich nur als aufmerksame Zuhörerin, die Alma zu immer intimeren Enthüllungen bringt. Obwohl Almas immer verzweifeltere Bemühungen, ihre Patientin/Freundin zum Reden zu bringen, erfolglos bleiben, lüftet sie doch einen Zipfel der Erklärung für Elisabets Apathie, als sie ein zerrissenes Foto von Elisabets Sohn findet, das diese ihr schnell

›*Persona*‹

entreißt: ein von ihr abgelehntes Kind, dessen Liebe sie sich entzieht.
Ein eigenartiges Verhältnis gegenseitiger Abhängigkeit entwickelt sich zwischen Alma und Elisabet, ein Wechselspiel der Identitäten, in dem Alma gleichsam ihr eigenes Ich an Elisabet verliert. Elisabet ist sich ihrer suggestiven Macht wohl bewußt, und so kommt der Augenblick, in dem Alma es nicht mehr als befreiend empfindet, ihr aus der Ohnmacht geborenes Mitteilungsbedürfnis befriedigen zu können, sondern als schmerzliches Ausnutzen einer Schwäche. Sie findet einen Brief an die Ärztin, in dem Elisabet Almas Bemühungen kühl distanziert und leicht amüsiert beschreibt. Die Krise voll schwelenden Hasses endet für beide mit einem Zurückfinden zu sich selbst – in einer Welt ohne Hoffnung, wie die Eingangsbilder sagen, einer Welt des Hasses und der Zerstörung.
In ihrer Selbstanalyse hat sich Alma von ihren Komplexen befreit. Nicht ohne Anstrengung: Als sie wieder in der Klinik ist, bricht sie nach einem letzten Ausbruch zusammen.

Vargtimmen

Die Stunde des Wolfs, 1966/68

Ebenso wie in der Skizze zu *Menschenfresser,* auf die der Film zurückgeht, tauchen auch in *Die Stunde des Wolfs* vielfältige Motive aus früheren Filmen wieder auf, Motive ganz unterschiedlicher Art, die in einem komplizierten Beziehungsgeflecht stehen.
Wie in *Persona* gibt es wieder eine Alma, nur ist es nicht wie dort Bibi Andersson, die die Rolle verkörpert, sondern Liv Ullmann. Andere Namen sind von E. T. A. Hoffmann entliehen (Bergman hatte nach Hoffmannscher Manier dem Film ursprünglich ein Vor- und Nachspiel voran- und nachgestellt): Kapellmeister Kreisler, Kurator Heerbrand, Archivar Lindhorst. Auch die anderen Rollennamen sind keine Unbekannten: Borg *(Wilde Erdbeeren),* Vogler *(Das Gesicht).*
»Die Stunde des Wolfs« ist im Volksmund die Stunde der größten Angst und Verzweiflung zwischen der Nacht und der Morgenröte. Bergman stellte die Erklärung dem Film voran: »Es ist eine Stunde, in der die meisten Menschen sterben, zugleich die Stunde des tiefsten Schlafes, in der Alpträume am meisten in Erscheinung treten. Es ist die Stunde, in der die Schlaflosen von ihren Ängsten verfolgt werden und in der Geister und Dämonen herrschen. *Die Stunde des Wolfs* ist auch die Stunde, in der die meisten Kinder geboren werden.«

Inhalt: Ateliergeräusche. Der Regisseur befiehlt den Beginn der Aufnahme. An einem Tisch sitzt Alma, die Frau des Malers Johan Borg, und erzählt, wie alles kam, daß ihr Mann verschwunden ist. Seit sieben Jahren lebten sie auf der kleinen Insel, wo ihr Mann arbeitete, suchte. Aber mehr und mehr hat er das Gefühl, nicht voranzukommen. Alpträume plagen ihn. Auf seinem Zeichenblock hält er Visionen der dämonischen Gestalten fest. Er kann nicht schlafen und zwingt auch seine Frau, mit ihm zu wachen. Die dämonischen Gestalten verfolgen ihn.
Eine alte Frau – zweihundertundsechzehn oder sechsundsiebzig Jahre alt – sucht Alma auf und rät ihr, Johans Tagebuch zu

Der Blick des Regisseurs: auf Bibi Andersson (oben) und Liv Ullmann (unten)

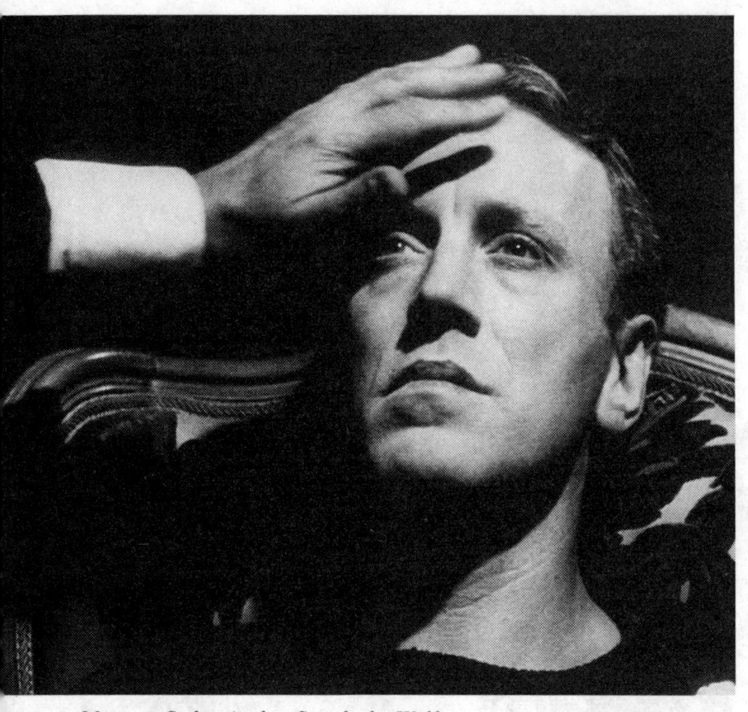

Max von Sydow in der ›Stunde des Wolfs‹

lesen. Alma erfährt, daß auf der Insel eine Frau lebt, Veronica Vogler, deren Verhältnis mit Johan in einem Skandal und Zusammenbruch endete. Alma liest von der Einladung auf das Schloß des Inselbesitzers, einem Baron, der Johan bewundert. Doch dessen ziemlich perfider adeliger Anhang identifiziert sich mit den finsteren Wesen, die Johan keine Ruhe lassen. Johan fühlt sich von ihnen provoziert und ihnen ausgeliefert. Deshalb zieht er sich mit Alma zurück. Voller Angst über die wachsende Entfremdung gesteht Alma ihm, daß sie sein Tagebuch gelesen hat. In einem Versuch, sich ihr anzuvertrauen, berichtet Johan von seinem furchtbarsten Kindheitserlebnis: zur Strafe im Schrank eingeschlossen (!) und ge-

schlagen zu werden – später schlug Johan zurück und ermordete am Strand einen Jungen, der ihn herausgefordert hatte. Wahrheit? Vision?
Eine erneute Einladung aufs Schloß kommt: Johan soll Veronica treffen. Alma stellt eifersüchtige Fragen, Johan schießt auf sie. Im Schloß jagen ihn erneut die Dämonen. Johan flieht, von den Dämonen verfolgt, die ihn zu töten versuchen.
Alma bleibt allein zurück. Hat sie sich zu sehr in Johans Schizophrenie eingelebt und ihn deshalb nicht vor den Dämonen schützen können? Oder war ihre Liebe zu klein, und haben ihn die »Menschenfresser« deshalb umbringen können?

›Die Stunde des Wolfs‹

Ingrid Thulin, Max von Sydow und Erland Josephson

»*Die Stunde des Wolfs* ist wohl Bergmans persönlichster und alptraumhaftester Film, und zwar in einem derartigen Ausmaße, daß ... die Nabelschnur zwischen dem Filmschöpfer und dem Werk nicht abgeschnitten ist: der Film enthält undurchdringliche persönliche Elemente. Er ist der extreme Ausdruck einer isolierten Künstlerposition, ohne Rücksichten auf ein Publikum, das – um eine Mitteilung verstehen zu können – verlangen kann, daß diese einen irgendwie objektivierten Charakter hat und sich nicht nur aufgrund einer Psychoanalyse der Person, die sie hervorgebracht hat, verstehen läßt.
Der Film erlaubt Identifikationen, aber nota bene nur für ebenso dazwischen stehende, sozial isolierte Künstler. Dagegen weist er keinen Ausweg aus der aktuellen isolierten Stellung. Er ist durch seine eigenen Schreckvisionen paralysiert und in sich selbst eingeschlossen.« (Anders Troelsen)

Skammen

Die Schande, 1967/68

Krieg war nie ein Thema für Bergman, ebensowenig wie andere allgemeine Fragen oder Politik überhaupt. Den Zweiten Weltkrieg hatte er, wie ganz Schweden, vom Fensterplatz aus erlebt, als Zuschauer. Wenn der Krieg bisher in seinen Filmen erschien, dann als fremdes, bedrohliches, aber letzten Endes unverständliches Geschehen, das sich draußen abspielt, das der Zuschauer nicht erlebt, von dem er nur Signale empfängt.

Die Schande spielt vor dem Hintergrund eines Krieges – irgendeines (modernen) Krieges, in dem man die Seiten nicht kennt und die Okkupanten ebensogut Faschisten wie Kom-

Max von Sydow und Liv Ullmann

munisten sein können. In *Die Schande* erreicht der Krieg zwei Menschen, Künstler, die bisher ihr Bergman-Leben führten, erniedrigt sie, zerstört sie als Künstler, dann als Menschen. Wieder stellt sich die Frage, welchen Sinn es hat – so – weiterzuleben.
Das Gefühl der Schuld, vom Zweiten Weltkrieg verschont geblieben zu sein, in ihm nicht Stellung genommen und – zeitweise – sogar mit dem Bösen paktiert zu haben, saß bei den Schweden tief. Mehr als zwei Jahrzehnte nach dem Ende des Krieges bewegte sie – und Bergman – immer noch die Frage, wie sie sich verhalten hätten, wenn auch sie das Schicksal eines okkupierten Landes erlitten hätten.
Ingmar Bergmans Unglück war es, daß der Film fünf Wochen nach der sowjetischen Invasion in der Tschechoslowakei 1968 Premiere hatte. Später hat er gesagt, daß er den Film nicht oder anders gedreht haben würde, hätte er dies voraussehen können. In der in ganz Europa zunehmend politisierten Stim-

Liv Ullmann mit Gunnar Björnstrand

›Schande‹

mung nach den Ereignissen des Pariser Mai nahmen die Stimmen zu, die Bergman seine Politikferne, seinen großbürgerlichen Hintergrund, seine nicht mehr zeitgemäßen Glaubensprobleme und das Wühlen in der – was geht's den um die Existenz ringenden Arbeiter an? – »Seelenscheiße« vorwarfen.

Inhalt: Das Musikerehepaar Eva (Liv Ullmann) und Jan Rosenberg (Max von Sydow) hat sich vor dem Krieg auf eine Insel und die Bewirtschaftung eines Bauernhofs zurückgezogen, wovon sie mehr schlecht als recht leben. Das Orchester, dem sie angehörten, ist aufgelöst. Ihre Ehe ist seit sieben Jahren kinderlos, und sie reiben sich wie eh und je aneinander wund: er, eine sensible, egozentrische, wehleidige Künstlernatur, wegen seines schwachen Herzens vom Militärdienst freigestellt, sie, robuster, unternehmerischer, stört ihn mit ihren realitätsbezogenen Forderungen aus seinen Träumen auf. Für Politik interessieren sie sich beide nicht.
Aber der Krieg greift nach ihnen. Feindliche Truppen landen.

›Schande‹

Die Einwohner werden zusammengetrieben, Jan und Eva zu einem Interview gezwungen, das ihnen später zum Verhängnis wird. Jan reagiert mit panischer Angst und körperlichem Zusammenbruch.
Der Feind wird zurückgeschlagen, nun sucht man nach »Verrätern«. Oberst Jacobi (Gunnar Björnstrand) sitzt als Bürgermeister jetzt an den Hebeln der Macht. Er weiß, daß das Interview nur unter Zwang zustande gekommen ist, und interveniert zugunsten von Jan und Eva, verlangt aber deren Hingabe, die ihm Eva, nüchtern-realistisch denkend und von Jans Schwäche angewidert, auch gewährt; Jacobis Gegengabe – dessen Ersparnisse – nimmt sie an.
Wieder wendet sich das Kriegsglück. Eine »Befreiungsorganisation« unter Führung von Filip (Sigge Fürst) verhaftet den Obersten. Jan, dem die Untreue seiner Frau inzwischen klar ist, denkt nicht daran, ihm zu helfen. Er beschlagnahmt Jacobis Geld, und ohne zu zögern erschießt er ihn auf Filips Kommando.

Unter den durch den Krieg geschaffenen Verhältnissen zeigt sich Jan nun als ein ganz anderer Mensch. Die Angst brutalisiert den Feigling, macht ihn zum Mörder, der um jeden Preis zu überleben trachtet. Einem Deserteur nimmt er die Waffe weg, schießt kaltblütig damit auf ihn, um sich die Flucht zu erkämpfen. Er zwingt Eva, mit ihm zu kommen, und erkauft für Jacobis Geld einen Platz auf einem Flüchtlingsboot. Draußen auf dem Meer gerät das Boot in ein Feld schwimmender, toter Soldatenkörper.

Riten

Der Ritus, 1969

Der Ritus ist eigentlich ein Fernsehspiel, aber als Film gedreht und auch in einer Filmfassung vertrieben, zugleich war es die erste Produktion von Bergmans eigener Firma »Cinematograph« (der Name eine Huldigung an Louis Lumière und seine frühen Filmapparate), die Bergman 1968 gegründet hatte. Ursprünglich nicht viel mehr als ein Spielbein für kleinere Produktionsvorhaben, wurde Cinematograph im Laufe der Jahre Bergmans ständige Produktionsfirma, die bei fast allen späteren – auch den großen – Filmen Produzentin oder zumindest Koproduzentin war.
Bergman hatte das Drehbuch zu *Der Ritus* im Sommer 1967 geschrieben, vor dem Beginn und während der Dreharbeiten zu *Die Schande*. »An den Tagen, an denen schlechtes Wetter war und wir nicht arbeiten konnten, wollten wir einen Sketch zusammen machen ... Ich hatte vor, eine Episode über drei Varietéartisten zu schreiben, die in eine Sittlichkeitsaffäre verwickelt waren. Dann habe ich ein bißchen zerstreut angefangen, und ehe ich mich's versah, war ein Stück daraus geworden. Das Manuskript für die Regie ist zwar in Drehbuchform verfaßt, aber es hat überhaupt keine Szenenanweisungen. Es besteht nur aus Dialogen. Es sind neun Dialoge. Es war so schön, plötzlich ein Stück zu schreiben – alle filmischen Rücksichten außer acht zu lassen und nur Dialoge zu schreiben ... Dann hatte ich plötzlich ein Stück oder ein Spiel

Der Richter und die Schauspielerin (Erik Hell und Ingrid Thulin)

oder einen Haufen Dialoge, aber wir waren so intensiv mit *Schande* beschäftigt, daß wir noch nicht einmal Zeit hatten, einen Blick darauf zu werfen ... Es ist immer ein wahnsinniger Aufwand um diese Filme ..., und da dachte ich mir: Scheiße, ich hole mir vier von meinen guten Freunden, dann probieren wir vier Wochen zusammen und dann drehen wir. Ich hatte mir ausgerechnet, daß ich ihn in neun Tagen herunterdrehen könnte.«

Inhalt: Drei Schauspieler – Albert Emanuel Sebastian Fischer (Anders Ek), Thea Winkelmann (Ingrid Thulin) und ihr

Mann Hans Winkelmann (Gunnar Björnstrand) – stehen wegen einer obszönen Pantomime vor dem Untersuchungsrichter Abrahamson (Erik Hell). In neun Szenen, die abwechselnd im Gerichtssaal und außerhalb spielen, werden die vier Menschen im Wechsel miteinander konfrontiert. Der Richter verhört die drei Künstler zunächst gemeinsam, dann einzeln, scheint aber weniger an der Aufdeckung des kriminellen Geschehens als an der Vergangenheit, den persönlichen Verhältnissen und Zukunftsplänen der Beschuldigten interessiert.
So wird im Laufe der Verhandlung deren Privatleben immer mehr aufgedeckt und ihre gegenseitige Haßliebe und Triebverstrickung klar. Der unbeherrschte Sebastian, der selbst vor dem Richter nicht zurückschreckt, hat ein Verhältnis mit Thea, der Frau seines Partners Hans, der sie ihm seinerseits schwächlich überläßt und zugleich seine Demütigung maso-

›Der Ritus‹

chistisch genießt. Thea wiederum, die nur noch im Alkohol und in der Sexualität Trost findet, glaubt, Sebastian habe sie nötig, obwohl er sie beschimpft und verhöhnt, kommt aber andererseits auch von Hans nicht los.
Der Gang der Untersuchung verändert die Beziehungen der drei zueinander. Als ihr Agent von absinkendem Interesse berichtet und vorschlägt, die Gagenforderungen zu reduzieren, nimmt Hans das zum Anlaß, die Gruppe aufzulösen. Er will sich, so sagt er, ins Privatleben zurückziehen.
Aber auch der Richter, von dessen persönlichen Verhältnissen man nichts erfährt, wird immer tiefer in die Konflikte der drei hineingezogen und scheitert schließlich. Am Schluß, als er sich die beanstandete Szene vorführen läßt, erleidet er einen Herzanfall und stirbt.

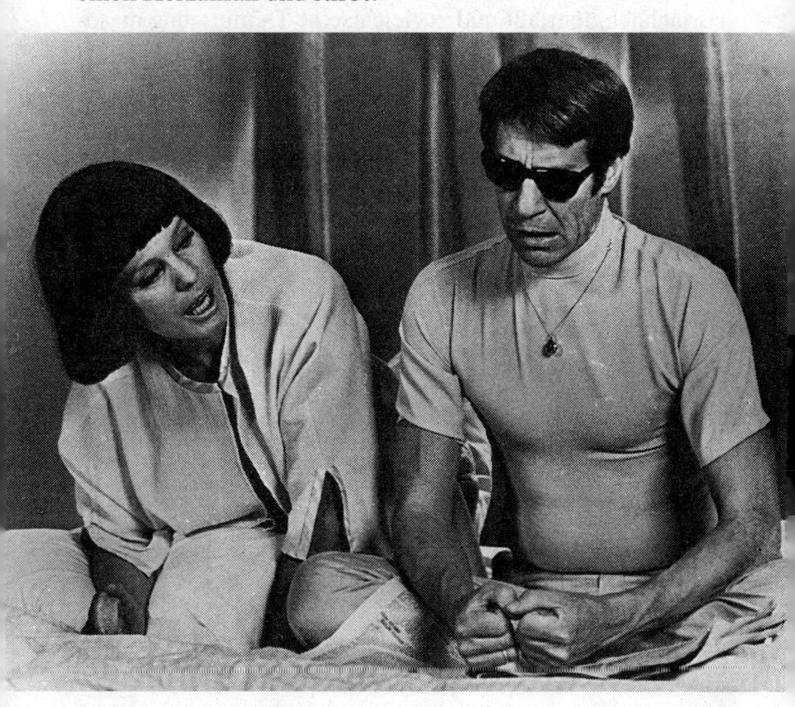

Ingrid Thulin und Anders Ek in ›Der Ritus‹

En passion

Passion, 1969

Passion vollendet – nach *Die Stunde des Wolfs* und *Die Schande* – die Trilogie der »Fårö-Filme«, die miteinander nicht nur durch die Hauptdarsteller Max von Sydow und Liv Ullmann, sondern auch durch die Landschaft, in der sie spielen, verbunden sind. Bergman liebte »seine Insel«, auf der er sich ein großes Haus gebaut hatte, in dem er mit Liv Ullmann zusammenlebte. Von der Stockholmer Theaterarbeit hatte er sich fast ganz zurückgezogen. Statt dessen beschäftigte er sich mit anderen Projekten, in denen er neue Wege ging. Sein Fernsehstück *Reservatet* (Das Reservat), dessen Manuskript er im Mai 1969 abschloß, entstand hier.
Das Drehbuch zu *Passion* schrieb Ingmar Bergman im Frühjahr 1968 auf Fårö, abgedreht wurde der Film auf Fårö im Herbst des gleichen Jahres. Es war Bergmans erster eigentlicher Farbfilm, in dem die Farbe tatsächlich eine dramaturgische Rolle spielt.
Schon in den Namen der Hauptfiguren (Vergérus, Winkelman) läßt Bergman Bezüge zu den vorhergehenden Filmen erkennen, aber auch zu dem Fernsehstück *Reservatet,* in dem es ebenso wie in *Passion* um die Ehe der Anna Fromm mit ihrem Mann Andreas geht – beide Arbeiten, letztere im August 1968, erstere im Mai 1969 abgeschlossen – scheinen auf einen gemeinsamen Vorentwurf zurückzugehen, den Ingmar Bergman Anfang des Jahres unter dem Titel *Annandreas. Förslag till scener ur ett äktenskap* (Annandreas. Vorschlag zu Szenen einer Ehe) bei SF eingereicht hatte – ein Titel-Wortspiel, das sich im Schwedischen nicht nur auf »Anna« und »Andreas«, sondern auf die »beiden« Männer namens Andreas beziehen kann.

Inhalt: Andreas Winkelman (Max von Sydow) lebt auf einem kleinen verlassenen Hof. Er vermag aus seiner selbstgewählten Isolation nicht auszubrechen. Seine Kontakte mit den anderen Inselbewohnern sind sparsam. Einzig der arme und etwas merkwürdige Einsiedler Johan Andersson (Erik Hell),

Bibi Andersson und Max von Sydow in ›Passion‹

den alle als heimlichen Schaftöter verdächtigen, fordert ihn zu einem Plauderstündchen auf. Für kurze Zeit hat er Kontakt mit Elis Vergérus (Erland Josephson), einem erfolgreichen aber gefühlskalten Architekten, und seiner Frau Eva (Bibi Andersson).
Durch das Architektenpaar kommt Andreas in nähere Beziehung zu der jungen Anna Fromm (Liv Ullmann), die bei einem Autounfall ihren Mann Andreas und ihr Kind verloren hat. Anna hatte den Wagen gesteuert und plagt sich seitdem mit Schuldgefühlen. Beim Unfall wurde Anna selbst verletzt; sie ist immer noch gehbehindert. Ihre Ehe, so lügt sie sich vor, sei glücklich gewesen. Ihr Mann hatte ein Verhältnis mit Eva, was Elis weiß. Nun schläft Eva, die eigentlich ihren Mann liebt, mit Andreas. Anna, die sich mehr und mehr zu Andreas hingezogen fühlt, ahnt das, doch Andreas antwortet auf ihre Fragen nicht.
Anna und Andreas ziehen zusammen, jetzt wohnen sie schon ein halbes Jahr beieinander. Ihre Beziehung ist, wenn auch

nicht leidenschaftlich, doch recht glücklich, aber nicht für lange. Andreas zieht sich zurück in Tagträume, wird Anna gegenüber sogar gewaltsam.
Während einer gemeinsamen Autofahrt verliert Anna beinahe die Beherrschung über das Fahrzeug. Da beschuldigt Andreas sie, ihn töten zu wollen, ebenso wie ihren früheren Mann. Anna antwortet ausweichend. Andreas weiß nicht mehr, was er glauben soll. Das Mißtrauen lähmt ihn, er sinkt zu Boden. Die Stimme des Regisseurs erklärt am Schluß: »Diesmal hieß er Andreas Winkelman.«

Fårödokument

Nicht in Deutschland verliehen, 1969

Fårö ist eine kleine Insel nördlich von Gotland, eine Welt für sich, weitab von den meisten Verkehrsverbindungen. »Sie besteht aus einigen Felsen, Teichen, Kiefernwäldern, Sand und etwas Ackerboden«, sagte Ingmar Bergman später über diese von der Entvölkerung bedrohte Insel, nachdem er die Landschaft und ihre wenigen hundert Bewohner kennen und lieben gelernt hatte.
Bergman war 1961 zum erstenmal dorthin gekommen, als er nach einem passenden Drehort für *Wie in einem Spiegel* suchte. Das karge Eiland gefiel ihm, und in den sechziger Jahren entstanden einige seiner bedeutendsten Filme dort. Er erwarb sogar ein Grundstück, auf dem er 1966 ein Haus errichtete, das zu seiner Heimat und Zuflucht werden sollte. Vier Jahre lang lebte er hier mit Liv Ullmann und der gemeinsamen Tochter Linn.
»Das Haus lag weitab von dem sandigen Sommerstrand; das Grundstück bestand nur aus Stein und vertrockneter Erde. Niemand auf der Insel konnte den Mann verstehen, der so viel unfruchtbares Land gekauft hatte ... Ich erinnere mich nicht, je einen so öden Flecken Erde gesehen zu haben. Wie ein Relikt aus der Steinzeit. Aber im Lichte des Sommers ist sie ergreifend und eher geheimnisvoll ... Um die Insel zog sich ein Gürtel mit Steinen. Meilen vom Meer bespülte

Steine. Nur an einer Stelle, da machten sie einem Sandstrand Platz, der im Sommer Tausende von Touristen anlockte. Wenn sie kamen, nahm unsere Isolation zu. Wir konnten den Tag kaum erwarten, an dem die Fähren wieder leer über den Sund fahren würden und wir nicht mehr zu der Backsteinmauer, die er um das Haus hatte bauen lassen, hochschauen müßten, um zu sehen, ob jemand mit einer Kamera dort stünde und uns zu Fremden in unserem eigenen Garten machte. Ich wußte, daß Ingmar seine Insel gefunden hatte.« (Liv Ullmann)
Bergman war fasziniert von der Konfrontation zwischen werdendem Leben und lebensfeindlicher Umwelt. Zusammen mit seinem Kameramann Sven Nykvist, ebenfalls ein häufiger Gast auf Fårö, wollte er einen Dokumentarfilm über Schafsgeburten drehen. Bei seinen Recherchen und Gesprächen mit den Inselbewohnern wurde er sich jedoch der ökonomischen und sozialen Probleme bewußt – zum erstenmal in seiner Filmlaufbahn. Sein Gerechtigkeitsgefühl empörte sich, als er merkte, wie die auf dem Festland ansässige Industrie die Insel ausbeutete und wie wenig der Staat für deren Bewohner tat. Bergman änderte seine Planung und beschloß, über die Menschen und die Insel, auf der er lebte, einen Filmbericht zu machen, das *Fårödokument.* Das *Fårödokument* wurde ursprünglich nur durch das schwedische Fernsehen ausgestrahlt. Erst 1976 holten die Nordischen Filmtage Lübeck es aus der Fernsehversenkung wieder hervor.

Inhalt: Noch vor vierzig Jahren lebten auf der Insel Fårö elfhundert Menschen, 1969 waren es siebenhundertvierundfünfzig. Bergman interviewt den Bürgervorsteher der Großgemeinde Fårösund, zu der die Insel heute gehört: Ihr Etat beträgt eine Million Kronen für dreitausendsiebenhundert Einwohner. Bergman befragt die Schafzüchter: Der Schlachthof auf Gotland will nur wenig zahlen, weil die Fåröleute von ihm ja völlig abhängen. Bergman erfährt vom Postmann, daß fast alle kleinen Postämter geschlossen werden – Fårö ist eines der letzten. Bergman befragt die Fischer: Die jungen

Leute sind abgewandert, lohnender Fischfang ist nur noch mit Trawlern zu betreiben – aber dafür fehlt das erforderliche Kapital. Bergman befragt die Frauen, die kaum von der Insel wegkommen: Eine Brücke nach Gotland ist bereits seit hundert Jahren versprochen, aber bisher noch nicht gebaut. Bergman spricht mit dem Pfarrer, der seit sieben Jahren auf der Insel ist, und mit dem Küster. Beide liegen seit fünf Jahren miteinander im Streit. Bergman befragt die Busfahrer nach den Straßenverhältnissen und die Jugendlichen, die in dem Bus fahren und die Insel verlassen wollen, warum sie dies tun. »Wir wollen dort (auf Gotland) arbeiten. Hier gibt es ja keine Arbeit.« Bergman befragt junge Leute, die trotzdem auf der Insel bleiben und dort sogar heiraten: Für die jungen Mütter, die gerne wieder arbeiten würden, gibt es keine Kindergärten. Bergman befragt eine junge Mutter; sie ist Sozialdemokratin. Mit den Verhältnissen ist sie nicht zufrieden – aber politisch tätig werden und für den Gemeinderat kandidieren, das möchte sie nicht.

The Touch/Beröringen

The Touch, 1970/71

An der Schwelle der siebziger Jahre ändert sich in Bergmans Produktion, seinen Themen und in seinem Leben vieles, und noch einschneidendere Veränderungen seiner persönlichen Lebensumstände standen in der Mitte des Jahrzehnts bevor. Hatte er in den sechziger Jahren das Medium Fernsehen für sich entdeckt, so entdeckte er nun das internationale Publikum. *The Touch* war seine erste rein englischsprachige Filmarbeit, und ein Jahr darauf hatte *Schreie und Flüstern* sogar seine Uraufführung auf internationalem Parkett, in New York.

Daß *The Touch* als Love-Story lanciert wurde, geht nun nicht auf Bergmans Rechnung, sondern auf publikumswirksame Werbesprüche des Verleihs. Aber auch Bergman machte gewisse Abstriche von früheren großen Ansprüchen. »*The Touch* will banal, alltäglich sein«, entschuldigte er sich, »der

Die typische Bergman-Situation: eine Frau zwischen zwei Männern

Film wurde ursprünglich als Porträt einer Frau konzipiert – und zwar nicht einer glänzenden, großartigen Frau von Welt, sondern einer braven Bürgerin, die ein sorgsam behütetes Dasein führt, weitab von der Welt der großen Katastrophen, der Strömungen und Neurosen, die uns umgeben.«

Die Dreharbeiten begannen, wie eigentlich immer bei Bergmans disziplinierter Arbeitsweise, genau dem Zeitplan entsprechend. Ein großer Teil der Außenaufnahmen entstand in Visby, der Hauptstadt Gotlands. Fertiggestellt wurde der Film während des Winters und im Frühling des folgenden Jahres.

Als *The Touch* herauskam, hatte sich in Bergmans beruflicher und privater Situation so manche Änderung ergeben. Nach der Zeit der »Theaterunlust« hatte er bereits Anfang 1969 wieder die Arbeit am Stockholmer Dramaten aufgenommen. Von März bis Mai 1969 hatte er sein »privates« *Fårödoku-*

ment gedreht. Im Sommer 1969 folgte eine lange Zeit der Trennung von Liv Ullmann, die in den USA unter der Regie von Jan Troell *Die Emigranten* und *Das neue Land* machte. Am 26. April 1970 starb sein Vater, der zuletzt als Dompropst im Ruhestand gelebt hatte. Damit war, vier Jahre nach dem Tode seiner Mutter, die letzte elterliche Bindung verschwunden, die seine Arbeiten bisher so stark dominiert hatte.
Schlagzeilen machte Bergmans endgültige Trennung von Liv Ullmann, die mit der gemeinsamen Tochter Linn zurück nach Oslo ging. Nur eine kurze Episode blieb Bergmans Beziehung zu der fünfundzwanzigjährigen Schauspielerin Malin Ek, die er beim Drehen von *Passion* kennengelernt hatte, wo sie eine kleine Nebenrolle spielte. Die künstlerische Zusammenarbeit mit Liv Ullmann ging weiter, ja, sie vertiefte sich noch, aber ihre persönliche Beziehung war unwiderruflich beendet. »Sie dauerte fünf Jahre. Nachdem sie ein paar Jahre

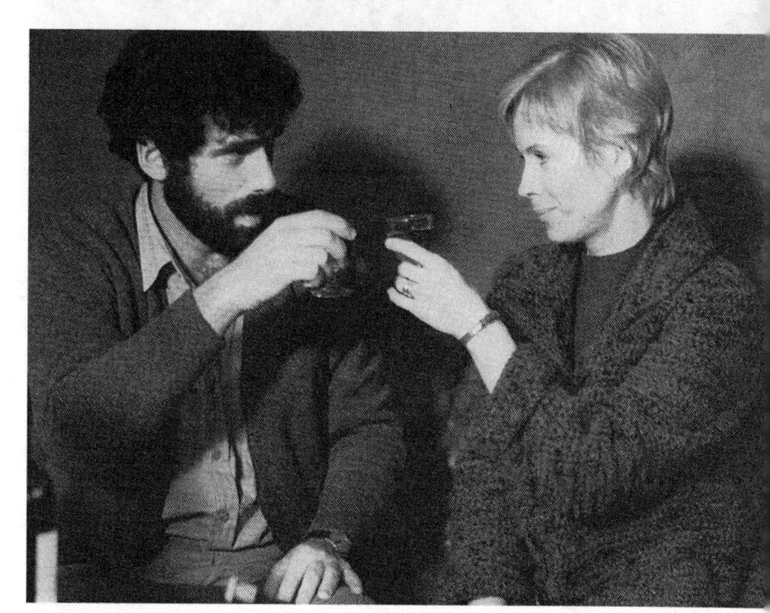

Elliott Gould und Bibi Andersson

mit ihm zusammengelebt hatte, begann sie ihn zu beobachten, ihn als Individuum zu erleben. Als einen Menschen, dessen Existenz nicht mehr allein von seiner Beziehung zu ihr abhing. Allmählich erwachte in ihr Verständnis für ihn. Je weiter er sich zurückzog, um so besser verstand sie ihn – als würde sie durch die Distanz Klarheit gewinnen. Die Angst verschwand, und die Einsamkeit war leichter zu ertragen, als sie seine Unsicherheit sah ... Voll Trauer erkannte sie, daß bald das Ende kommen würde, daß sie ihn zu einem Zeitpunkt gefunden hatte, als er bereits anderswohin unterwegs war. Sie sah ihr Kind an, und es wurde ihr bewußt, daß sie diese Ver-

›The Touch‹

antwortung bald allein zu tragen haben würde. Während des letzten Jahres kämpfte sie um ihre Beziehung, obwohl sie wußte, daß es hoffnungslos war und sie weder ihm noch sich etwas Gutes damit erwies. Und als alles vorüber war, hoffte sie, daß er nicht allein sein würde. Daß die neue Gefährtin besser für ihn sorgen würde, als sie es getan hatte. Aber sie brauchte natürlich einige Zeit, um diese Einstellung zu gewinnen ... Und als sie Bitterkeit und Haß und Verzweiflung überstanden hatte, war sie überzeugt davon, daß sie Liebe erfahren hatte und bereichert worden war. Aber sie würde nie fähig sein, darüber zu sprechen. Sie hatte in einen anderen Menschen hineingeschaut und empfand eine tiefe Zärtlichkeit für das, was sie dort gesehen hatte. Sie hatten sich eine Zeitlang an den Händen gehalten und waren schmerzlich miteinander verbunden gewesen. Doch erst, als alles vorbei war, wurden sie wahre Freunde.« (Liv Ullmann)

Inhalt: Eine junge Frau eilt in ein Krankenhaus. Aber sie kommt zu spät, ihre Mutter ist tot. In einer dunklen Ecke bricht sie weinend zusammen. Ein Mann spricht sie teilnahmsvoll an, doch sie will nur allein sein.
Das ist die erste Begegnung zwischen der vierunddreißigjährigen schwedischen Arztfrau Karin Vergérus (Bibi Andersson) und dem jungen amerikanischen Archäologen David Kovac (Elliott Gould). Karin lebt mit ihrem Mann Andreas (Max von Sydow) und zwei Kindern in einer schwedischen Kleinstadt. Sie ist eine vorbildliche Hausfrau, eine charmante Gastgeberin. Zwischen ihr und ihrem Mann herrscht die ruhige Zärtlichkeit einer langen glücklichen Ehe.
Eine Einladung des Mannes bringt den Fremden ins Haus. David stammt aus einer jüdischen Familie, die die Jahre der Verfolgung in Deutschland nicht überlebt hat.
Mit seiner heftigen Leidenschaftlichkeit erobert er Karin. Sie treffen sich, wo und wann immer es möglich ist. Er ist ein düsterer, zur Rücksichtslosigkeit neigender Liebhaber. Ihre Abhängigkeit voneinander wächst. Aus beruflichen Gründen verläßt David eine Zeitlang die Stadt. Aber er kehrt zurück. Karin richtet sich in ihrem Doppelleben ein – sie liebt beide

Herbstlicher Abschied

Männer. Schließlich entdeckt ihr Mann das Verhältnis. Er will seine Frau zu einer Entscheidung zwingen. Eine abfällige Bemerkung Davids über ihn löst in Karin offenbar den Bruch aus. Doch als David ohne Abschied abreist, folgt sie ihm nach London. Sie weiß, daß sie damit ihren Mann und ihre Kinder aufgibt. In Davids Wohnung trifft sie auf eine seltsame Frau, seine Schwester (Sheila Reid), die er niemals erwähnt hat. Mit ihr verbindet ihn offenbar ein sehr enges und sonderbares Verhältnis.
Karin kehrt nie mehr in seine Wohnung zurück. Sie bleibt allein, bereitet sich auf einen Beruf vor. Sie ist schwanger.

Viskningar och rop

Schreie und Flüstern, 1971/72

»Vor etlichen Jahren hatte ich die Vision eines großen roten Raumes, in dem drei Frauen miteinander flüsterten. Dieses

Bild kehrte mir immer und immer wieder«, so stellte Bergman *Schreie und Flüstern* beim Cannes-Festival 1973 vor. Es sind vier Frauen, nicht nur die drei Schwestern Agnes, Maria und Karin. Das Hausmädchen Anna, die Allmütterliche (sonst meist Alma geheißen), hat Bergman nicht erwähnt. Geht es um die Beziehungen dieser vier Frauen?
Die Frauen erscheinen in reinem Weiß. Die Dekors dagegen, und da gibt es nach Bergmans eigenen Worten »eine Eigentümlichkeit: Alle unsere Interieurs sind rot, in verschiedenen Nuancen. Fragt mich nicht, *warum das so sein soll,* ich weiß es nicht. Ich habe selbst über die Ursache nachgedacht und die eine Erklärung immer komischer als die andere gefunden. Die banalste, aber zugleich haltbarste ist wohl, daß alles zusammen das Innere betrifft.« Auch das hat Kritiker verärgert, um so mehr, als Kameramann Sven Nykvist, mit dem sich

Liv Ullmann im Puppenheim

Bergmans Zusammenarbeit in den letzten Jahren immer mehr vertieft hatte, Bergmans Vorstellungen mit dem ihm eigenen sensiblen Gespür kongenial umsetzte. »Ästhetische Verfeinerung um ihrer selbst willen.«

Aber warum rot? Weil »ich mir schon seit der Kindheit die Innenseite der Seele als eine feuchte Haut in roten Tönen vorstellte«. Umhüllt von diesen roten Schleimhäuten leben die Personen des Films ohne soziale Verankerung, in einem sozialen Leerraum, in ihren neurotischen Beziehungen zueinander, »und aus dieser roten feuchten Gebärmutter des Gefühlslebens wagen seine Gestalten nie, in die Wirklichkeit geboren zu werden« (Maria Bergom-Larsson). Aber sie leben in der Wirklichkeit, in der Gesellschaft. Doch über ihre Beziehungen zu dieser Gesellschaft, die ihren hochgradig neurotischen Zustand verursachte, erfährt man nichts.

So entstand *Schreie und Flüstern* als Eigenproduktion von Bergmans Cinematograph, mit Unterstützung des Schwedischen Filminstituts, und auch nur, weil die Mitwirkenden einen Teil ihrer Gagen zurückstellten. Hier bewährte sich zum erstenmal im Produktionsprozeß die besondere Verbundenheit zwischen Bergman und seinem stets gleichen Team, in dem immer wieder die gleichen Mitarbeiter und Darsteller eingesetzt waren, der »Bergman-Company«.

Bergman hat einen eigenen Stil im Umgang mit seinen Mitarbeitern. Nicht nur, daß es immer wieder die gleichen Personen sind, die der »scheue Schwede« heranzieht (und an sich heranläßt). Es war auch seine Gewohnheit, alle Beteiligten – und wegen deren Vielzahl: schriftlich – vor Beginn der Dreharbeiten mit den Zielen des »gemeinsamen« Projekts vertraut zu machen, durch Rundschreiben, Aushang, Vorrede im Drehbuch. Und es herrscht ein besonderer Stil und eine besondere Stimmung bei den Dreharbeiten. Der Film entstand in einem herrschaftlichen Haus in Taxinge Näsby am Mälarsee, das ganze Team wohnte zusammen in »Gripsholm värdshus« in Mariefred. Es war der erste Film mit Liv Ullmann seit ihrer Trennung, und auch Harriet Andersson war wieder dabei und Ingrid Thulin, die Frau von Harry Schein, dem Chef des Schwedischen Filminstituts. Lars-Olot Löthwall be-

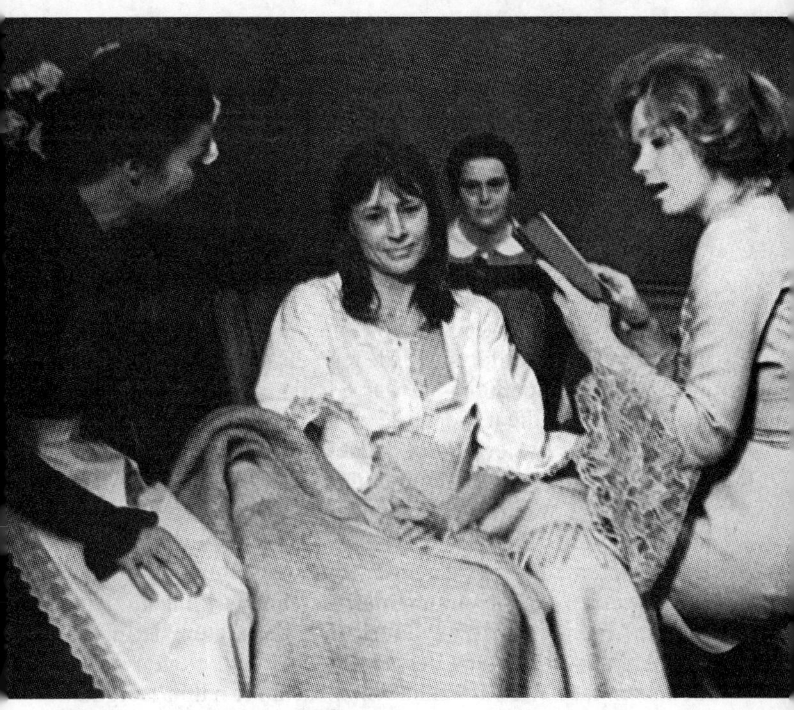

Eine Familie aus lauter Frauen

schreibt in seinem Tagebuch von den zweiundvierzig Drehtagen Harriet Andersson im Sterbebett, Probe zu ihrer großen Sterbeszene: »Ingmar kriecht zu Harriet ins Bett. ›Frierst du, alte Andersson?‹. Lachen. Ingmar filmt (alle Mitwirkenden) mit seiner Super-8. ›Jedesmal wieder der gleiche alte Film. Dieselben Schauspieler. Dieselben Szenen. Dieselben Probleme. Das einzige, was die Filme voneinander unterscheidet, ist, daß wir älter geworden sind …‹ Dann wieder Ernst. ›Du mußt die Angst dich überkommen lassen. Es gibt keinen Trost. Es gibt keine Hilfe. Die elementarste Todesfurcht weckt sie auf.‹«
Bergman fühlt sich wohl im Kreis seiner »Damen«. »Die Damen – ›Tanten‹, wie Livs und Ingmars Tochter Linn sie

nennt, wie diese aber nicht genannt werden wollen – sollen eine Szene spielen, in der man den Doktor rufen will. Diskussion darüber, ob es 1890 schon Telefon gab. Ja, das gab's. Nein, damals noch nicht. Doch, das gab's schon. Flapsige Bemerkungen hin und her. ›Du bist wohl oft bei Ingmar auf dem Zimmer‹, sagt Ingrid mit leichter Spitze zu Liv. ›Nur zum Telefonieren, wegen nichts anderem‹, erklärt Liv. ›Wißt ihr, was Ingmar macht? Er hört zu und schreibt mir die ganze Zeit Zettel, was ich sagen soll ...‹«
Inzwischen war Bergman wieder verheiratet. »Bergman hatte Ingrid Karlebo schon vor einer Generation getroffen, und jetzt, 1971, stellten sie beide fest, daß sie außerordentlich gut zueinander paßten. Sie war gerade einundvierzig Jahre alt, durch ihre Ehe mit dem Grafen Jan Carl von Rosen eine Gräfin. Sie hatte vier Kinder und lebte mit ihrem Ehemann in dem vornehmen Vorort Djursholm. Bergmans kurze Affäre mit Malin Ek war zu Ende, und Ingrid von Rosen erreichte die Scheidung. Die Presse bekam von dieser Beziehung erst Ende September Wind, als Ingrid von Rosen mit Äußerungen zitiert wurde, daß sie und Ingmar zwischen Weihnachten und Neujahr heiraten würden. Tatsächlich heirateten sie im November, und zu Anfang des nächsten Monats flogen sie gemeinsam nach Wien und nach Sizilien. Dort nahm Bergman den Pirandello-Preis für seine Leistungen als Bühnenregisseur entgegen. In Ingrid von Rosen entdeckte Bergman zu guter letzt eine Frau für alle Jahreszeiten. Sie konnte ihm bei seiner Filmarbeit helfen, sie war elegant und hatte gute Manieren und sie verfügte über die gelassene und äußerst wirksame Souveränität, die Bergmans rastlose Energie perfekt ergänzte. Das Paar bezog eine Wohnung am Karlaplan in Östermalm in Stockholm, in der Nähe von Strindbergs früherer Wohnung. Freunde bemerkten, daß Bergman umgänglicher und entspannter wirkte. Diese Ehe schenkte ihm wahrscheinlich mehr an Jahren des beständigen Glücks als irgend etwas sonst in seinem Leben.« (Peter Cowie)

Inhalt: Die siebenunddreißigjährige Agnes (Harriet Andersson) leidet an einer unheilbaren Krebserkrankung. Agnes

lebt schon seit Jahren allein in dem großen, stillen schwedischen Landsitz, wo sie geboren wurde und zusammen mit ihren Schwestern Karin (Ingrid Thulin) und Maria (Liv Ullmann) aufgewachsen ist. Die Dienstmagd Anna (Karin Sylvan) betreut sie und pflegt sie mit liebevoller Geduld. Wenn sie nicht von Schmerzen gepeinigt ist, muß sie in der letzten Zeit immer häufiger an ihre Mutter denken, obwohl diese schon seit vielen Jahren tot ist.
Auch ihre Schwestern, die auf die Nachricht von Agnes' bedrohlichem Zustand mit ihren Männern (Henning Moritzen, Georg Åhlin) anreisten, sind jetzt täglich um sie bemüht.

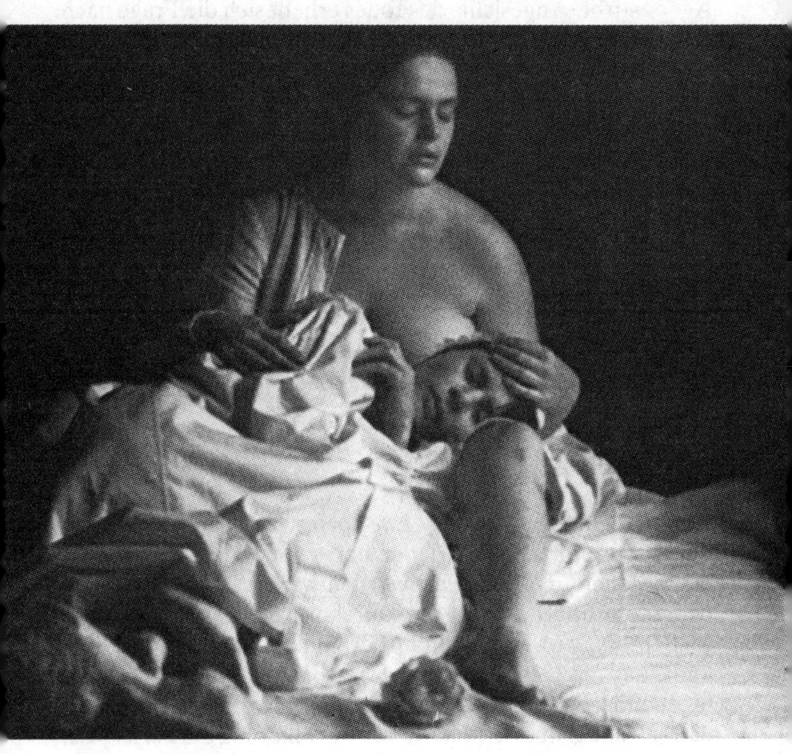

›Schreie und Flüstern‹

Anders als Anna fehlt ihnen jedoch die hilfreiche Kraft des tiefen Mitleids, mit der die Magd Anna die Sterbende umgibt.
Die jüngere Maria, in ihre eigene Schönheit verliebt, ist mehr darauf bedacht, zu nehmen statt zu geben. Noch im Sterbehaus versucht sie, eine Affäre mit einem Landarzt (Erland Josephson) wieder aufleben zu lassen, die ihren Mann einst zu einem Selbstmordversuch getrieben hat.
Karin, die ältere Schwester, in der Ehe mit einem pedantischen hochbetagten Aristokraten innerlich verhärtet und von quälender Lebensangst gefoltert, kommt von ihren eigenen Problemen nicht los.
Agnes stirbt. Angesichts des Todes erhebt sich die Frage nach dem Sinn der Existenz, die bei den vier Frauen von Einsamkeit, Haß und Versagen überschattet wird. Brücken, die am Totenbett von Person zu Person geschlagen oder erinnert werden, deuten die Möglichkeit einer Besinnung an.
Während sie den Nachlaß ordnen, versuchen Maria und Karin, einander näherzukommen, stoßen dabei aber nur zu bald auf Grenzen.
Anna hat eine Vision, in der die tote Agnes ihre Schwestern anfleht, sie nicht allein zu lassen. Aber alle außer Anna fliehen vor ihr. Als die andern abgereist sind, liest Anna das Tagebuch von Agnes, das glücklichste Erinnerungen an die Kindheit heraufbeschwört.

Scener ur ett äktenskap

Szenen einer Ehe, 1972/73

Was wäre über *Szenen einer Ehe* noch zu schreiben, was nicht schon tausendfach geschrieben und – vor allem – von Millionen gesehen und diskutiert worden wäre? *Szenen einer Ehe* bedeutete für Bergman *den* Durchbruch zu einem wirklich großen, nach Millionen und Abermillionen zählenden Publikum, das die Geschichte der Ehe von Johan und Marianne tage- und wochenlang am Fernsehschirm verfolgte. In Schweden soll allein über die Hälfte der Bevölkerung die Fernsehserie gesehen haben, als sie im Frühjahr 1973 vom Fernsehen

Noch das glückliche Paar: Liv Ullmann und Erland Josephson

ausgestrahlt wurde. Fernsehstationen in ganz Europa und Amerika sendeten sie mit ebenso großem Erfolg.
Das war etwas Neues für Bergman. Trotz allem internationalen Renommee, trotz aller großen Kinoerfolge war er bislang im Grunde doch ein Regisseur für wenige geblieben. Ein schwieriger, grüblerischer Regisseur, der »Kunst« machte. Daran hatten auch die zahlreichen internationalen Anerken-

nungen und die Kinoerfolge nichts geändert (ganz zu schweigen von den Theaterinszenierungen). Denn das neue Massenmedium, das wirklich Millionen erreichte, hieß Fernsehen. Bei *Szenen einer Ehe* aber strömten nicht nur Massen ins Kino, weil sie etwas sehen wollten, es saßen auch Millionen vorm Fernsehschirm, weil sie sich betroffen fühlten, weil sie »wie in einem Spiegel« ihre eigenen Probleme, Nöte und Auseinandersetzungen erlebten. (Das trug Bergman sogar den Vorwurf ein, eine *soap opera* gedreht zu haben.)

Szenen einer Ehe war von ihm von Anfang an als Fernsehproduktion konzipiert. Das brachte stilistische und dramatische Änderungen mit sich, erlaubte aber auch eine andere Produktionsweise. *Szenen einer Ehe* wurde auf 16 mm gefilmt, mit einem kleinen Stab und nur wenigen Schauspielern, von Bergmans Cinematograph selbst produziert, und kostete nur sechshunderttausend Mark. Es war vorab dem Schwedischen Fernsehen für dreihunderttausend Mark verkauft, der Rest mußte also durch den Vertrieb weiterer ausländischer Fernsehrechte hereinkommen.

Bergman schnitt die fünfstündige Fernsehfassung zu einem knapp dreistündigen Film zusammen (der mit hundertachtundsechzig Minuten immer noch weit über normales Kinomaß hinausgeht).

Anderthalb Jahre nach der Fernsehserie kam im Oktober 1974 die Kinofassung heraus und wurde zu Ingmar Bergmans größtem Kinoerfolg seit *Das Schweigen*.

In der Bundesrepublik wurde *Szenen einer Ehe* 1975 zunächst im Kino gezeigt. Am 20., 22. und 23. September 1976 erst strahlte das ZDF die ganze Fernsehserie aus, mit hohen Einschaltquoten, allerdings nicht unter so spektakulären Begleitumständen, wie sie aus dem sonst so kühlen Skandinavien berichtet werden: Dort nahm die Boulevardpresse die *Szenen einer Ehe* (die allerdings in Wochenabstand gesendet wurden) zum Anlaß zu »Leseraktionen«: Was wird Marianne nun tun? Was würden Sie den beiden jetzt raten? Wie wird es weitergehen? Was hätten sie in dieser Situation tun sollen? Was hätten Sie getan? Während der Sendetermine soll der Verkehr erlahmt sein, und Verkehrspolizisten sollen nach Zeitungsberichten ihre Pflicht, den (doch gar nicht mehr vorhandenen) Verkehr zu regeln, durch eigenmächtiges Fernbleiben vom Dienst vernachlässigt haben. Bergman wurde berichtet, daß viele »Beziehungen« nach dem Ansehen – infolge? – des Films zerbrachen. Seine Reaktion: »Na schön! Nur gut so.«

Inhalt: Marianne (fünfunddreißig), Scheidungsanwältin (Liv Ullmann), und Johan (zweiundvierzig), Dozent (Erland Josephson), leben in harmonischer Ehe; sie sind seit zehn Jahren verheiratet, haben zwei Kinder. Zu Beginn des ersten Teils erleben wir sie zu Hause auf dem Sofa sitzend, wo sie von einer Journalistin (Anita Wall) für eine Frauenzeitschrift interviewt werden, weil sie deren Leserinnen als glückliches Ehepaar vorgestellt werden sollen. Die Reporterin versucht mit allen möglichen Fangfragen, mehr von dem erfolgreichen

Ein Ausschnitt aus dem Redemarathon

Ehepaar zu erfahren, kommt aber nicht unter die Oberfläche. Die Zeitschrift erscheint und weiß nichts als Banalitäten zu berichten.
Später bekommen sie Besuch von einem befreundeten Ehepaar, Peter (Jan Malmsjö) und Katarina (Bibi Andersson). Sie machen sich über die Reportage lustig. Dann brechen Peters und Katarinas eheliche Konflikte in einem offenen Streit aus (der später in Scheidung endet). Nachdem sie gegangen sind, meinen Johan und Marianne, daß ihre Ehe ein außergewöhnlicher Glücksfall sei, bald aber wird ihnen bewußt, daß auch in ihrem Verhältnis nicht alles stimmt, und als Johan zu alldem noch andeutet, daß Marianne auch im Bett nicht gerade die Feurigste sei, ist die Krise da.
Eines Tages kommt Johan von einer Dienstreise zurück und fährt zu Marianne ins Sommerhaus, wo er ihr ohne Umschweife und in recht brutaler Weise mitteilt, daß er eine andere Frau getroffen habe, die dreiundzwanzigjährige Studentin Paula, und daß er mit ihr am nächsten Tag nach Paris fah-

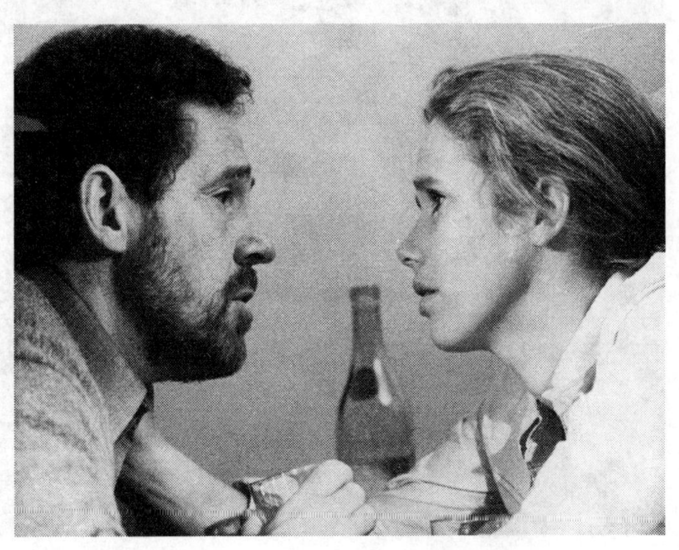

›Szenen einer Ehe‹

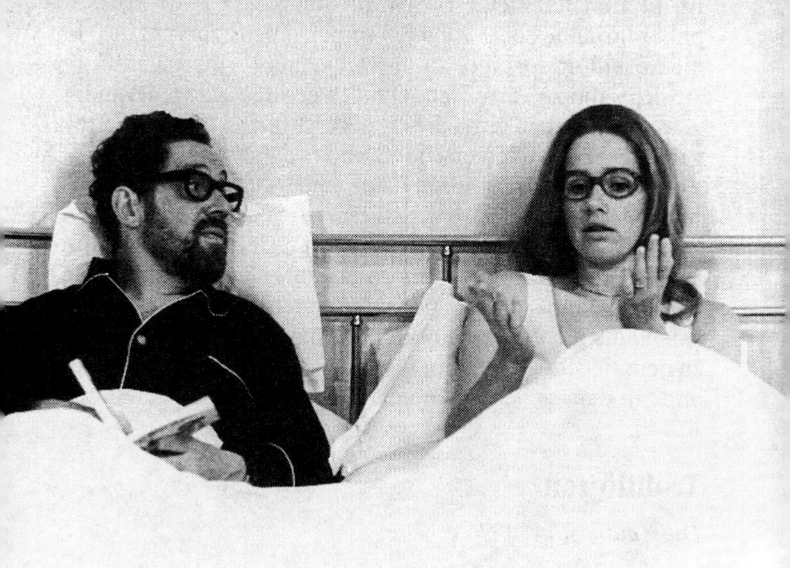

Selbst im Bett wird nur noch geredet

ren und sie – vielleicht für immer – verlassen wird. Diese neue Liebe und die Aussicht auf einen Lehrauftrag im Ausland haben Johan ganz umgewandelt. Marianne ist völlig durcheinander, weil diese Mitteilung für sie wie ein Blitz aus heiterem Himmel kommt. Marianne bemüht sich jedoch, die Fassung zu bewahren. Nach der letzten gemeinsamen Nacht versucht sie, Johan zu bewegen, bei ihr zu bleiben, und geht dabei bewußt bis an die Grenze der Selbsterniedrigung.
Johan geht. Marianne sucht telefonisch Trost bei einer Freundin und muß erfahren, daß sie die einzige war, die nichts von Johans Liebschaften wußte.
Nach einem Jahr kehrt Johan zurück. Sie nehmen ihre Beziehung wieder auf, denken aber an Scheidung. Das Wiedersehen ist schmerzhaft und unbeholfen, eine Mischung aus Versöhnung und Aggressivität. Marianne deutet an, daß sie einen Geliebten habe. Sie verabschieden sich wie Fremde.

Im fünften Teil steigern sich die Spannungen zur Katastrophe. Marianne sucht Johan in seinem Dienstzimmer auf, um die Scheidungspapiere zu unterzeichnen – aber auch in der Absicht, ihn zu verführen. Danach geraten sie wieder in Diskussionen, betrinken sich beide. Ihr Streit artet in eine Schlägerei aus. Sie sinken erschöpft und resigniert nieder.
Zehn Jahre danach treffen beide – inzwischen wieder verheiratet – sich wieder, ihre neuen Ehepartner sind verreist, und verleben eine neue Gemeinsamkeit in einer Fischerhütte. Beide sind in gelöster, euphorisch überhöhter Stimmung. Sie mögen einander immer noch, erkennen aber auch, daß ihre Ehen eine nicht befriedigende Lösung sind, ein Kompromiß, zu dem sie jedoch, reifer und mündiger geworden, bereit sind und mit dem sie leben können.

Trollflöjten

Die Zauberflöte, 1974

Nach dem Erfolg der Fernsehserie *Szenen einer Ehe* lag es nahe, daß Bergman sich erneut im Fernsehen versuchte. Ursprünglich hatte er zwar *Die lustige Witwe* – mit SF und Dino de Laurentiis als Co-Produzenten – fürs Kino verfilmen wollen. Nachdem dieses Projekt jedoch an Finanzierungsschwierigkeiten gescheitert war, griff er um so freudiger ein Angebot des Schwedischen Rundfunks auf, der 1975 sein fünfzigjähriges Bestehen feierte und das Jubiläumsjahr zu Neujahr mit einer Fernsehfassung der *Zauberflöte* beginnen wollte.
Nach eigenen Angaben hatte er bereits zwanzig Jahre darauf gewartet, mit der Verfilmung von Mozarts Oper einen Jugendtraum verwirklichen zu können. »Was wir hier erleben, ist die wunderbare Realität des Märchens und des Traums … Drei kleine Leute jagen und werden gejagt, durch Träume und Realitäten, die ebensogut Produkte ihrer eigenen Imagination sein könnten.«
In Bergmans sehr persönlicher Version der Mozartoper treten führende Künstler des Musiktheaters aus ganz Skandinavien auf. Das Projekt wurde mit außerordentlichem Aufwand

›Die Zauberflöte‹

in Szene gesetzt, der die Ressourcen des Schwedischen Fernsehens in bisher nie gekanntem Maße beanspruchte, insgesamt soll es nahezu vier Millionen Kronen gekostet haben.

Inhalt: Die Verfilmung folgt Mozarts bekannter Oper. Die Ouvertüre ist durch eingeschnittene Aufnahmen vom andächtig lauschenden Drottningholmer Theaterpublikum »illustriert«. Im Handlungsverlauf finden sich einige Umstellungen gegenüber der von Emanuel Schikaneder stammenden Vorlage, die die im Original etwas verworrene Handlung übersichtlicher gestalten.
Nicht nur die Reaktionen der Zuschauer werden einbezogen, auch aus dem Blickwinkel der Akteure, die ihre Persönlichkeit in das Spiel einbringen und die die Kamera auch bei Blikken hinter die Kulissen zeigt, erfahren wir etwas über die Aufführung der Oper: Der in seiner Garderobe noch ein bißchen

›Die Zauberflöte‹

schlafende Sänger stürzt, plötzlich geweckt, durch Gänge und über Treppen, erwischt zur rechten Zeit noch sein Pfeifchen, auf dem er die Signaltöne bläst, zupft sich noch ein bißchen zurecht und erreicht zum Gesangseinsatz die Bühne.
Immer wieder zeigt die Kamera außer dem Bühnengeschehen, was die Akteure in den Auftrittspausen tun, wie sie sich vorbereiten oder wie sie sich die Zeit vertreiben: Einige spielen Schach, andere lesen Comics, wieder andere schlafen. Sarastro studiert die nächste Partie und wirft noch einen Blick auf den *Parzifal*-Klavierauszug.
Einige Male gleitet die Bühnenaktion in Nebenräume: in die Studierstube eines alten Bücherwurms bei Taminos Rezitativ mit dem »Sprecher« der Sarastro-Sphäre im Finale des ersten Aktes, bei dem »Ballett« zu den Feuer- und Wasserproben. Die finale Liebesszene zwischen Papagena und Papageno beginnt mit einem nordischen Schneegeriesel.

Ansikte mot ansikte

Von Angesicht zu Angesicht, 1975

Die Besetzung der Hauptrollen mit denselben Schauspielern wie in dem Welterfolg *Szenen einer Ehe* signalisiert bei *Von Angesicht zu Angesicht* mehr Übereinstimmung als beide Filme haben. Natürlich lockte es Bergman, mit seinem »Traumpaar« Liv Ullmann/Erland Josephson weiterzuarbeiten. Aber obwohl seine Filme stets um dieselben Fragen kreisen, dreht Bergman nie einen Film zweimal, und schon gar nicht – des Erfolges wegen – einen »zweiten Teil«.
In seinen Fernsehfilmen hatte er dem Publikum Rechnung getragen, nicht um sich anzupassen, sondern eher aus einem Schuldgefühl wegen seiner elitären Kunstauffassung. Auch *Von Angesicht zu Angesicht* ist ein Fernsehfilm, aber anders als die vorhergehenden kein scheinbar einfacher, in realistischem Alltagsmilieu spielender. In *Von Angesicht zu Angesicht* kehrt er wieder in die Welt der »Bergmania« zurück. »Ob dies ein Fortschritt ist«, fragte die FAZ, »darf bezweifelt werden.«

Auch *Von Angesicht zu Angesicht* war ursprünglich eine Fernsehserie, mit den vier Teilen »Aufbruch«, »Die Grenze«, »Land der Dämmerung« und »Rückkehr«. Zum Unterschied zu der vorhergehenden Produktion war der Film jedoch von vornherein auch als Kinofilm geplant und kam daher auch praktisch gleichzeitig mit der Fernsehausstrahlung in einer Kinofassung heraus.
Die Produktion wurde möglich, weil Dino de Laurentiis, mit dem Bergman seit dem Projekt für *Die lustige Witwe* in Verbindung stand, die Finanzierung übernahm. Die Dreharbeiten – in den Studios des Schwedischen Filminstituts mit Außenaufnahmen in einem Stockholmer Sanatorium – begannen Ende April 1975 und dauerten bis Juli, mit Nachaufnah-

Eine Neuauflage: ›Von Angesicht zu Angesicht‹

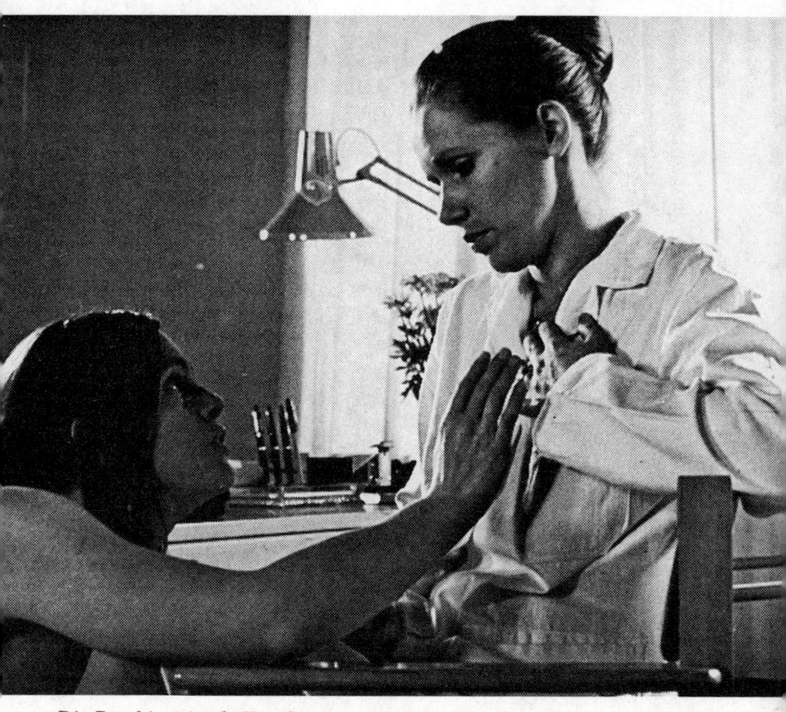

Die Psychiaterin als Kranke

men im September. Sie waren auch so etwas wie ein Bergmansches »Familientreffen«. Liv Ullmann brachte die gemeinsame Tochter Linn mit, seine vierte Ehefrau Käbi Laretei ist im Soundtrack am Piano zu hören und in einer Konzertszene auch zu sehen; ihr inzwischen dreizehnjähriger Sohn Daniel Bergman hatte seinen ersten Filmjob: Er schlug die Klappe.

Inhalt: Dr. Jenny Isakson (Liv Ullmann), Oberärztin (Psychiaterin) an einem Stockholmer Krankenhaus, eine attraktive Karrierefrau in den besten Jahren, lebt ein scheinbar ideales und harmonisches Leben in einem Milieu, wie es intakter und gesicherter kaum gedacht werden kann: verheiratet, der Mann in vergleichbarer Position, zur Zeit auf einem

Liv Ullmann in ihrer schlimmsten Verzweiflung

Kongreß in Chicago, eine vierzehnjährigeTochter, zur Zeit in Ferien auf einem Reiterhof, und ein neues Haus, in das die Familie demnächst einziehen wird.
Weil das Haus noch nicht fertig und die anderen Familienmitglieder ohnehin nicht zu Hause sind, zieht Jenny zu den Großeltern, bei denen sie aufgewachsen ist. Der Großvater (Gunnar Björnstrand) ist schon sehr alt und leidet unter seinem Zustand, in dem er dringend der Hilfe durch die Großmutter (Aino Taube-Henrikson) bedarf. Sie bezieht ihr altes Zimmer, das die Oma liebevoll vorbereitet hat und in dem sie alles so wiederfindet wie in ihrer Kindheit.
Etwas Fremdes deutet sich an. Alsbald begegnet ihr eine geheimnisvolle alte, einäugige Frau (Tore Segelke), die sie ängstigt. Im Krankenhaus hat sie Schwierigkeiten mit einer

ihrer Patientinnen, Maria (Kari Sylwan). Jennys Beziehung zu ihr ist gespannt, weil Maria ihre Bemühungen nicht anerkennt. Auf einer Party ihres Kollegen Wankel (Ulf Johannsson) lernt Jenny nicht nur Wankels Frau und deren homosexuellen Freund, den Filmstar Mikael Strömberg (Gösta Ekman), kennen, sondern auch Dr. Tomas Jacobi, den Halbbruder ihrer Patientin Maria, einen überaus sensiblen, klugen Mann, Junggeselle und, wie sich später erst herausstellt, ebenfalls homosexuell; was ihn nicht hindert, für Jennys Reize durchaus empfänglich zu sein.
Während Jennys Aufenthalt im Hause der Großeltern tauchen immer häufiger Anzeichen einer psychischen Störung bei ihr auf. Sie hat Visionen und Angstträume. Die böse alte Frau erscheint ihr wieder. Die Welt der Kindheit wird ihr fremd und immer bedrohlicher. Eine bislang verborgene Realität beginnt in ihr zu wachsen, Furcht und Leere breiten sich unter der äußerlich ruhigen Oberfläche aus.
Jenny flüchtet zu Jacobi, besucht mit ihm ein Konzert und übernachtet bei ihm. Im Hause der Großeltern unternimmt sie einen Selbstmordversuch. In ihren Visionen sieht sie sich als Kind, das keine Beziehung zu seinen Eltern finden kann, sieht sich konfrontiert mit Patienten, die sie bedrängen, und sie sieht sich selbst in einem Sarg. Dr. Jacobi behandelt sie, und auch ihr Mann erscheint kurz an ihrem Krankenbett.
Als Jenny ihre Krise überwunden hat, lernt sie langsam, mit ihrer traumatischen Vergangenheit zu leben. Die Möglichkeit einer besseren Zukunft deutet sich an. Sie erlebt bei einem erneuten Besuch bei den Großeltern den sterbenden Großvater, fürsorglich und liebevoll gepflegt von seiner Frau. Das gibt ihr Kraft für einen neuen Anfang; sie wird die Angst, die ihre Krise heraufbeschworen hat, überwinden.

Das Schlangenei/The Serpent's Egg

Das Schlangenei, 1976/77

»Stockholm (dpa) 4.2.1976. Der schwedische Regisseur Ingmar Bergman, der der Steuerhinterziehung verdächtigt wird, wurde mit einem Nervenzusammenbruch in ein Stockholmer Krankenhaus eingeliefert. Die Staatsanwaltschaft hatte am Abend zuvor gegen ihn formell Anklage erhoben, insgesamt 523.000 Kronen (rund 300.000 DM) der Steuer vorenthalten zu haben. Sein Anwalt Bauer wurde wegen Beihilfe angeklagt. Wenn Ingmar Bergman verurteilt wird, muß er mit einer Freiheitsstrafe von bis zu zwei Jahren rechnen. Der 57 Jahre alte weltbekannte Regisseur war, wie berichtet, am vergangenen Freitag unter aufsehenerregenden Umständen während einer Probe zu August Strindbergs *Totentanz* im Stockholmer Dramatischen Theater festgenommen worden.«

Das Schlangenei ist unvorstellbar ohne die Vorgeschichte, mit der Bergman in die Schlangengrube der Steuer geriet. Sie erschütterte das gesamte politische System seines Landes.

Nichts hatte Bergman mehr gefürchtet als Erniedrigung. Gefühle der Schuld und der Angst bestimmten sein bisheriges Werk, mit ihnen versuchte er fertig zu werden. Es war nicht die Angst vor Diktatur, Terror und Folter. Es war die Angst vor der »Autorität« – dem strafenden (Gott-)Vater, der anonymen kafkaesken Bürokratie. Sie setzen unverständliche (bürgerliche) Normen, deren Verletzung »Schuld« begründet, die die Persönlichkeit vernichtet. Sie richten und strafen. Sie entziehen Liebe, sperren in den »Kleiderschrank«. Mit ihnen zu argumentieren ist nicht möglich, sie nehmen keinen Kontakt auf, lassen den einzelnen einsam. Sie bleiben abstrakt, unbegreifbar und unnahbar. Sie »schweigen«.

Für den nunmehr erwachsenen Bergman, der sein Leben lang Jugendtraumata verarbeitete, war es ein Schock, als am Freitag, dem 30. Januar 1976, nicht mehr der Vater, sondern »das System« nach ihm griff. Zwei Polizeibeamte nahmen ihn während der Probenarbeit fest und verfrachteten ihn ins Büro der Steuerfahndung, wo er mehrere Stunden festgehalten wurde. Man nahm ihm den Paß ab, andere Schauspielerkollegen wurden ebenfalls verhört, Bibi Andersson sogar volle vierundzwanzig Stunden verhaftet.

Der Anlaß dieses obrigkeitlichen Eingreifens – die steuerliche Abwicklung von Bergmans Schweizer »Persona Film

David Carradine im ›Schlangenei‹

AG«, die von 1967 bis 1974 bestand – ist im buchstäblichen Sinne nicht der Rede wert. Denn schon am 24. März zog der zuständige Staatsanwalt formell alle Anklagen zurück. Formell war Bergman vollkommen rehabilitiert. Das war vorhersehbar, und doch benannte Bergmans »hysterische« Flucht in den Nervenzusammenbruch die richtigen Symptome der ge-

sellschaftlichen Erkrankung, die das schwedische System befallen hatte.
Vierundvierzig Jahre sozialdemokratischer Wohlfahrtsdiktatur hatten das Land seelisch deformiert. Drakonische Steuergesetze bestraften jede Initiative, lähmten jeden Ansatz zu Erneuerung. Es war das Jahr, in dem Astrid Lindgren einen Skandal durch ihre öffentliche Mitteilung verursachte, sie habe hundertzwei Prozent ihrer Einnahmen als Steuern abführen müssen – was der Finanzminister zerknirscht bestätigte: Dies sei zwar nicht beabsichtigt, aber beim Zusammentreffen unglücklicher Umstände tatsächlich möglich. Bergman selbst hat – und das gibt zu denken – niemals gegen dieses System protestiert, vielmehr ausdrückliche Bekenntnisse zu dieser Steuergesetzgebung und zur Sozialdemokratie veröffentlicht. Was ihn weder vor dem obrigkeitlichen »Zugriff« noch der damit verbundenen Erniedrigung schützte.
Denn die eigentliche seelische Deformierung des Landes lag nicht in den Steuergesetzen. Sie lag tiefer: in einem System, das »vernünftiges«, »soziales« Handeln und Denken von jedem seiner Bürger verlangte – Prämissen, gegen die es keine Einwände und keinen Widerstand gab und auch nicht geben konnte: Das Bekenntnis zu »Unvernünftigem«, »Unsozialem« ist a priori verboten. Das Individuum war ohne Alternative. Das System verlangte mehr als die Respektierung der mit staatlichem Zwang belegten Normen, es ging um ihre Verinnerlichung, die Einheitlichkeit im Denken. Ein Reicher, der zwar abgibt, aber nicht abgeben *will*, ist asozial. Das System ruht nicht eher, bis er seine »Schuld« fühlt. Es reicht nicht, die Normen zu befolgen, man muß es auch *wollen*. Schon die Vorstellung ist untersagt, weniger zu zahlen, größer zu wohnen, schneller zu fahren, lärmender zu sein als andere. Bergman widerfuhr damit nichts anderes, als was ihm schon als Kind widerfahren war: Seinem Vater reichte es (nach Bergmans Worten) nicht, über die Macht der Bestimmung über das Kind und der Bestrafung des Kindes zu verfügen; es kam darauf an, das Unrecht zu verinnerlichen: Das Kind sollte es *einsehen*, seine Schuld empfinden. Klarsichtig hat der Sohn dies später als Situation der *Erniedrigung* beschrie-

ben. Als Künstler, der er sein wollte, war er aber nun einmal *anders.* Das mangelhafte politische Gespür, das viele seiner Filme auszeichnet, zeigt sich auch bei der Beurteilung seiner eigenen Situation: Während er sich der Erniedrigungssituationen der Kindheit bewußt wird und sie Film um Film verarbeitet, veröffentlichte er zugleich seine Bekenntnisse zum Steuersystem und zur Sozialdemokratie, bricht aber angesichts des Konkurses dieser seiner gesellschaftlichen Lüge zusammen. Zugleich beklagt er sich lautstark über die Pressepolemik gegen ihn, z. B. in der Stockholmer Zeitung *Aftonposten,* die ja nun wirklich nicht besonders hellsichtig sein mußte, um zu erkennen, daß sie mit Bergman jemanden angriff, der noch ein klein wenig *anders* war als die andern.

Es geht um Menschenversuche (Heinz Bennent, David Carradine)

Bergman stellt weiterhin die Frage der »Schuld« und der »Erniedrigung«. Für seine eigene Situation erkennt er nichts. Für sich selbst wählt er vielmehr einen banalen Anlaß zum großartigen »Exil«: Während alle Welt glaubt, die »Affäre Bergman« sei aus der Welt, erscheint am 22. April 1976 im Stockholmer *Expressen* unter der Überschrift »Jetzt verlasse ich Schweden« seine Abrechnung mit den Peinigern. Da hatte Bergman mit seiner Frau Ingrid das Land bereits verlassen und war nach Paris geflogen, von wo er nach wenigen Tagen in die USA zu Verhandlungen über *Das Schlangenei* mit Dino de Laurentiis weiterreiste. Dieser Film, so ließ er verlauten, werde im Ausland entstehen. Seine schwedische Gesellschaft Cinematograph werde aufgelöst (was dann doch nicht geschah), der Bau neuer Ateliers auf Fårö eingestellt, sein Vermögen in Schweden werde er dem Riksskatteverket (Reichsschatzamt) zur Verfügung stellen, um daraus eventuelle Schulden abzudecken und in den Augen »redlicher schwedischer Steuerzahler« nicht als Steuerhinterzieher dazustehen.
Der Schock in Schweden war groß. Harry Schein, Schwedens Filmreformer und Chef des Schwedischen Filminstituts – nebenbei Ehemann von Bergman-Star Ingrid Thulin –, beklagte den Fortgang Bergmans, der für den schwedischen Film und das Theater so stimulierend gewesen sei. Opernchef Bertil Bokstedt nannte seine Emigration eine »Katastrophe«; an der Königlichen Oper in Stockholm hatte Bergman eine Strawinsky-Oper und Verdis *Otello* einstudieren wollen. Der Dramaten-Chef Jan Olof Strandberg, langjähriger Mitarbeiter in Bergmans Theaterinszenierungen, wollte alles daran setzen, um Bergman wenigstens zu Gastspielen in Stockholm zu halten, denn Bergman habe ja immer gesagt, daß ihm das Theater über alles gehe und er eher das Filmen aufgeben würde, als das Theater zu verlassen.
Selbst Ministerpräsident Olof Palme schaltete sich ein und gab seiner Hoffnung Ausdruck, daß Bergman bald zurückkehren werde. Die Sozialdemokraten hatten allen Anlaß, über die Auswirkungen der Affäre besorgt zu sein. Im September standen Wahlen an. Der »Fall Bergman« – nach dem »Fall Lindgren« – artikulierte nur die Spitze des Unmuts, der

Liv Ullmann und David Carradine

sich in vierundvierzig Jahren angestaut hatte. Die bürgerliche Opposition gewann die Wahl – sie hatte allerdings zuvor ihren Kotau gemacht und versichert, sie werde das in den vierundvierzig Jahren entstandene »System« nicht antasten. »Wenn ich nicht schaffe, bin ich nicht«, hatte es in Bergmans Abschiedsbrief geheißen, die erniedrigende Steueraffäre und das »Spießrutenlaufen durch die Zeitungen« hätten ihm die zur Arbeit nötige Sicherheit genommen und ihn an den Rand einer Identitätskrise geführt. Wie aber sollte es weitergehen? Bergman hatte noch nie einen Film außerhalb Schwedens gemacht (bei der Schweizer Persona kam nie eine Produktion in Gang). Mit siebenundfünfzig Jahren die inspirierende heimische Umgebung zu verlassen und sich künstlerisch in einer fremden Sprache ausdrücken zu müssen, das bedeutete eine ungeheure, verzweifelte Kraftanstrengung, die das Risiko des Scheiterns in sich barg.

Ausgerechnet in München, im Lande von Franz Josef Strauß, ließ er sich dauernd nieder, gründete eine neue Münchner »Personafilm« und wurde Regisseur am Residenztheater.
Das Schlangenei trägt deutliche Spuren dieser Vorgeschichte: ein sehr disparater, pessimistischer, zersplitterter Film, mit ungeheurem Aufwand (9,2 Millionen DM) – und in Englisch – gedreht, mit einer internationalen Besetzung, von der nur Liv Ullmann mit Bergman verbunden war. Außer seinem Kameramann Sven Nykvist hatte Bergman kaum etwas von seinen skandinavischen »Wurzeln« einbringen können, weder in der Form noch im Thema. Bergman will die geschilderten Berliner Ereignisse einer konkret benannten Woche, der zwischen dem 3. und dem 11. November 1923, als »Schlangenei« verstanden wissen, in dem sich schon die 1933 ausbrechende NS-Bedrohung erkennen läßt. Denn bei einem Schlangenei »erblickt man durch die dünne Membran das bereits fertig ausgebildete Reptil«. Aber Bergman findet weder eine Beziehung zu der Großstadt Berlin noch zu den dargestellten historischen Ereignissen. Beide faszinieren ihn, bleiben ihm aber letztlich fremd. Das, worüber Bergman wirklich etwas sagen kann, das Gefühl der Angst und der Bedrohung, kontrastiert mit der konkret zeitbezogenen Geschichte. So wurde *Das Schlangenei,* als es im Herbst 1977 herauskam, mit gemischten Gefühlen aufgenommen. Sollte das »der neue Bergman« sein?

Inhalt: Berlin, Sonnabend, den 3. November 1923. – Eine Schachtel Zigaretten kostet an diesem Tag vier Milliarden Mark. Jeder hat Angst, Angst bis an die Grenzen des Wahnsinns. Alle, die kleinen Beamten und ihre Frauen, all die Soldaten, die durch die Kasernen laufen und wünschen, wieder im Krieg zu sein, all die armen Bauern, die für ihre Erzeugnisse nichts mehr bekommen, all die Lehrer, die nicht mehr an das glauben können, was in ihren Schulbüchern steht. Sie alle haben Angst, und bald wird ihre Angst in eine schreckliche Wut umschlagen.
Der Amerikaner Abel Rosenberg (David Carradine) kehrt am Abend dieses Tages in die kleine Pension zurück, in der er

sich mit seinem Bruder Max (Hans Eichler) ein Zimmer teilt. Er findet Max tot vor; mit einer Armeepistole in den Mund geschossen. Wie Abel war Max Zirkusartist. Zusammen mit Manuela (Liv Ullmann), der Frau von Max, bildeten sie eine Trapeznummer. Seit Max sich vor zwei Monaten das Armgelenk verletzt hat, konnten sie nicht mehr auftreten. Der Zirkus ist längst weitergezogen. Manuela hat sich von Max getrennt und wohnt jetzt in einer anderen Pension.
Sonntag, den 4. November. – Auf dem zuständigen Polizeire-

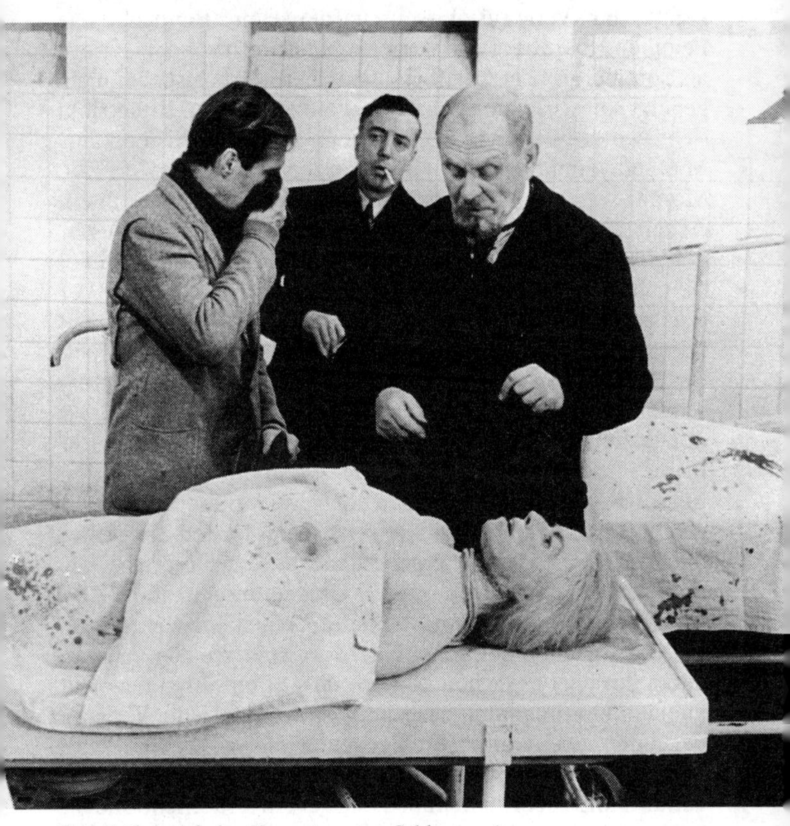

Gert Fröbe spielt den Kommissar im ›Schlangenei‹

vier nimmt Inspektor Bauer (Gert Fröbe) das Protokoll über den Selbstmord von Max Rosenberg auf. Er nimmt reserviert zur Kenntnis, daß Abel Jude ist, und gibt ihm zu verstehen, daß man es bei der herrschenden Arbeitslosigkeit nicht gerne sieht, wenn Ausländer den Einheimischen die wenigen freien Stellen wegnehmen.
Am Nachmittag geht Abel in das Kabarett, wo Manuela jetzt als Sängerin und Tänzerin arbeitet, und teilt ihr mit, daß Max sich umgebracht hat. Er wird im Kabarett von einem Mann angesprochen, den er aus seiner früheren Jugendzeit flüchtig kennt: Hans Vergérus, Wissenschaftler (Heinz Bennent). Die Familien Rosenberg und Vergérus hatten sich vor dem Kriege als Sommergäste in Amalfi kennengelernt. Abel ist aber nicht geneigt, diese Bekanntschaft jetzt aufzuwärmen. Er betrinkt sich, wie er es fast täglich tut, wenn er es sich leisten kann. Manuela nimmt ihn mit in ihre Pension.
Montag, dem 5. November. – Manuela geht schon früh zur Arbeit, in ein Büro, wie sie sagt. Abel wird später herausfinden, daß sie in Wirklichkeit in einem Bordell arbeitet. Bevor sie geht, spricht sie Abel Mut zu und meint, gemeinsam würden sie es schon schaffen.
Als Abel in seine eigene Pension zurückkehrt, wartet Inspektor Bauer schon auf ihn. Abel muß mitkommen ins Leichenschauhaus, um die Leiche einer Frau zu identifizieren, die in der letzten Nacht aus dem Kanal gezogen wurde. Abel erkennt in der Toten eine ehemalige Freundin seines Bruders Max. Inspektor Bauer läßt ihm noch drei weitere Leichen zeigen und eröffnet ihm, es hätten sich in der letzten Zeit sieben unerklärliche Todesfälle ergeben, und bei den Opfern habe es sich sämtlich um Leute aus Abels Umgebung gehandelt. Abel fühlt sich verdächtigt und bekommt einen Tobsuchtsanfall. Inspektor Bauer läßt ihn in eine Zelle sperren. Aber als Manuela ihn dort besuchen kommt, darf er mit ihr gehen. Manuela nimmt ihn mit in das Kabarett, wo sie wieder Vergérus begegnen, und dann in ihre Pension.
Dienstag, 6. November. – Als Manuela morgens die Pension verläßt, folgt Abel ihr heimlich. Sie geht in ihre Kirche und bittet einen Pfarrer, ihr in ihrer inneren Unruhe beizustehen …

Hans Vergérus hat für Abel und Manuela eine kleine Wohnung besorgt. Die Wohnung gehört der St.-Anna-Klinik, in der Vergérus arbeitet. Für Abel findet sich eine Beschäftigung im Archiv der Klinik, Manuela kann in der Wäscherei arbeiten.
Am Abend dieses Tages wird das Kabarett, in dem Manuela auftritt und dessen Besitzer ein Herr Salomon (Walter Schmidinger) ist, von einer Schlägertruppe völlig zertrümmert. Salomon wird halbtot geschlagen.
Manuela und Abel verbringen die erste Nacht in ihrer neuen Wohnung. Manuela ist hoffnungslos. Abel betrinkt sich.
Mittwoch, den 7. November. – Abel nimmt seine Arbeit im Archiv der St.-Anna-Klinik auf. Die Arbeit besteht aus offensichtlich unsinnigem Umschichten von Aktenstößen. Der Wissenschaftler Soltermann (Fritz Strassner), der ihn einweist, macht ihn auf den absolut vertraulichen Charakter dieser Arbeit aufmerksam und behauptet, das Archiv berge die unerhörten Enthüllungen der verborgensten Geheimnisse des menschlichen Wesens.
Später verrät Soltermanns Kollege Silbermann (Hans Quest) dem neuen Archivgehilfen, es handele sich um Aufzeichnungen über extreme Experimente mit Menschen, die Professor Vergérus anstellt.
Am Abend dieses Tages treibt Abel sich unter den verrückten Menschen dieser Stadt herum. Als er heimkehrt, findet er Manuela leblos vor. Er entdeckt, daß hinter einem Wandspiegel eine Kamera läuft, die seine Reaktionen festhält.
Am nächsten Tag entdeckt er mit Grauen das Geheimnis von Vergérus, der die Opfer seiner sonderbaren Experimente in den Wahnsinn und in den Tod getrieben hat. Alle hatten sich freiwillig als Versuchspersonen zur Verfügung gestellt: »Für ein bißchen Geld und ein handfestes Essen tun die Leute alles.« Inzwischen ist ihm die Polizei aber auf die Spur gekommen. Als Inspektor Bauer mit seinen Leuten eintrifft, beißt Vergérus in eine Zyankalikapsel. Bevor er stirbt, sagt er zu Abel: »Jeder kann sehen, was die Zukunft bringt. Es ist wie ein Schlangenei. Durch die dünnen Häute kann man das fast völlig entwickelte Reptil deutlich erkennen.«

Sonntag, den 11. November. – Abel erwacht in der Krankenabteilung des Zentralgefängnisses. Inspektor Bauer hat ihn dort hinbringen lassen, nachdem man ihn bei dem toten Vergérus gefunden hatte. Die Ärzte hatten ihn in einen Heilschlaf versetzt. Von Bauer erfährt Abel, daß Manuela nicht tot ist, sondern in eine Nervenheilanstalt gebracht wurde, wo sie vielleicht für immer bleiben muß. Für Abel selbst liegt eine Einladung seines alten Zirkus vor, nach Basel zu kommen und wieder mitzumachen. Der deutsche Staat wird ihm die Eisenbahnfahrt bezahlen; Abel wird abgeschoben.
Beim Abschied erzählt Inspektor Bauer, daß es in München zu einer Revolution der Rechten gekommen ist, aber ohne weitere Folgen: »Das Ganze war ein völliger Zusammenbruch. Herr Hitler und seine Bande hatten die Kraft der deutschen Demokratie unterschätzt.«

Herbstsonate/Höstsonaten/Autumn Sonata

Herbstsonate, 1977/78

Anderthalb Jahre nach seiner Emigration in die Bundesrepublik bereitete Schwedens berühmtester Filmregisseur seine Rückkehr in die Heimat vor. In aller Stille begann er im Spätsommer 1977 in den Studios des Schwedischen Filminstituts mit den Probenarbeiten zu *Herbstsonate*. Der schwedische Kultusminister Jan-Erik Wikström bat Bergman zurückzukehren; der alte Groll solle vergessen sein. Doch Bergman zog es vor, den ersten Schritt in aller Heimlichkeit zu tun und zunächst nur im Betonbunker des Stockholmer Filminstituts hinter wohlverschlossenen Türen zu arbeiten. Zur ersten Pressekonferenz fuhr er ins benachbarte Norwegen, wo in den Studios der Norsk Film in Jar bei Oslo am 20. September 1977 die Dreharbeiten begannen. Bis 1980, so sagte er in Oslo, sei er noch in München am Theater ausgebucht, und auch den nächsten Film werde er dort drehen.
Doch schon im Jahr darauf war Bergman ganz öffentlich »wieder da«, als Gast, mit einer Inszenierung von Strindbergs *Totentanz* am Stockholmer Dramatischen Theater, wo

Die erwachsene Tochter lernt noch immer von der weltberühmten Mutter

er sie schon einmal begonnen hatte, bis die Steueraffäre die Arbeiten so abrupt unterbrach, und einen Monat darauf, anläßlich seines sechzigsten Geburtstages, hielt er auf Fårö – sein Haus dort hatte er behalten – ganz groß hof. Durch die Presse ging ein Gruppenbild der Bergman-Sippe: Bergman mit seinen acht Kindern (die sich zum Teil überhaupt das erstemal sahen), dazu die vier Von-Rosen-Kinder seiner Frau Ingrid.

Finanzielle Sorgen um *Herbstsonate* brauchte sich Bergman nicht zu machen; der Film war bereits weltweit verkauft, ehe auch nur ein einziger Meter abgedreht worden war. Mit von der Partie war – natürlich – wieder Liv Ullmann, der ständige Star seiner letzten Filme, aber auch Ingrid Bergman, die nie zur Bergman-Truppe gehört hatte und hier zum erstenmal seit elf Jahren wieder in Schweden filmte – wozu sie selbst die Initiative ergriffen hatte. Denn Bergman hatte ihr vor Jahren

Ein weiteres Pastorenehepaar: Liv Ullmann und Halvar Björk

nach einem fehlgeschlagenen gemeinschaftlichen Filmprojekt versprochen, mit ihr einmal einen anderen Film zu machen; das habe er sich »mit feurigen Buchstaben in die Seele geschrieben«. Und als sich die beiden 1973 beim Festival in Cannes trafen, wo die Bergman Jurypräsidentin war und Bergman außer Konkurrenz *Schreie und Flüstern* zeigte, steckte die Bergman dem Bergman zur Erinnerung eine Kopie dieses Briefes in die Tasche. Zwei Jahre später meldete sich Bergman tatsächlich bei ihr.

In *Herbstsonate* zeigt sich Bergman wieder als Frauenregisseur in einem Film um eine Mutter-Tochter-Beziehung voller Spannungen, Hemmungen und verborgener Aggressionen, die sich zum Konflikt steigern – einem Konflikt, der es den beiden Frauen ermöglicht, ihre vergifteten Rollen abzustreifen und einander neu zu begegnen, als Erwachsene. »Was mich fasziniert«, sagte Bergman, »ist, wie sie einander begegnen. Ich habe viele Töchter getroffen, und ihr Verhältnis zu ihren Müttern ähnelt nicht im geringsten dem der Söhne zu ihren Vätern.«

Die Geschichte der erfolgreichen Karrierefrau, die Ingrid Bergman spielen soll, ähnelt in vielen Zügen dem eigenen Schicksal der Hauptdarstellerin, die ihre Tochter Pia früh verließ und deswegen mit Schuldgefühlen lebte. Die Bergman hat daher auch mehrfach versucht, in die Regiekonzeption einzugreifen. Doch Bergman wehrte diese Versuche ab: Es sei *sein* Film, nicht *ihre* Geschichte.

Die Tochter klagt die Mutter an

Inhalt: In einem stillen Pfarrhaus im nordnorwegischen Bindal führt Eva (Liv Ullmann) ein zurückgezogenes Leben an der Seite des zwanzig Jahre älteren Pastors Viktor (Halvar Björk). Ihr gütiger, aber doch eher blasser Mann versucht ihr die Geborgenheit zu geben, nach der sie sich schon seit ihrer Kindheit vergeblich sehnte. Aber Eva liebt ihren Mann nicht, sie kann, sagt sie, überhaupt nicht lieben. Nur das gemeinsame Kind, das im Alter von vier Jahren ertrank, hat sie wirklich geliebt. Das Kinderzimmer steht heute noch unverändert.
Eva lädt ihre Mutter Charlotte, eine weltberühmte Konzertpianistin (Ingrid Bergman), zu sich ein, nachdem diese ihren Lebensgefährten Leonardo verloren hat und sich seitdem unsicher und einsam fühlt. Beide haben einander seit sieben Jahren nicht mehr gesehen.
Die Mutter folgt der Einladung, von der Tochter zunächst überschwenglich begrüßt. Bald aber zeigen sich schon die ersten Spannungen. Die Mutter reagiert betroffen, als sie erfährt, daß auch ihre zweite Tochter Helena (Lena Nyman) im Hause ist. Helena leidet schwer an Epilepsie; sie hatte früher einmal eine unglückliche Beziehung zu Leonardo. Nur mit Widerwillen setzt sich Charlotte der Begegnung mit der lallenden Helena aus, meistert sie aber schauspielerisch glänzend.
Innerhalb kürzester Zeit wird offenbar, daß Evas Bemühungen um die Zuneigung der Mutter an der Verschiedenartigkeit der beiden Frauen scheitern müssen. Ihr Gefühlsleben ist zu gegensätzlich, als daß sie sich einander annähern könnten. Unter der verkrampften Höflichkeit treten Abneigung und schließlich auch offener Haß zutage.
Eines Nachts kommt es zu einer langen Aussprache zwischen den beiden, die zu einer schonungslosen Abrechnung wird. Eva wirft der Mutter, die ihre Kinder einerseits um ihrer Karriere willen vernachlässigte, andererseits mit ihrer übermächtigen Persönlichkeit erdrückte, Egoismus und Liebesunfähigkeit vor. Eva sieht darin den Grund für ihre eigene seelische Verkrüppelung. Während Eva sich von den traumatischen Empfindungen freizureden scheint, fühlt sich die Mutter als

Ingrid Bergman in einer ihrer letzten Rollen: ›Herbstsonate‹

unverstandenes Opfer ihrer Vorgeschichte und ihrer Karriere. Sie reist vorzeitig ab. Der verspätete Versuch einer Beziehung ist fehlgeschlagen. Charlotte ist ohne Reue und Einsicht, Eva bleibt mit quälenden Fragen zurück, faßt aber am Schluß den Vorsatz, weiter für die Mutter offen zu sein. »Ich glaube nicht, daß es zu spät ist. Es darf nicht zu spät sein.«

»*Herbstsonate* bietet eine Katharsis, und verantwortlich für diese befreiende Gefühlsentladung sind in hohem Maße auch Ingrid Bergman und Liv Ullmann in den Rollen der Charlotte und der Eva. Es fällt mir schwer, mir zwei perfektere Deuter von Bergmans Absichten vorzustellen.
Herbstsonate ist ein Projektil, das sich gegen das lebenskräftigste und lebensbedrohlichste Fundament der bürgerlichen

Gesellschaft richtet, gegen die traditionelle und repressive Erziehung in den ungestörten Isolierzellen der heiligen Familie. Der Film provoziert Erinnerungen anderer Stimmen und Räume; man muß nicht Laing oder Janov gelesen haben, um zu erleben, daß Bergman sich dem Augenblick der Wahrheit in seiner privaten Familiencorrida nähert.
Die *Herbstsonate,* Bergmans Opus 38, ist ein auf allen Ebenen unerhörtes Erlebnis.«

(*Stig Björkman,* in *Chaplin,* Stockholm, Oktober 1978, 158/184)

Fårödokument 1979

Fårödokument 1979, 1977/79

Über »seine« Insel Fårö, Heimat und Zuflucht für viele Jahre, hatte Bergman bereits vor zehn Jahren einen dokumentarischen Bericht geliefert. Dieses erste *Fårödokument* erregte weltweites Interesse – nicht nur wegen der sozialen Dokumentation, sondern auch als biographisches Material über den Regisseur, präsentierte dieser sich hier doch überraschend als engagierter Mitbürger. Es war nicht die Zeitströmung, die ihn zu diesem sozialen Engagement veranlaßte – in den Lebensbedingungen der Leute auf Fårö erlebte er lediglich die gleiche Erniedrigung, die gleiche Demütigung, die ihn in vielen seiner Filme über die Situation des Künstlers beschäftigt hatte.
Schon damals trug er sich mit Plänen zu einer Fortsetzung. Zwar hatte er die Insel inzwischen ver- und sich in München niedergelassen, doch seinen Kameramann (nicht mehr Sven Nykvist, wie 1969, sondern Arne Carlsson) ließ er mit einem Tontechniker zurück. Sie sollten ein ganzes Jahr lang das Leben auf der Insel verfolgen – ein Vorhaben, das sich weiter dehnte als vorgesehen. Insgesamt ließ Bergman zwei Jahre drehen. Über achtundzwanzig Stunden Filmmaterial kamen so zusammen. Auf normale Kinolänge komprimiert, erhielt der fertige Film dadurch eine Verdichtung und Vertiefung, wie sie bei Dokumentarfilmen selten ist.
Anders als das erste Dokument mit seinem pessimistischen

Schluß, der kaum Entwicklungsmöglichkeiten für die Insel erkennen ließ, stellt sich zehn Jahre später in dem zweiten Dokument heraus, daß die Insel immer noch lebt, daß viele, die sie damals verlassen wollten, geblieben sind, und daß das Leben nicht ohne Hoffnung weitergeht.
Eine der zentralen Szenen des ersten Dokuments waren Bergmans persönliche Interviews mit Jugendlichen in einem Schulbus gewesen: Fast alle sagten damals, daß sie die Insel verlassen wollten – aber nur wenige haben es getan. Wir sehen die, die geblieben sind, aber auch, was aus denen geworden ist, die gegangen sind.
Das *Fårödokument 1979* schlägt noch ein weiteres Thema an: das Altern, das langsame Erlöschen des Lebens und schließlich den Tod. Bergman malt ein liebevolles Bild der ruhigen Entspanntheit des Alters. In seiner Bewunderung für die natürliche Harmonie dieser alt gewordenen Inselmenschen

›Fårödokument 1979‹

macht er aus dem neuen Dokument über Fårö mehr als einen Dokumentarfilm über Menschen und Landschaft auf einer kleinen Insel in der Ostsee: ein Gedicht in Bildern und wenigen Worten.
Denn Bergman versagt es sich konsequent, Fakten und Informationen lehrhaft vor den Zuschauern auszubreiten. Sparsam wird dort erläutert, wo es zum Verständnis nötig ist. Vor allem aber kommen die Menschen der Insel zu Wort – und ins Bild. Sie erzählen von ihrem Leben und ihren Sorgen; sie erinnern sich an ihre Vergangenheit und sprechen von ihren Hoffnungen für die Zukunft. Dazwischen sieht man sie in ihrem Alltag, erlebt man hautnah die Problematik des Lebens in landschaftlich schöner, aber sozial rückständiger Abgeschiedenheit.
Bei alledem spürt man Bergmans Engagement, seine eigene innere Betroffenheit, seine Beziehungen zu diesem Land, diesen Menschen. Er stellt die Personen, die er interviewt, nicht aus. Er spricht mit ihnen – sorgenvoll, wie es Nachbarn tun. Und er begnügt sich nicht mit einer Zustandsschilderung. Er attackiert temperamentvoll die Bürokratie, die das Leben auf Fårö behindert, und benennt Möglichkeiten, die dieses Leben verbessern könnten.
Der Film endet nicht in Resignation. Der Tod erscheint hier nur als natürliche Erfüllung des Lebens. Fårö lebt: Wegen des Fremdenverkehrs, der Geld auf die Insel bringt, aber auch wegen der Jugend, die nicht in die Städte abgewandert ist. Die Einstellung zu den Lockungen der Zivilisation hat sich in den vergangenen zehn Jahren gewandelt.
Vor allem aber lebt Fårö, so sieht es Bergman, durch die lebendige Tradition, durch die Harmonie zwischen Mensch und Natur.
Die einleitenden Kommentare und die – im Vergleich zum ersten Dokument optimistischeren – Schlußbemerkungen sind von Bergman selbst.

Inhalt: Die Insel Fårö, eine kleine Gemeinschaft und zugleich ein Spiegel der ganzen schwedischen Gesellschaft: Die Jugendlichen von damals sind heute meist verheiratete Insel-

bewohner. Einer ist nach Stockholm gegangen und arbeitet bei der U-Bahn; die Kamera folgt ihm.
Die Arbeit auf Fårö, das ist immer noch Schafzucht und Lachs- und Flunderfischerei. Man verdient aber auch an den Touristen, die immer zahlreicher die Insel besuchen: Das bringt sogar Verkehrsprobleme. Man lebt und erlebt: Feste, Preisschießen, Heimwehrmanöver, Kindstaufen und Beerdigungen. Wir sehen einen alten Mann in seiner Einsamkeit, wie er arbeitet und wie er ausruht. Wie eh und je bestellt er sein Land, versorgt seine Tiere und sich selbst. Niemand hilft ihm, mit niemandem redet er, und doch sagt er, er sei mit seinem Leben vollkommen zufrieden und fühle sich in seiner Einsamkeit wohl. Er verrichtet seine schwere Arbeit, bei der ihn nur einmal Nachbarn etwas unterstützen, mit so viel Ruhe und Selbstverständlichkeit wie die Erfüllung ganz selbstverständlicher Pflichten gegenüber dem Boden, den Tieren und sich selbst.
Eines Abends sehen wir ihn in seiner Küche, während er sein Essen zubereitet, Brathering und Kartoffelmus, mit derselben Genauigkeit, mit der er alles tut. Der Tisch ist einfach, aber hübsch gedeckt, sorgsam und fast schon rituell geordnet. Ein Leben, das in sich ruht. Dann verläßt die Kamera den alten Mann; er bleibt zurück in seinem kleinen Haus, nur zwei einsame erleuchtete Fenster in der großen Dunkelheit der Umgebung. Und schließlich sehen wir, wie der Alte an einem kalten, stürmischen Wintertag beerdigt wird.
Fårö lebt und wird weiterleben. Am Schluß verspricht der Regisseur, abermals in zehn Jahren diesen Eindruck zu überprüfen: »Unser nächster Besuch wird 1989 stattfinden. Es wird interessant sein zu sehen, ob wir dann noch leben ...«

Aus dem Leben der Marionetten

1979/80

In *Szenen einer Ehe* gibt es eine kurze Episode mit dem »wütenden und katastrophalen« Paar Peter und Katarina, die – zu Besuch bei Johan und Marianne – ihren Strindberg inszenie-

ren. Fünf Jahre später begann Bergman, über diese Szene erneut nachzudenken, fragte sich, was aus der Ehe dieser beiden sich in selbstzerfleischender Haßliebe peinigenden und erniedrigenden Menschen geworden sein könnte. So entstand das Drehbuch zu *Aus dem Leben der Marionetten,* ursprünglich Teil eines größeren Projekts *Liebe ohne Liebende,* das sich jedoch zerschlagen hatte.
Mit Lord Grades ITC im Rücken – wie schon bei *Das Schlangenei* – produzierte Bergmans »Personafilm« den Film selbst in den Münchner Bavaria-Studios. Die Dreharbeiten dauerten von Oktober bis Dezember 1979.
Wie bei Bergman üblich, aber für Münchner Verhältnisse ungewöhnlich, verlief die Produktion streng abgeschirmt unter einem Schleier des Geheimnisses. Der als Pressechef angeheuerte Joe Hembus klagte: »Meine einzige Aufgabe hier besteht darin, die Journalisten abzuwimmeln. Besuche der Dreharbeiten sind nicht möglich, da es ein reiner Studiofilm ist. Die ganz wenigen Außenaufnahmen macht Kameramann Sven Nykvist alleine. Interviews gibt Bergman erst im Januar, wenn er schneidet.« Ingmar Bergman war wohlausgeruht. Den ganzen Sommer und Frühherbst hatte er auf Fårö verbracht, wo er bereits im Juli das Drehbuch zu *Fanny und Alexander* beendet hatte. Er drehte mit einem kleinen Stab. Die einzige Herausforderung waren die Darsteller: allesamt filmunerfahrene Theaterdarsteller aus seinem Ensemble am Münchner Residenztheater, aber Bergman genoß es, sie mit der »Faszination des Films« bekannt zu machen.
Der Film beginnt in Farbe, nach Art eines Krimi-Schockers mit der Ermordung einer Prostituierten durch Peter. Die eigentliche Geschichte des Paares Peter und Katarina wird in Rückblenden in Schwarzweiß gezeigt. Wie üblich schrieb Bergman wieder ein Vorwort zum Film und fragte: »Wie und warum entsteht bei einem in jeder Hinsicht wohlangepaßten und etablierten, saturierten Menschen eine Kurzschlußreaktion?«, bei der Peter in seinen Träumen seine Frau Katarina, in Wirklichkeit aber eine Zufallsbekanntschaft, umbringt. »Ich versuche als Außenstehender zu zeigen, daß Objektivität eine reine Illusion ist.«

Robert Atzorn träumt davon, seiner Frau die Kehle durchzuschneiden

Inhalt: Am Anfang steht ein Mord an einer Prostituierten, dem Mädchen Ka (Rita Russek). Der Täter ist Peter Egerman (Robert Atzorn), ein junger, bislang unbescholtener Intellektueller, beruflich erfolgreich und scheinbar glücklich verheiratet mit Katarina (Christine Buchegger). Sodann wechselt die Szenerie zu analytisch strengem Schwarzweiß. Rückblenden, Szenen aus dem Eheleben, Stellungnahmen von Psychiater und Vertrauten des Täters wollen Aufschluß geben über Beweggründe und auslösende Momente der Tat. Dabei wird offenbar, daß die Aggression des Mörders eigentlich seiner Frau gilt. Denn Peter Egerman, ein äußerlich etablierter, wohlangepaßter, gutaussehender Mann, leidet in schrecklich jagenden Träumen unter Mordphantasien, er wird

›Aus dem Leben der Marionetten‹: Walter Schmidinger, Christine Buchegger

von einem Todestrieb manipuliert, ist Marionette seiner Obsessionen dergestalt, daß er Katarina ermorden will. Irgendeine tiefe Unruhe, irgendeine Unfähigkeit, wirklichen Zugang zu seiner Frau zu finden, irgendeine Gefangenschaft in sich selbst machen ihn zu einer »fensterlosen Monade«, aus der er nicht herausschauen, aus der er sich nicht befreien kann. Katarina bemüht sich rührend um ihn, versucht ihn durch alle möglichen Weisen des »Da-Seins« aus seinem Gefängnis zu erlösen, aber Peter bleibt letztlich unerreichbar für sie.

Eines Tages begeht Peter dann plötzlich, gänzlich unvermittelt, als Ersatzhandlung den Mord an der Hure Ka, die sich liebevoll, kameradschaftlich und rührend um ihn bemüht hatte.

Die eigentliche Ursache der Tat bleibt verborgen. Der Psychiater Professor Mogens Jensen (Martin Benrath) tut das Phänomen mit dem stereotypen Hinweis auf Kindheitsneuro-

sen und – zuvor – bornierte Durchhalterezepte ab, weiß – nachher – ebensowenig eine Erklärung wie alle anderen Beteiligten. Peter, so scheint es, hat lediglich als »Marionette« seiner Obsessionen gehandelt.
Ungelöst mündet zuletzt das Geflecht von Realszenen, Statements und Träumen wieder in die schrille Farbenwelt der Mordszene.

Fanny och Alexander

Fanny und Alexander, 1981/82

Nachdem Bergman 1976 von einem allzu bürokratischen Steuerfiskus ins Münchner Exil getrieben worden war, blieb er in der »Emigration«, obwohl die Anklagen gegen ihn längst fallengelassen wurden und selbst der schwedische Kultusminister ihn zur Rückkehr aufforderte. Zu tief hatte sich ihm die erlittene Erniedrigung eingebrannt.
Im November 1980 kündigte ein triumphierender Bergman auf einer Pressekonferenz in Stockholm überraschend an, er werde »für immer« nach Schweden zurückkehren. »Aller Groll ist vergessen!« Zugleich stellte er sein neuestes Filmprojekt vor, das er in Schweden realisieren wollte.
Der Mann, der hinter Bergmans Rückkehr stand, war sein Freund und Biograph Jörn Donner, damals Chef des Schwedischen Filminstituts. Er bot Bergman die Möglichkeit, *Fanny und Alexander* zu realisieren, nachdem es mit den ursprünglichen englischen Geldgebern zu Schwierigkeiten gekommen war. »Mach du deinen Film; ich sorge für die Moneten.«
Was Bergman zur Rückkehr bewog, ist leicht zu erahnen: Seiner schwedischen Wurzeln beraubt, waren seine deutschen Filme nur mäßige Erfolge gewesen. Die Sprache machte ihm Schwierigkeiten. »Die ersten Jahre als Regisseur in Deutschland waren ein Alptraum.« Vom Münchner Residenztheater, wo er die letzten Jahre gearbeitet hatte, schied er 1982 mit großem Krach (blieb dann aber doch bis 1985). Und überdies näherte er sich der Pensionsgrenze.

Mit einem Budget von 7,5 Millionen Dollar wurde *Fanny und Alexander* zu einer außergewöhnlichen Arbeitsbeschaffungsmaßnahme für die schwedische Filmindustrie. Die Dreharbeiten – Bergman dokumentierte sie auf 16 mm und redigierte das Material 1984 und dann noch einmal 1986 als Kinodokumentarfilm – begannen am 7. September 1981. Einhundertfünfzig Schauspieler, über tausend Statisten und alle freien Atelierkapazitäten waren damit bis Ende März 1982 belegt.

Fanny und Alexander wurde zu einer großen Abschiedsvorstellung, in der noch einmal viele Schauspieler auftraten, die im schwedischen Film Rang und Namen hatten und (zum Teil seit Jahrzehnten) zur Bergman-Truppe gehörten: Gunn Wållgren, Allan Edwall, Christina Schollin, Jarl Kulle, Erland Josephson, Gunnar Björnstrand und Harriet Andersson. Und die Bergman-Familie: Käbi Laretei (seine vierte Ehefrau) und ihr Sohn Daniel (als Atelierarbeiter) nebst Mats und Anna Bergman, den Kindern aus der zweiten Ehe, seiner jetzigen Ehefrau Ingrid und dem Stiefsohn Fredrik von Rosen (im Produktionsstab). Ursprünglich sollten auch Liv Ullmann – die jedoch zur gleichen Zeit in Norwegen Sigrid Undsets *Jenny* verfilmte – und ihre fünfzehnjährige Tochter Linn (in der Rolle von Fannys älterer Schwester Amanda) mitwirken. Das war übrigens die einzige Rolle, deren Besetzung von Anfang an nicht geheimgehalten wurde: »Diese Rolle hat Linn schon eingesackt, da hatte ich gar nichts zu sagen, sie paßt perfekt für diesen Part; es ist sogar die einzige Rolle in diesem Film, über die ich mir sicher bin.« In der letzten Minute vor Drehbeginn konnte Linn jedoch nicht auftreten, und die Rolle mußte gestrichen werden. Schließlich spielte Ewa Fröling die Mutter von Fanny und Alexander, eine junge Schauspielerin, die Bergman in Gunnel Lindbloms Film *Sally und die Freiheit* entdeckte.

Fanny und Alexander verwendet alle Themen, alle Figuren wieder, die Bergman in vierzig Jahren Filmarbeit und mehr als vierzig Filmen gestaltet hat. Er porträtiert eine großbürgerliche Familie, die gut seine eigene sein könnte, in einer schwedischen Universitätsstadt zu Beginn des 20. Jahrhun-

Die Hauptdarsteller in ›Fanny und Alexander‹

derts und kratzt dabei etwas an der Oberfläche der scheinbaren Idylle. Aber er bestreitet, daß es sich um einen autobiographischen Film handele, obwohl die Bezüge auf die Stadt seiner Jugend, Uppsala, und das Haus seiner Großmutter offen zutage liegen. »Angeblich soll *Fanny und Alexander* autobiographisch sein und meine Kindheit porträtieren. Der zwölfjährige Alexander sei mein alter ego. Das ist nicht ganz richtig. *Fanny und Alexander* ist eine Geschichte, die Chronik einer Familie der Mittelklasse, vielleicht der oberen Mittelklasse, in einer mittelgroßen schwedischen Stadt um 1910, wo man eng zusammenhält. Die mater familias ist die dominierende Großmutter mit ihren drei verheirateten Söhnen.«
Bergman bezeichnete den Film als einen »großen Gobelin

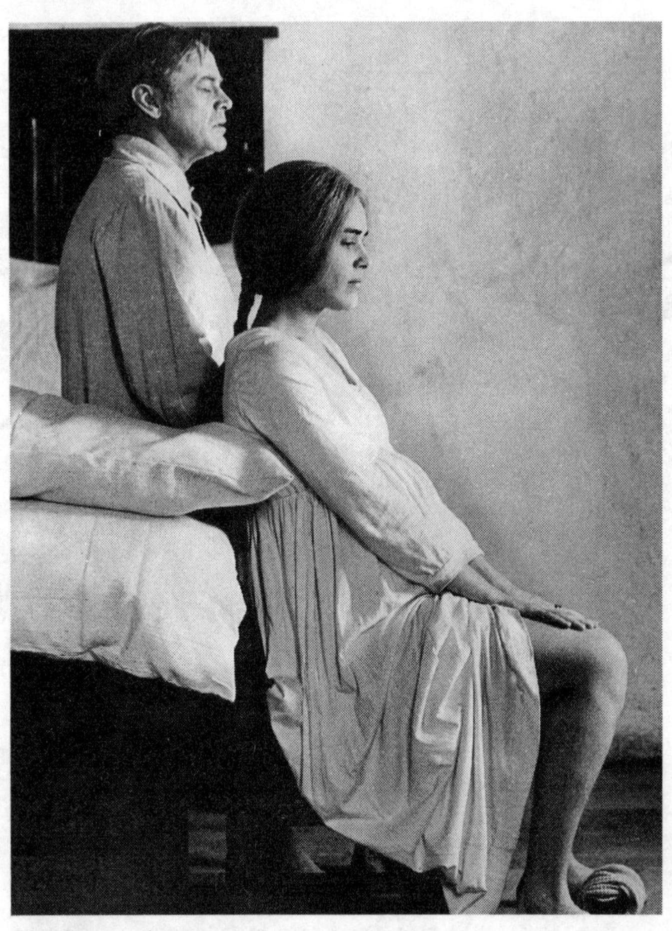

Die Alten, gescheitert

mit einer Menge Menschen, Farben, Häusern, Wäldern, geheimnisvollen Verstecken und nächtlichen Himmeln – alles vielleicht ein wenig romantisch, aber nur soviel, daß man es noch aushalten kann.«
Jedenfalls gestaltet Bergman in *Fanny und Alexander* viele autobiographische Situationen, die auf die Kindheit zurück-

gehen – was bei ihm nicht zufällig ist, bekannte er doch schon vor dreißig Jahren, daß die Wurzeln seines Filmschaffens bis in die Kindheit reichen. Bemerkenswert ist schon, daß der Film, der die Summe eines (großbürgerlichen) Lebens zieht, aus der Perspektive eines Kindes erzählt. Das hatte es bei Bergman noch nicht gegeben. Und er beschreibt das Milieu des Films so, wie er früher seine kindlichen Eindrücke von der großmütterlichen Wohnung geschildert hatte: »Aus Großmutters Wohnung hört man Stimmen und Gelächter, die große Salonuhr schlägt viele Male und erhält sofort Antwort vom Dom und der Dreifaltigkeitskirche, die noch mehr Schläge schlagen, erst die Viertelstunden, dann die Stunden; der Raum klingt und schwirrt, näher und weiter weg, je nachdem, wie der Wind mit den Klängen spielt. Dann wird es still, seltsam still.«
Die Dominanz der Großmutter wird hier überhaupt sichtbarer als in früheren Filmen oder Äußerungen. Das Bild des Vaters dagegen, den er – z. B. in Jörn Donners Interviewfilm *Drei Szenen mit Ingmar Bergman* (1976) – für die harte, erniedrigende Erziehung verantwortlich gemacht hatte, wird revidiert. Alexander wirft dem Vater sogar Schwäche vor: »Aber du hast dich immer so blöd benommen, Papa. Du bist rumgelaufen und hast Blech geredet. Mama und Großmutter haben alles bestimmt. Du hast dich lächerlich gemacht, und man mußte sich schämen, wenn du von einem zum andern gelaufen bist und jeden um Rat fragen mußtest.«
Viele kleine Szenen gestalten autobiographische Details aus Bergmans Kindheit, da findet sich nicht nur der Matrosenanzug, den Alexander jetzt tragen muß, oder das Papiertheater, mit dem Bergman so gerne spielte – wir sehen es bereits in den ersten Bildern des Films, von einem ernsthaften Kindergesicht betrachtet, mit der mahnenden Überschrift »Ei blot til lyst« (Nicht nur zum Vergnügen). Die Magie der Bilder faszinierte Bergman als Kind ebenso wie jetzt Alexander. Ingmar wünschte sich nichts sehnlicher als einen Heimkinoapparat. Alexander bekommt eine *Laterna magica* und kann es gar nicht abwarten, sie in Betrieb zu setzen: »Er fühlt, daß der Augenblick da ist; er kann nicht bis zum nächsten Tag war-

Das Familienglück

ten ... Alexander kann deutlich die *Laterna magica* sehen. Sie steht auf dem großen weißen Tisch mitten im Zimmer. Das lackierte Blech zeichnet sich vor dem hellen Sekretär deutlich ab, das Messing des Objektivs glänzt ... Er legt die Hände auf den merkwürdigen Apparat. Er ist hoch und schmal und endet in einem kleinen Schornstein. Er öffnet die Luke im Kasten unter dem Schornstein und zieht eine Spirituslampe heraus, hebt das Glas ab und zündet ein Streichholz an. Jetzt leuchtet der Docht mit einem flammenden starken Licht. Er setzt das Lampenglas fest und regelt die Lichtstärke, schiebt die Lampe ins Gehäuse und macht die Luke wieder zu. Ein guter Duft nach Brennspiritus und warmem Blech verbreitet sich sofort im Raum. Er dreht den Apparat um, so daß das Objektiv jetzt auf die helle Tapete über seinem Bett zielt. Dort ist er jetzt, der magische Kreis; er dreht an einer kleinen Schraube auf der Linse: Die Ränder des Kreises werden sofort messerscharf ... Neben der *Laterna magica* steht eine mit blauem Stoff bezogene Holzkiste. Auf dem Deckel befindet sich ein Bild, das eine Familie darstellt, die eine Vorstellung mit der *Laterna magica* betrachtet. Alle tragen altertümliche Kostüme, und die Herren haben alle Haarflechten mit Rosetten.«
Die Schilderung ist nicht nur Nostalgie, wie der folgende selbstironische und Kritikerbeschreibungen parodierende Satz zeigt: »Der Vorführer ist eine scheußliche Figur mit hervorspringenden Augen, großen Zähnen und einem unangenehmen, lüsternen Grinsen auf den fleischigen Lippen ... Das Publikum ist empört, ein Kind wird weinend in ein anderes Zimmer getragen.«

Inhalt: Eine schwedische Universitätsstadt zwischen Herbst 1910 und Frühjahr 1912, ein wenig verschlafen, geprägt von einem behäbigen Wohlstand, der Sicherheit verleiht. Wenn sich hier etwas ändert, dann nur die Jahreszeit. Außer der Universität sind zwei Dinge wichtig: der große Dom und vor allem das beliebte Theater. Der verstorbene Oscar Ekdahl, ein reicher Geschäftsmann, hatte es in der Mitte des vorigen Jahrhunderts erworben, als er Helena Mandelbaum (Gunn

Wållgren) heiratete, eine hübsche junge Schauspielerin aus der Hauptstadt.
Mit ihr bezog er ein schönes Haus am Markt. Zu Filmbeginn ist Helena Mandelbaum bereits Witwe, Mutter dreier nunmehr erwachsener Söhne und Mittelpunkt der lebhaften Familie. Die Leitung des Theaters hat sie ihrem ältesten Sohn Oscar (Allan Edwall) und dessen Frau Emilie (Ewa Fröling), auch sie ist Schauspielerin, übertragen.
Oscar und Emilie haben zwei Kinder, den zehnjährigen Alexander (Bertil Guve) und die achtjährige Fanny (Pernilla Allwin). Die Beziehungen innerhalb der Familie und des Ensembles scheinen von einer geradezu idyllischen Harmonie geprägt zu sein, obwohl Oscar ein schrecklich unbegabter Schauspieler und viel zu alt für seine schöne Frau ist.
Das bürgerliche Idyll dieser Theaterdynastie wird jäh durch den Tod des rührigen Prinzipals getrübt. Emilie steht mit ihren Kindern allein da. Während des Leichenschmauses erhascht Alexander einen Blickwechsel zwischen seiner Mutter und dem Leichenprediger, dem Herrn Bischof, der alles Kommende vorwegnimmt: Übers Jahr werden die beiden heiraten.
Der mächtige Dom ist der Sitz des Bischofs Edvard Vergérus (Jan Malmsjö), einem stattlichen Mann mit sanfter Stimme, den seine Amtstracht außerordentlich kleidet. Doch für die Kinder – und bald auch für deren Mutter – beginnt eine Leidenszeit im freudlosen Hause des Stiefvaters. Denn der ist besessen von einem wütenden Haß, der ihn nicht eher verläßt, als sein Körper in Flammen aufgeht. Alexander ist es, dessen brennende Haßimagination ihn den Flammentod finden läßt.

... bis man mich zu Grabe trägt

Ingmar Bergmans letzte Pläne

»Das Drehbuch zu meinem allerletzten Film habe ich jetzt geschrieben«, sagte Bergman den Stockholmer *Dagens Nyheter,* als er im Herbst 1981 mit den Dreharbeiten zu *Fanny und Alexander* begann. Über das Thema hüllte er sich publicitybewußt in Schweigen. Wie üblich. Es werde wieder ein Film sein, den er auf englisch drehe (in den Münchner Bavaria-Studios), mit deutschen und amerikanischen Schauspielern, ohne die ihm vertrauten Darsteller des schwedischen »Bergman-Ensembles«.

Ingmar Bergman: »Es wird ein wahnsinniges Experiment werden. Und ein sehr provozierender Film. Aber, wie schon Goethe sagte: man muß sich zu Lebzeiten kompromittieren.« Wie mit Erleichterung fügte er hinzu: »Wenn man seinen allerletzten Film macht, braucht man sich nicht mehr um den nächsten zu sorgen.«

Der römische Produzent Alfredo Bini (der alle Pasolini-Filme produziert hatte), gab in der Tageszeitung *Il Piccolo* ein wenig mehr preis: Er habe Bergman für ein Remake des deutschen expressionistischen Stummfilmklassikers *Das Cabinett des Dr. Caligari* verpflichtet.

Ein Jahr darauf, anläßlich der Uraufführung von *Fanny und Alexander* im Dezember 1982, las man's anders: Mit diesem Film wolle er sich »fürs erste« vom Kino verabschieden und jungen Regisseuren und neuen Ideen Platz machen. Sollte er noch einmal hinter die Kamera treten, dann für einen Film, der nicht von ihm geschrieben wurde.

Schon vor zehn Jahren habe er sich entschlossen, einmal mit dem Filmen aufzuhören, hatte er bereits bei Drehbeginn zu *Fanny und Alexander* verlautbart. »Jetzt (1981) bin ich dreiundsechzig. Filmarbeit ist physisch und psychisch anstrengend. In meinem Alter möchte man faulenzen, Bücher lesen, auf Fårö aus dem Fenster gucken und mit den Nachbarn plaudern. Auch das ist wichtig im Leben.«

Szenen einer Liebe: ›Nach der Probe‹

Nur für das Fernsehen will Ingmar Bergman weiterhin noch arbeiten. »Ich liebe das Medium Fernsehen. Man braucht keinen so aufwendigen Apparat wie beim Spielfilm und ist auch nicht an die Spielfilmlänge gebunden.« Das Schwedische Fernsehen beauftragte ihn 1983 mit einem Fernsehfilm, *Efter Repetitionen* (Nach der Probe), mit Erland Josephson in der Hauptrolle, gegen dessen späteren Verkauf als Kinofilm nach den USA und Frankreich Bergman (vergeblich) protestierte, strafte das doch seine Ankündigung des »letzten« Films Lügen. Eine dreiteilige Fernsehserie fürs Schwedische Fernsehen kündigte Bergman Anfang 1984 an, die auf dem Briefwechsel des dänischen Dominikanermönchs Petrus de Dacia basiert, der im 13. Jahrhundert in Köln mit Kristina von Stumbelen zusammengetroffen war und mit ihr über das *Wesen der Liebe* korrespondiert hatte. Für das Fernsehen will Bergman 1989 auch, wie schon 1969 und 1979, ein weiteres Mal »seine«

Bergman mit seinen Schauspielern: Erland Josephson und Lena Olin

Insel Fårö porträtieren, die wieder zu seiner schwedischen Heimat geworden ist. Das *Fårödokument III*.
Ingmar Bergman verläßt also seine Geliebte, den Film. Seiner Ehefrau, dem Theater, bleibt er treu, auch nachdem er 1985 sein Engagement beim Münchner Residenztheater beendet hat und obwohl ihm gerade am Theater in den letzten Jahren die wenigsten Erfolge beschieden waren (das gilt auch für die Salzburger *Don Juan*-Inszenierung vom Juli 1983). »Ich werde Theater machen, bis man mich, die Füße voran, herausträgt. Wenn ich mit meinen ausländischen Engagements fertig bin, werde ich endgültig nach Schweden heimkehren. Ich habe bereits mit Lasse Pöysti, dem Dramaten-

Chef, gesprochen und hoffe, daß es dort für mich Arbeit geben wird.« Es gab sie; seine erste Inszenierung dort: Strindbergs *Fräulein Julie*.
Hat der Filmmagier Ingmar Bergman also seine letzte Vorstellung gegeben? Darf man den Worten des Zauberers diesmal trauen? Wer genau hinhört, hört ihn sagen, er habe seinen letzten *schwedischen* Film gedreht, und eine »große Oper« zu verfilmen (wie er es mit der *Zauberflöte* ja schon einmal unternahm), könne ihn schon noch einmal reizen …
Und dann ist da noch der »zehn Jahre alte Traum«, ein Kinderbuch zu verfilmen, nämlich Astrid Lindgrens *Lotta zieht um*. Das sei gerade das Richtige für einen »älteren Mann« und entspreche seiner physischen Verfassung, könne man doch mit einem Kind nicht den ganzen Tag, sondern nur ein paar Stunden arbeiten.

Filmographie

P	= Produktionsfirma
SF	= Svensk Filmindustri AB, Stockholm
RA	= Regieassistent
Ma	= Manuskript (Buch)
Sc	= Scenario, Script (Drehbuch)
K	= Kamera
T	= Ton
A	= Architekt, Ausstattung
M	= Musik
Ed	= Schnitt
Pl	= Produktionsleiter
Al	= Aufnahmeleiter
DO	= Drehort
DZ	= Drehzeit
D	= Darsteller
DL:	Deutsche Länge
DE:	Deutsche Erstaufführung

Die Filmographie weist insgesamt 80 Filme nach, an denen Ingmar Bergman – als Produzent, Regisseur, Drehbuchautor oder Darsteller – beteiligt war; sie geht damit über die üblicherweise genannten 44 »Ingmar-Bergman-Filme« hinaus und berücksichtigt auch die Fernseh-, Reklame-, Dokumentar- und Interviewfilme.
Nicht nachzuweisen ist im einzelnen Ingmar Bergmans Mitwirkung an zahlreichen anderen Drehbüchern, die in den vierziger Jahren von der Svensk Filmindustri verfilmt wurden (Bergman war bei SF bereits ab 16.1.1943 als »Regieassistent und Drehbuchautor« engagiert).
Nicht zu klären war ferner seine Mitwirkung bei den schwedischen Fernsehverfilmungen von *Don Juan* (1963), *Misantropen* (1965, beide nach Molière) und *Första varningen* (Erste Warnung, 8.5.1967; nach August Strindbergs *Herbstzeichen*) sowie an einem Werbefilm für Scheuerpulver, *Galerie* (1985), die deswegen hier nicht aufgeführt werden.

In der Filmographie wird jeweils zunächst der Originaltitel genannt, gefolgt vom deutschen Kino- oder Fernsehtitel und dem internationalen (englischen/amerikanischen) Titel. Ein etwaiger abweichender Arbeitstitel steht in // nach dem Originaltitel.
Bei Filmen, die keinen deutschen Kino- oder Fernsehtitel haben, ist die wörtliche Übersetzung des Originaltitels in Klammern () angegeben.
Bei Filmen, die keinen schwedischen, sondern einen deutschen oder englischen Originaltitel haben, steht der schwedische Titel des Films vor dem internationalen Titel.
Die Jahresangabe hinter dem Originaltitel bezeichnet das Produktionsjahr. Die Jahresangabe hinter dem deutschen Verleih- oder Fernsehtitel bezeichnet den deutschen Verleihstart bzw. das Jahr der deutschen Erstausstrahlung im Fernsehen.
Regieangaben werden nur gemacht, wenn Ingmar Bergman nicht oder nicht allein Regie geführt hat.

HETS, 1944. *Die Hörige* (1967) / *Torment* (englischer Titel: *Frenzy).* 2.10.1944, Stockholm (Röda Kvarn). P: SF. R: Alf Sjöberg, RA: *Ingmar Bergman.* Ma: *Ingmar Bergman.* Sc: Alf Sjöberg. K: Martin Bodin. M: Hilding Rosenberg, G***** (= Prinz Gustaf). Ed: Oscar Rosander. T: Gaston Cornelius. A: Arne Åkermark. Pl: Harald Molander, Victor Sjöström. Al: Gösta Ström, DZ: Februar/Mai 1944. DO: SF-Atelier Råsunda, Norra-Latin-Schule Stockholm.
D: Stig Järrel (Caligula, Lateinlehrer), Alf Kjellin (Jan-Erik Widgren, Schüler), Mai Zetterling (Bertha Olsson), Gösta Cederlund (Pippi), Olof Winnerstrand (Rektor), Stig Olin (Sandman, Schüler), Jan Molander (Pettersson, Schüler), Gunnar Björnstrand (ein Lehrer), *Ingmar Bergman* (ein junger Lehrer), Olav Riégo (Direktor Torsten Widgren), Märta Arbin (Frau Widgren), Hugo Björne (Nilsson, Arzt), Nils Dahlgren (Polizeikommissar), Anders Nyström (Widgrens Bruder), Nils Hultgren, Rune Landsberg und Richard Lund (Lehrer), Bertil Sohlberg (Knatten), Albert Ståhl (Pelle), Torsten Hillberg (Arzt im Leichenschauhaus), John Zacharias (Assistenzarzt im Leichenschauhaus), Birger Malmsten (Kreutz, Schüler), Greta Stave (Selma, Hausmädchen), Bengt Dalunde (ein Jüngling), Carl-Olof Alm, Rolf Bergström, Bengt van der Burg, Bengt Carenburg, Lars-Gunnar Carlsson, Curt Edgard, Claes Falkenberg, Sten Gester, Olle Gillström, Palle Granditzky, Carl-Einar Gregmar,

Gunnar Hedberg-Carlsson, Lars Lindberg, Allan Linder, Lennart Nyberg, Bengt Persson, Arne Ragneborn, Sven Birger Strömsten, Gustaf Svensson und Tom Österholm (Schüler).
2775 m (101 min).
DL: 2714 m (99 min). DE: 29.7.1967. FSK: ab 16, f.

KRIS, *Mitt barn är mitt/Spelet om Nelly*/1945/46. *(Krise) / Crisis.*
25.2.1946, Stockholm (Spegeln). P: SF. Sc: *Ingmar Bergman* nach dem Bühnenstück »Moderhjertet« (Mutterherz) von Leck Fischer. K: Gösta Roosling. M: Erland von Koch, Johann Strauß d. J., Luigi Arditi, Charles Norman (= Karl-Erik Norman). Ed: Oscar Rosander. A: Arne Åkermark. T: Lennart Svensson. Pl: Harald Molander, Victor Sjöström. Al: Lars-Eric Kjellgren, Harry Malmstedt, Ragnar Carlberg. DZ: 28.8.1945/17.2.1946. DO: SF-Atelier Råsunda, Hedemora.
D: Dagny Lind (Frl. Ingeborg Johnson, Klavierlehrerin), Marianne Löfgren (Jenny, ihre Mutter), Inga Landgré (Nelly, ihre Pflegetochter), Stig Olin (Jack, Schauspieler), Allan Bohlin (Ulf, Veterinär), Ernst Eklund (Onkel Edvard, Arzt), Signe Wirff (Tante Jessie), Svea Holst (Malin), Arne Lindblad (Bürgermeister), Julia Cæsar (Frau des Bürgermeisters), Dagmar Olsson (Sängerin auf dem Ball), Anna-Lisa Baude und M. Carelick (Kundinnen im Schönheitssalon), Siv Thulin (Gehilfin im Schönheitssalon), Karl Erik Flens (Nellys Ballkavalier), Erik Forslund (ein Herr), Wiktor Andersson, Gus Dalström, John Melin, Holger Höglund, Sture Ericson und Ulf Johansson (Musikanten), Margit Andelius (Frau des Stadtkämmerers), Monica Schildt (eine Dame), K. Koykull (Mann auf der Straße), John Björling, Per Hugo Jacobsson (zwei Männer), Sinoalla Lundbäck (Zigeunerin), Carin Cederström, Mona Geijer-Falkner (zwei Damen im Schlafwagen), Nils Hultgren (ein Herr auf der Straße).
2540 m (93 min).
DE: 3.11.1978 (Nordische Filmtage Lübeck).

DET REGNAR PÅ VÅR KÄRLEK, 1946. *Es regnet auf unsere Liebe* (1978) / *It Rains on Our Love / The Man With an Umbrella.*
9.11.1946, Stockholm (Astoria). P: Lorens Marmstedt für Sveriges Folkbiografer, Ma: *Ingmar Bergman,* Herbert Grevenius nach dem

Bühnenstück »Bra mennesker« (Gute Menschen) von Oskar Braaten. K: Göran Strindberg, Hilding Bladh. T: Lars Nordberg. M: Erland von Koch, Richard Wagner, Bernhard Flies. A: P A Lundgren. Ed: Tage Holmberg. DO: Sandrew-Ateliers Stockholm, Hellasgården, Drevviken.
D: Barbro Kollberg (Maggi), Birger Malmsten (David Lindell), Gösta Cederlund (Mann mit dem Regenschirm), Ludde Gentzel (Håkansson), Douglas Håge (Andersson, Gärtner), Hjördis Pettersson (Frau Andersson), Gunnar Björnstrand (Herr Purman), Åke Fridell (Vikar), Julia Cæsar (Hanna Ledin), Sture Ericsson (»Schnürsenkel«, Hausierer), Ulf Johansson (»Stahlquirl«, Hausierer), Torsten Hillberg (Pfarrer), Bengt-Åke Benktsson (Staatsanwalt), Erik Rosén (Richter), Magnus Kesster (Fahrradmechaniker). Sif Ruud (seine Frau Gerti), Edvard Danielsson (Hotelportier), Bertil Anderberg, Gösta Prüzelius (Polizisten), Gösta Qvist, Karl Jonsson, Nils Alm (Gäste im Café), Wiktor Andersson (Landstreicher auf dem Bahnhof), Carl Harald (Bahnhofsbeamter), Erland Josephson (Pfarramtsbediensteter).
2605 m (95 min).
DE: 14.1.1978 (TV).

KVINNA UTAN ANSIKTE, 1947. *Frau ohne Gesicht* (1953) / *Woman Without a Face.*
16.9.1947, Stockholm (Röda Kvarn). P: SF. R: Gustaf Molander. Ma: *Ingmar Bergman,* Gustaf Molander nach einer Idee von *Ingmar Bergman.* K: Åke Dahlqvist, T: Lennart Unnerstad. M: Erik Nordgren, Julius Jacobsen, Friedrich von Flotow, Cole Porter. A: Arne Åkermark, Ed: Oscar Rosander. Pl: Harald Molander, Victor Sjöström. RA: Lars-Eric Kjellgren. Al: Harry Malmstedt. DZ: 3.2.–6.5.1947. DO: SF-Ateliers Råsunda, Stockholm, Bahnhof Märsta.
D: Gunn Wållgren (Rut Köhler, Malerin), Alf Kjellin (Martin Grandé), Stig Olin (Ragnar Ekberg, Schriftsteller), Anita Björk (Frida Grandé, Martins Frau), Björn Montin (Pil Grandé, ihr Sohn), Olof Winnerstrand (Direktor Gustav Grandé, Martins Vater), Marianne Löfgren (Marianne, Ruts Mutter), Georg Funkquist (Victor, ihr Geliebter), Åke Grönberg (Schornsteinfeger Sam Svensson), Sif Ruud (Magda Svensson, seine Frau), Ella Lindblom

(Marie, Ragnars Flamme), Linnea Hillberg (Anna Grandé, Martins Mutter), Wiktor Andersson (Nachtwächter), Karl Erik Flens, Calle Reinholdz (zwei Schornsteinfeger), Artur Rolén (»der Flotte«, Hotelgast), Carl-Axel Elfving (Briefträger), Carin Swensson (Magdas Freundin), Arne Lindblad (Hotelier), David Erikson (Hotelportier), Torsten Hillberg (Kriminalpolizist), Lasse Sarri (Piccolo), Ernst Brunman (Taxifahrer), Gun Adler (Mädchen im Blumenladen), Sven Ström (Barmann), Georg Fernquist (Kellner), Inga Gill (Hausmädchen bei Grandés), Carl-Olof Ek (ein Mann), Svea Holst (eine Frau).
2800 m (101 min).
DL: 2850 m. DE: 1953. FSK: ab 16, f.

SKEPP TILL INDIALAND, 1947. *Schiff nach Indialand* (1965) / *A Ship (Bound to) India / The Land of Desire.*
22.9.1947, Stockholm (Royal). P: Lorens Marmstedt für Sveriges Folkbiografer. Ma: *Ingmar Bergman* nach dem Bühnenstück »Skepp till Indialand« von Martin Söderhjelm. K: Göran Strindberg. T: Lars Nordberg, Sven Josephson. M: Erland von Koch. Ed: Tage Holmberg. A: P A Lundgren. Pl: Allan Ekelund. DZ: 28.5.–16.7.1947. DO: Sandrew-Ateliers Stockholm, Ankarsudden, Torö/Nynäshamn, Stockholmer Tivoli in Djurgården.
D: Holger Löwenadler (Kapitän Alexander Blom), Anna Lindahl (Alice, seine Frau), Birger Malmsten (Johannes, deren Sohn), Gertrud Fridh (Sally), Lasse Krantz (Hans), Jan Molander (Bertil), Naemi Brise (Selma), Hjördis Petterson (Sofie), Åke Fridell (Vaudevilledirektor), Erik Hell (Matrose Pekka), Peter Lindgren (ein ausländischer Matrose), Gustaf Hiort af Ornäs, Torsten Bergström (Bloms Kumpane), Ingrid Borthen (Mädchen auf der Straße), Gunnar Nielsen, Torgny Anderberg (zwei Männer), Amy Aaröe (junges Mädchen), Kiki (Zwerg), Svea Holst, Torsten Mann, Stig Pettersson.
2690 m (98 min).
DE: 21.8.1965 (TV).

MUSIK I MÖRKER, 1947/48. *Musik im Dunkeln* (1978) / *Music in the Dark(ness) / The Night Is My Future.*
17.1.1948, Stockholm (Royal). P: Terraproduktion (Lorens Marm-

stedt). Ma: Dagmar Edqvist nach ihrem gleichnamigen Roman. K: Göran Strindberg. T: Olle Jakobsson. M: Erland von Koch, Frédéric Chopin, Ludwig van Beethoven, Tekla Badarczewska-Baranowska, Robert Schumann, Georg Friedrich Händel, Richard Wagner, Tom Andy (=Thomas Andersen). A: P A Lundgren. Ed: Lennart Wallén. Pl: Allan Ekelund. DZ: Herbst 1947. DO: Sandrew-Ateliers Stockholm.
D: Mai Zetterlin (Ingrid Olofsdotter), Birger Malmsten (Bengt Vyldeke), Bengt Eklund (Ebbe Larsen), Olof Winnerstrand (Pfarrer Kerrman), Naima Wifstrand (Beatrice Schröder), Bibi Skoglund (Agneta Vyldeke, Bengts Schwester), Hilda Borgström (Lovisa), Douglas Håge (Restaurantdirektor Kruge), Gunnar Björnstrand (Klasson, Geiger), Åke Claesson (Augustin Schröder), Segol Mann (Anton Nord), Bengt Logard (Einar Born), Marianne Gyllenhammar (Blanche), John Elfström (Otto Klemens, blinder Arbeiter), Rune Andreasson (Evert), Barbro Flodquist (Hjördis, seine Mutter), Ulla Andreasson (Sylvia), Sven Lindberg (Musikdirektor Hedström), Svea Holst (Postfräulein), Georg Skarstedt (Kellner Jönsson), Reinhold Svensson (Besoffener), Mona Geijer-Falkner (Frau an der Mülltonne), Arne Lindblad (Küchenmeister), Stig Johannsson (ein Mann), Britta Brunius (eine Frau).
2400 m (87 min).
DL: 2270 m (82 min). DE: 28.1.1978 (TV).

HAMNSTAD, / *Guldet och murarna* / 1948. *Hafenstadt* (1951) / *Port of Call.*
11.10.1948, Göteborg (Cosmorama, Kaparen), Uddevalla (Röda Kvarn). P: SF. Ma: *Ingmar Bergman,* Olle Lansberg nach dessen Erzählung »Guldet och murarna«. Sc: *Ingmar Bergman.* K: Gunnar Fischer. T: Sven Hansen. M: Erland von Koch, Adolphe Adam, Sven Sjöholm. A: Nils Svenwall. Ed: Oscar Rosander. RA: Lars-Eric Kjellgren, Stig Ossian Ericson. Pl: Harald Molander. Al: Lars-Eric Kjellgren, Gösta Ström. DZ: Mai/Juli 1948. DO: SF-Ateliers Råsunda, Göteborg, Hindås und im Zug Stockholm – Södertälje.
D: Nine-Christine Jönsson (Berit Holm), Bengt Eklund (Gösta Andersson), Erik Hell (Berits Vater), Berta Hall (Berits Mutter), Mimi Nelson (Gertrud, Putzfrau im Hotel), Sture Ericson (ihr Vater), Birgitta Valberg (Agnes Vilander, Sozialassistentin), Hans Stråat (Inge-

nieur Vilander), Nils Hallberg (Gustav), Harry Ahlin (Mann aus Schonen), Sven-Eric Gamble (die »Eiche«), Sif Ruud (Frau Krona), Kolbjörn Knudsen (ein Seemann), Yngve Nordwall (Vorarbeiter), Torsten Lilliecrona, Hans Sundberg (seine Freunde), Bengt Blomgren (Gunnar), Helge Karlsson (sein Vater), Hanny Schedin (seine Mutter), Stig Olin (Thomas), Else-Merete Heiberg, Erna Groth (Mädchen aus dem Erziehungsheim), Britta Billsten (Freudenmädchen), Nils Dahlgren (Polizeikommissar), Bill Houston (Neger Joe), Hermann Greid (deutscher Kapitän), Kate Elforss (Berit Holm als Kind), Gunnar Nielsen, Georg Skarstedt (zwei Herren), Britta Nordin (Heilsarmistin), Vanja Rudefeldt (Mädchen auf der Tanzfläche), Greta Blom (Polizistin), Estrid Hesse (Slumbetreuerin), Carl Deurell (Pfarrer), Edvard Danielsson (Küster), John Björling (Stauer), Rune Andreasson (Boogie-Woogie-Boy), Siv Thulin (ein Mädchen).
2722 m (99 min).
DL: 2622 m (85 min). DE: 1951. FSK: ab 16, f.

EVA, / *Starkare än döden* / *Trumpetaren och vår Herre* / 1948. *Eva* (1952) / *Eva.*
26.12.1948, Stockholm (Röda Kvarn). R: Gustaf Molander. Ma: *Ingmar Bergman,* Gustaf Molander nach *Ingmar Bergmans* Filmnovelle »Trumpetaren och vår Herre« (Der Trompeter und Unser Herr). P: SF. K: Åke Dahlqvist. T: Lennart Unnerstad. M: Erik Nordgren, Pjotr Tjajkovskij, Eric Bengtson, Anna Lisa Frykman, Fred Winter (= Sten Njurling), Einar Fagstadt, Evert Taube. A: Nils Svenwall. Ed: Oscar Rosander. Pl: Harald Molander. Al: Hugo Bolander, Harry Malmstedt. RA: Hans Dahlin. DZ: 27.5.–6.8.1948. DO: SF-Atelier Råsunda. Tylösand, Nynäshamn, Hudiksvall, Tvetaberg, Handen, Tumba, Bogesund, Norrköping.
D: Eva Stiberg (Eva), Birger Malmsten (Bo Frederiksson), Åke Claesson (Bos Vater), Eva Dahlbeck (Susanne Bolin), Stig Olin (Göran Bolin), Wanda Rothgardt (Frau Frederiksson), Inga Landgré (Frida, Bos Schwester), Hilda Borgström (Maria), Lasse Sarri (Bo als 12jähriger), Olof Sandborg (Aron Berglund), Axel Högel (Fischer Johansson), Carl Ström (Fischer Mikael Johansson), Sture Ericson (Josef), Erland Josephson (Karl, sein Bruder), Hans Dahlin (Olle), Hanny Schedin (Hebamme), Yvonne Eriksson

(Lena, Bos Schwester), Monica Weinzierl (Frida als 7jährige), Anne Karlsson (Marthe), John Harryson (Fritz), Lennart Blomkvist (Anders), Josua Bengtsson (Kvarnström), Barbro Flodquist, Siv Thulin, Fylgia Zadig, Britt Ångström (vier Kellnerinnen), Göthe Grefbo (Schaffner), David Erikson (Schaffner in der Rückblende), Birger Åsander (Eisenbahnarbeiter).
2661 m (97 min).
DL: 2605 m (95 min). DE: 1952. FSK: ab 18, f.

FÄNGELSE – EN MORALITET FÖR FILMEN, 1948/49. *Gefängnis* (1961) / *Prison* / *The Devil's Wanton.*
19.3.1949, Stockholm (Astoria). P: Terraproduktion (Lorens Marmstedt). Ma: *Ingmar Bergman.* K: Göran Strindberg. T: Olle Jakobsson. M: Erland von Koch, Alice Tegnér, Oscar Ahnfeldt. A: P A Lundgren. Ed: Lennart Wallén. Pl: Allan Ekelund. DZ: 16.11.1948–4.3.1949. DO: Sandrew-Ateliers Stockholm, Stockholmer Altstadt.
D: Doris Svedlund (Birgitta-Carolina Söderberg), Birger Malmsten (Thomas, Schriftsteller), Eva Henning (Sofi, seine Frau), Hasse Ekman (Martin Grundé, Filmregisseur), Stig Olin (Peter), Irma Christensson (Linnéa, Birgitta Carolinas Schwester), Curt Masreliez (Alf), Anders Henrikson (Mathematiklehrer Prof. Paul), Marianne Löfgren (Signe Bohlin, Pensionswirtin), Carl-Henrik Fant (Arne, Schauspieler), Arne Ragneborn (Briefträger, Annas Verlobter), Inger Juel (Greta, Schauspielerin), Torsten Lilliecrona (Kameramann), Segol Mann (Beleuchter), Börje Mellvig (Kommissar), Åke Fridell (Magnus, Gast in der Pension), Åke Engfeldt (Polizist), Lasse Sarri (Lasse), Britta Brunius (seine Mutter), Gunilla Klosterborg (dunkle Dame), Ulf Palme (Mann im Traum), Bibi Lindquist, Rune Lindström (Pastor, weggefallene Rolle).
2160 m (78 min).
DL: 2140 m (78 min). DE: 8.12.1961. FSK: ab 18, f.

TÖRST, 1949. *Durst* (1953) / *Thirst* / *Three Strange Loves.*
17.10.1949, Stockholm (Spegeln). P: SF. Ma: Herbert Grevenius nach dem Novellenband »Törst« von Birgit Tengroth. K: Gunnar Fischer. T: Lennart Unnerstad. M: Erik Nordgren, Olle Johnny (= Olof Johansson), Georges Boulanger, George Botsford, Frédéric

Burgmuller, Arthur Hedström, Ulf Peder Olrog, Erik Uppström, Henri Christiné, Den Berry. Choreographie: Ellen Bergman. A: Nils Svenwall. Ed: Oscar Rosander. Pl: Helge Hagerman. Al: Hugo Bolander, Gösta Ström, Hilmer Peters. DZ: 15.3./9.4. und 29.6.–5.7.1949. DO: SF-Ateliers Råsunda, Basel, Stockholm, Ornö.
D: Eva Henning (Rut), Birger Malmsten (Bertil, ihr Mann), Birgit Tengroth (Viola, seine frühere Geliebte), Mimi Nelson (Valborg, Ruts Freundin in der Ballettschule), Hasse Ekman (Psychiater Dr. Rosengren), Bengt Eklund (Kapitän Raoul, Ruts Geliebter), Gaby Stenberg (Astrid, seine Frau), Naima Wifstrand (Fräulein Henriksson, Ballettlehrerin), Sven-Erik Gamble (Arbeiter), Gunnar Nielsen (Assistenzarzt des Psychiaters), Estrid Hesse (Patientin), Helge Hagerman (schwedischer Pfarrer), Calle Flygare (dänischer Pfarrer), Monica Weinzierl (kleines Mädchen im Zug), Verner Arpe (deutscher Schaffner), Else-Merete Heiberg (Norwegerin im Zug), Gerhard Beyer, Herman Greid (Zeitungsboten in Basel), Oscar Rosander (Herr im Hotel), *Ingmar Bergman* (junger Mann im Zug), Inga Gill (Dame im Hotel), Laila Jokimo, Inga Norin-Welton, Ingeborg Bergius (Ballettmädchen), Peter Wynner (deutscher Polizist), Brita Brunius (Krankenschwester), Sif Ruud (redselige Witwe auf dem Friedhof), Wiktor Andersson (Pförtner), Inga-Lill Åhström (Pianist), Gustav A. Herzing (Polizist), Erik Arrhenius (ein Mann).
2280 bzw. 2293 m (83 min).
DL: 2270 m (82 min). DE: 1953. FSK: ab 18, nf.

TILL GLÄDJE, 1949. *An die Freude* (1951) / *To Joy.*
20.2.1950, Stockholm (Spegeln). P: SF. Sc: *Ingmar Bergman.* K: Gunnar Fischer. M: Amadeus Mozart, Ludwig van Beethoven, Mendelssohn, Smetana, Sam Samson, Erik Johnsson. A: Nils Svenwall. Ed: Oscar Rosander. Pl: Allan Ekelund. Al: Tor Borong. DZ: Sommer 1949. DO: SF-Ateliers Råsunda, Helsingborg.
D: Stig Olin (Stig Eriksson), Maj-Britt Nilsson (Marta), Victor Sjöström (Sönderby), Birger Malmsten (Marcel), John Ekman (Mikael Bro), Margit Carlqvist (Nelly, seine Frau), Sif Ruud (Stina), Erland Josephson (Bertil), Ernst Brunman (Hausmeister im Konzerthaus), Allan Ekelund (Vikar bei der Hochzeit), Maud Hyttenberg (Gehilfe im Spielzeugladen), Berit Holmström (Lisa), Rune Stylander (Pers-

Der Regisseur mit seiner Lieblingsdarstellerin Liv Ullmann

son), Georg Skarstedt (Anker, Flötist), Björn Montin (Lasse), Eva Fritz-Nilsson (Lisa als Baby), Staffan Axelsson (Lasse als Baby), Svea Holst (Schwester), Tor Borong (wartender Mann im Krankenhaus), Carin Swensson (Anna), Svea Holm (Märta), Agda Helin (Krankenschwester), *Ingmar Bergman* (Mann im Wartezimmer), Astrid Bodin, Marianne Schüler, Marrit Ohlsson (Gäste auf Martas Fest), Dagny Lind (Oma), Gunnar Rystedt (ein Mann).
2700 m (98 min).
2687 m (98 min). DE: 18.10.1951. FSK: ab 18, nf.

MEDAN STADEN SOVER, 1949/50. *(Während die Stadt schläft) / While the City Sleeps.*
8.9.1950, Stockholm (Scandia). P: SF. R: Lars-Erik Kjellgren. Sc: Lars-Erik Kjellgren und Per Anders Fogelström aufgrund einer Synopsis von *Ingmar Bergman* nach Fogelströms Roman »Ligister«. K: Martin Bodin. M: keine. A: Nils Svenwall. Ed: Oscar Rosander, Pl: Helge Hagerman. RA: Hugo Bolander. DZ: Februar/März 1950. DO: SF-Atelier Råsunda, Stockholm.
D: Sven-Erik Gamble (Jompa), Inga Landgré (Iris), Adolf Jahr (Iris' Vater), John Elfström (Jompas Vater), Märta Dorff (Iris' Mutter), Ulf Palme (Kalle Lund), Hilding Gavle (Hehler), Barbro Hiort af Örnäs (Rut), Rolf Bergström (Gunnar), Ilse-Nore Tromm (Jompas Mutter), Ulla Smidje (Asta), Ebba Flygare (Frau des Hehlers), Carl Ström (Hausmeister), Mona Geijer-Falkner (Wirtin), Alf Östlund (Andersson), Hans Sundberg (»Knatten«), Lennart Lundh (»Slampen«), Arne Ragneborn (»Sune«), Hans Dahlberg (»Lang-Sam«), Åke Hylén (»Pekå«), Börje Mellvig (Staatsanwalt), Olaf Riego (Richter), Arthur Fischer (ein Polizist), Harriet Andersson (Lucian), Henrik Schildt (Festteilnehmer), Julius Jacobsen (Pianist im Restaurant), Gunnar Hellström (junger Mann im Restaurant).
2785 m (101 min).
DE: 5.11.1978 (Nordische Filmtage Lübeck).

SOMMARLEK, 1950. *Einen Sommer lang* (1954) / *Illicit Interlude* (englischer Titel: *Summer Interlude*).
1.10.1951, Stockholm (Röda Kvarn). P: SF. Sc: *Ingmar Bergman,* Herbert Grevenius nach einer Idee von *Ingmar Bergman* (»Mari«). K: Gunnar Fischer. M: Erik Nordgren und Delibes, Chopin sowie Auszüge aus Tschaikowskijs »Schwanensee«. A: Nils Svenwall. Ed: Oscar Rosander. Pl: Allan Ekelund. Al: Gösta Ström. DZ: April/ Juni 1950. DO: SF-Ateliers Råsunda, Smådalarö.
D: Maj-Britt Nilsson (Marie), Birger Malmsten (Henrik), Alf Kjellin (David Nyström), Annalisa Ericson (Kaj, Ballerina), Georg Funkquist (Onkel Erland), Stig Olin (Ballettmeister), Renée Björling (Tante Elisabeth), Mimi Pollak (Henriks Tante), John Botvid (Karl, Hausmeister), Gunnar Olsson (Pastor), Douglas Håge (Nisse mit der Nase, Hausmeister), Julia Cæsar (Maja, Garderobiere), Carl Ström (Sandell, Inspizient), Torsten Lilliecrona (»Licht-Pelle«,

Beleuchter), Olav Riego (Arzt), Marianne Schüler (Kerstin), Ernst Brunman (Schiffskapitän), Fylgia Zadig (Krankenschwester), Sten Mattsson (»Springanland-Kalle«, Bootshelfer), Carl-Axel Elfving (Blumenbote), Gösta Ström (Carlsson), Eskil Eckert-Lundin (Kapellmeister).
2610 m (95 min).
DL: 90 min. DE: 21.8.1967 (TV). FSK: ab 16, f.

SÅN'T HÄNDER INTE HÄR, 1950. *Menschenjagd* (1959) / *It Can't Happen Here : High Tension* (USA) / *This Doesn't Happen Here.*
23.10.1950, Stockholm (Röda Kvarn). P: SF. Sc: Herbert Grevenius nach einem Roman von Waldemar Brøgger »I løbet av tolv timer«. K: Gunnar Fischer. M: Erik Nordgren (in der Exportfassung von Herbert Stéen-Östling). A: Nils Svenwall. Ed: Lennart Wallén. Pl: Helge Hagerman. DZ: Juli/August 1950. DO: SF-Ateliers Råsunda, Stockholm.
D: Signe Hasso (Vera), Alf Kjellin (Björn Almkvist), Ulf Palme (Atkä Natas), Gösta Cederlund (Doktor), Yngve Nordwall (Lindell), Hannu Kompus (Pfarrer), Ragnar Klange (Filip Rundblom), Els Vaarman (Flüchtling/Frau im Kino), Sylvia Tael (Vanja), Edmar Kuus (Leino), Rudolf Lipp (»der Schatten«), Helena Kuus (Frau auf der Hochzeit/Flüchtling), Lillie Wästfeldt (Frau Rundblom, Filips Frau), Segol Mann, Willy Koblanck, Gregor Dahlman, Gösta Holmström, Ivan Bousé (Agenten von Liquidatzia), Stig Olin (junger Mann), Alexander von Baumgarten (Kapitän der »Mrofnimok Gadyn«), Magnus Kesster (Nachbar in Ålsten), Hanny Schedin (eine Dame), Gunwer Bergkvist (Funker), Sven Axel Carlsson (junger Mann im Auto), Wera Lindby (eine Frau), Mona Åstrand (junges Mädchen), Fritjof Hellberg (Matrose), Eddy Andersson (Kinovorführer), Mona Geijer-Falkner (Frau im Mietshaus), Erik Forslund (Pförtner), Peter Winner (»die Windjacke«), Georg Skarstedt (ein verkaterter Arbeiter), Tor Borong (Inspizient), Gösta Hedström (Nachbar), Maud Hyttenberg (Studentin), Helga Brofeldt (die Tante), Gustaf Hiort af Örnäs (Kellner), Sten Hansson (Koch), Eddie Ploman (Gerichtsmediziner), Ingemar Jacobsson (Polizist), Hugo Bolander (Leiter des Hotels).
2310 m (84 min).
DL: 2303 m (84 min). DE: 10.3.1959. FSK: ab 12, f.

FRÅNSKILD, 1950/51. *(Geschieden) / Divorce.*
26.12.1951, Stockholm (Röda Kvarn). P: SF. R: Gustaf Molander. Sc: *Ingmar Bergman,* Herbert Grevenius. K: Åke Dahlqvist. M: Erik Nordgren. A: Nils Svenwall. Ed: Oscar Rosander. Pl: Allan Ekelund. DO: SF-Ateliers Råsunda, Uppsala. DZ: November/Dezember 1950.
D: Inga Tidblad (Gertrud Holmgren), Alf Kjellin (Dr. Bertil Nordelius), Doris Svedlund (Marianne Berg), Hjördis Pettersson (Frau Nordelius), Håkan Westergren (Disponent A. Beckman), Irma Christenson (Dr. Cecilia Lindeman), Holger Löwenadler (Ingenieur Tore Holmgren), Marianne Löfgren (»Chefin Frau Ingeborg«), Stig Olin (Hans), Elsa Prawitz (Elsie), Birgitta Valberg (Rechtsanwältin Eva Möller), Sif Ruud (Rut Boman), Carl Ström (Öhman), Ragnar Arvedson (Bürochef), Ingrid Borthen (seine Frau), Yvonne Lombard (die junge hübsche Frau), Einar Axelsson (Geschäftsmann), Rune Halvorson (Werbefachmann), Rudolf Wendbladh (Prokurist), Guje Lagerwall, Nils Ohlin, Nils Jacobsson (Essensgäste), Hanny Schedin (Frau Nilsson), Harriet Andersson (Stellungssuchende), Christian Bratt (Tennisspieler).
2820 m (102 min).

BRIS TVÅL, 1951. *(Die Seife Bris).*
P: SF für Gibbs AB (AB Svenska Unilever). Sc: *Ingmar Bergman.* K: Gunnar Fischer. Pl: Ragnar M. Lindberg. DO: SF-Ateliers Råsunda.
D: John Botvid, Erna Groth.
32 m (1 min 10 sek).
DE: 4.11.1978 (Nordische Filmtage Lübeck).

FILMINSPELNINGEN, 1951. *(Die Filmaufnahme).*
P: SF für Gibbs AB (Svenska Unilever AB). Sc: *Ingmar Bergman.* K: Gunnar Fischer. Pl: Ragnar M. Lindberg. DO: SF-Ateliers Råsunda.
D: John Botvid (der Alte), Barbro Larsson (Werbefilmdarstellerin), Bengt Blomgren (ihr Verlobter).
34 m (1 min 15 sek).
DE: 4.11.1978 (Nordische Filmtage Lübeck).

FILMFÖRESTÄLLNINGEN, 1951. *(Die Filmvorstellung / Der dreidimensionale Film).*
P: SF für Gibbs AB (Svenska Unilever AB). Sc: *Ingmar Bergman.* K: Gunnar Fischer. Pl: Ragnar M. Lindberg. DO: SF-Ateliers Råsunda.
D: John Botvid (Kinozuschauer).
32 m (1 min 10 sek).
DE: 3.11.1978 (Nordische Filmtage Lübeck).

REBUSEN, (1951). *(Das Rebus).*
P: SF für Gibbs AB (Svenska Unilever AB). Sc: *Ingmar Bergman.* K: Gunnar Fischer. Pl: Ragnar M. Lindberg. DO: SF-Ateliers Råsunda.
D: Barbro Larsson (Filmerklärerin), Adolf Jahr (der alte Mann).
32 m (1 min 10 sek).
DE: 2.11.1978 (Nordische Filmtage Lübeck).

UPPFINNAREN, (1951). *(Der Erfinder).*
P: SF für Gibbs AB (Svenska Unilever AB). Sc: *Ingmar Bergman.* K: Gunnar Fischer. Pl: Ragnar M. Lindberg. DO: SF-Ateliers Råsunda.
D: Georg Adelly (der Erfinder), Emy Hagman (seine Ehefrau).
34 m (1 min 15 sek).
DE: 3.11.1978 (Nordische Filmtage Lübeck).

TROLLERIFÖRESTÄLLNING, 1951. *(Die Zaubervorstellung).*
P: SF für Gibbs AB (Svenska Unilever AB). Sc: *Ingmar Bergman.* K: Gunnar Fischer. Pl: Ragnar M. Lindberg. DO: SF-Ateliers Råsunda.
D: Lennart Lindberg (Ehemann), Sangrid Nerf (Ehefrau), Carl-Gustaf Lindstedt (dicker Mann).
32 m (1 min 10 sek).
DE: 3.11.1978 (Nordische Filmtage Lübeck).

MAGISK TEATER, 1951. *(Magisches Theater).*
P: SF für Gibbs AB (Svenska Unilever AB). Sc: *Ingmar Bergman.* K: Gunnar Fischer. Pl: Ragnar M. Lindberg. DO: SF-Ateliers Råsunda.

D: Gösta Prüzelius (Theater-Ansager).
32 m (1 min 10 sek).
DE: 3.11.1978 (Nordische Filmtage Lübeck).

GUSTAV III, 1951. *(König Gustav III.).*
P: SF für Gibbs AB (Svenska Unilever AB). Sc: *Ingmar Bergman.* K: Gunnar Fischer. Pl: Ragnar M. Lindberg. DO: SF-Ateliers Råsunda.
D: Doris Svedlund (Sprecherin).
34 m (1 min 13 sek).
DE: 5.11.1978 (Nordische Filmtage Lübeck).

PRINSESSAN OCH SVINAHERDEN, 1951. *(Die Prinzessin und der Schweinehirt).*
P: SF für Gibbs AB (Svenska Unilever AB). Sc: *Ingmar Bergman.* K: Gunnar Fischer. Pl: Ragnar M. Lindberg. DO: SF-Ateliers Råsunda.
D: John Botvid (König), Bibi Andersson (Königstochter), Bengt Brunshoff (Schweinehirt).
36 m (1 min 18 sek).
DE: 2.11.1978 (Nordische Filmtage Lübeck).

KVINNORS VÄNTAN, 1952. *Sehnsucht der Frauen* (1962) / *Secrets of Women* (englischer Titel: *Waiting Women).*
3.11.1952, Stockholm (Röda Kvarn). P: SF. Sc: *Ingmar Bergman.* K: Gunnar Fischer. M: Erik Nordgren. A: Nils Svenwall. Pl: Allan Ekelund. Ed: Oscar Rosander. DO: SF-Ateliers Råsunda, Insel Siarö, Paris.
D: Anita Björk (Rakel), Maj-Britt Nilsson (Marta Berg), Eva Dahlbeck (Karin), Gunnar Björnstrand (Fredrik Lobelius), Jarl Kulle (Kaj), Birger Malmsten (Martin Lobelius), Karl-Arne Holmsten (Eugen Lobelius), Gerd Andersson (Maj), Björn Bjeltvenstam (Henrik), Aino Taube (Annette), Håkan Westergren (Paul), Kjell Nordenskiöld (Bob), Carl Ström (Narkosearzt), Märta Arbin (Schwester Rut), Torsten Lilliecrona (Nachtclubkellner), Naima Wifstrand (alte Frau Lobelius), Victor Vicolacci (Le patron), Wiktor Andersson (Mann von der Mullabfuhr), Douglas Håge (Hausmeister), Lena Brogren (Krankenpflegerin), Lil Yunkers (Conférencier), *Ingmar Bergman* (Mann in Paris).

2945 m (107 min).
DL: 2685 m (97 min). DE: 26.2.1962. FSK: ab 16, f. FBW: wertvoll.

SOMMAREN MED MONIKA, 1952. *Die Zeit mit Monika* (1953) / *Monika* (englischer Titel: *Summer With Monika*).
9.2.1953, Stockholm (Spegeln). P: SF. Sc: *Ingmar Bergman* und Per Anders Fogelström nach dem Roman von Fogelström. K: Gunnar Fischer. M: Erik Nordgren (Walzer »Kärlekens hamn« von Filip Olsson). A: P A Lundgren, Nils Svenwall. Ed: Tage Holmberg, Gösta Lewin. Pl: Allan Ekelund. DZ: August/September 1952. DO: SF-Ateliers Råsunda, Stockholm, Inseln Borgen, Boskär und Ornö.
D: Harriet Andersson (Monika), Lars Ekborg (Harry), John Harryson (Lelle), Georg Skarstedt (Harrys Vater), Dagmar Ebbesen (Harrys Tante), Naemi Brise (Monikas Mutter), Åke Fridell (Monikas Vater), Gösta Eriksson (Direktor Forsberg, Leiter des Glaswarengeschäfts), Gösta Gustavsson (Diener bei Forsbergs), Arthur Fischer (Gemüsehändler), Åke Grönberg (Vorarbeiter), Sigge Fürst (Lagerverwalter), Gösta Prüzelius (Verkäufer), Bengt Eklund (erster Lagergehilfe), Gutav Färingborg (zweiter Lagergehilfe), Ivar Wahlgren (Villenbesitzer), Renée Björling (seine Frau), Catrin Westerlund (seine Tochter), Torsten Lilliecrona (sein Chauffeur), Harry Ahlin (Villenbesitzer), Jessie Flaws (dessen Tochter), Wiktor Andersson, Birger Sahlberg (Lumpenhändler), Hanny Schedin (Frau Bohman), Magnus Kesster, Carl-Axel Elfving (Arbeiter), Anders Andelius, Gordon Löwenadler (Monikas Verehrer), Bengt Brunskog (Sicke), Nils Whitén, Tor Borong, Einar Söderback (Trunkenbolde), Astrid Bodin, Mona Geijer-Falkner (Frauen im Fenster), Ernst Brunman (Tabakhändler), Nils Hultgren (Vikar).
2640 m (96 min).
DL: 2315 m (84 min). DE: 1953. FSK: ab 18, f.

GYCKLARNAS AFTON, 1953. *Abend der Gaukler* (1958) / *The naked Light* (englischer Titel: *Sawdust and Tinsel*).
14.9.1953, Stockholm (Grand). P: Sandrews (Rune Waldekranz). Sc: *Ingmar Bergman.* K: Sven Nykvist, Hilding Bladh, Göran Strindberg. M: Karl-Birger Blomdahl. A: Bibi Lindström. Ed: Carl-Olof Skeppstedt. Kostüme: Mago (= Max Goldstein). DZ: Februar/Juni 1953. DO: Sandrew-Ateliers, Gävle, Schonen.

D: Harriet Andersson (Anne), Åke Grönberg (Albert Johansson), Anders Ek (Frost), Hasse Ekman (Frans, ein Schauspieler), Gudrun Brost (Alma, Frosts Frau), Gunnar Björnstrand (Theaterdirektor Sjuberg), Annika Tretow (Agda, Alberts Frau), Erik Strandmark (Jens), Åke Fridell (Offizier), Kiki (Zwerg), Majken Torkeli (Frau Ekberg), Vanjek Hedberg (ihr Sohn), Curt Löwengrén (Blom), Conrad Gyllenhammar (Fager), Mona Sylwan (Frau Fager), Hanny Schedin (Tante Asta), Mikael Fant (der schöne Anton), Sigvard Törnquist (Meijer), Naemi Brise (Frau Meijer), Lissi Alandh, Karl Axel Forsberg, Olav Riego, John Stark, Erna Groth, Agda Helin (Schauspieler), Julie Bernby (Seiltänzerin), John Björling (Onkel), Gunborg Larsson (Frau Tanti), Göran Lindquist, Mats Hådell (Agdas Jungen).
2545 m (92 min).
DL: 2523 m (92 min). DE: 1958. FSK: ab 16, f. FBW: besonders wertvoll.

EN LEKTION I KÄRLEK, 1954. *Lektion in Liebe* (1963) / *A Lesson in Love.*
4.10.1954, Stockholm (Röda Kvarn). P: SF. Sc: *Ingmar Bergman.* K: Martin Bodin. M: Dag Wirén. A: P A Lundgren. Ed: Oscar Rosander. Pl: Allan Ekelund. DZ: 30.7.–16.9.1954. DO: SF-Ateliers Råsunda, Kopenhagen.
D: Gunnar Björnstrand (Dr. David Ernemann), Eva Dahlbeck (Marianne, seine Frau), Yvonne Lombard (Susanne), Harriet Andersson (Nix), Åke Grönberg (Carl-Adam), Birgitte Reimer (Lise), Olof Winnerstrand (Prof. Henrik Ernemann), Renée Björling (Svea Ernemann), John Elfström (Sam), Dagmar Ebbesen (Kindermädchen), Sigge Fürst (Pastor), Helge Hagerman (Handelsreisender), Gösta Prüzelius (Schaffner), Carl Ström (Onkel Axel), Torsten Lilliecrona (Portier), Arne Lindbladh (Hoteldirektor), Yvonne Brosset (Tänzerin), *Ingmar Bergman* (Mann im Zug).
2620 m (95 min).
DL: 2606 m (95 min). DE: 25.1.1963. FSK: ab 18, nf. FBW: wertvoll.

KVINNODRÖM, 1954. *Frauenträume* (1963) / *Dreams* (englischer Titel: *Journey into Autumn*).
22.8.1955, Stockholm (Grand). P: Sandrews. Sc: *Ingmar Bergman.*

Bei den Dreharbeiten zum ›Siebenten Siegel‹

K: Hilding Bladh. M: Archivmusik. A: Gittan Gustafsson. Ed: Carl-Olof Skeppstedt. Pl: Rune Waldekranz. DZ: 15.6.–4.8.1954. DO: Sandrew-Ateliers, Stockholm, Göteborg.
D: Eva Dahlbeck (Susanne), Harriet Andersson (Doris), Gunnar Björnstrand (Konsul Sönderby), Ulf Palme (Henrik Lobelius), Inga Landgré (Frau Lobelius), Kerstin Hedeby (Marianne), Sven Lindberg (Palle), Naima Wifstrand (Frau Arén), Bengt-Åke Benktsson (Direktor Magnus), Git Gay (Dame im Modeatelier), Ludde Gentzel (Fotograf Lundström), Gösta Prüzelius, Sigvard Mattsson (zwei Herren im Zug), Tord Stråhl (Herr Barse), Richard Mattsson (Månsson), Axel Düberg (Fotograf in Stockholm), Greta Stare, Millan Lyxell, Gert Widestedt, Margaretha Bergström, Elsa Hovgren (Damen in der Konditorei), Siv Ericks (Katja), Marianne Nielsen (Fanny),

Jessie Flaws (Maskenbildnerin), Gunhild Kjellquist (das dunkle Mädchen im Fotoatelier), Renée Björling (Professorin Berger), Inga Gill (Verkäuferin in der Konditorei), *Ingmar Bergman* (Mann mit Hund im Hotelkorridor), Per-Erik Åström (Chauffeur), Carl-Gustaf Lindstedt (Portier), Asta Beckman (Kellnerin), Bengt Schött (Modekünstler im Fotoatelier), Maud Hyttenberg, Folke Åström, Curt Kärrby u. a.
2385 m (87 min).
DL: ca. 80 min. DE: 19.8.1963 (TV).

SOMMARNATTENS LEENDE, 1955. *Das Lächeln einer Sommernacht* (1957) / *Smiles of a Summer Night.*
26.12.1955, Stockholm (Röda Kvarn). P: SF. Sc: *Ingmar Bergman.* K: Gunnar Fischer. T: P. O. Pettersson. M: Erik Nordgren. A: P A Lundgren, Ed: Oscar Rosander. Kostüme: Mago (= Max Goldstein). Makeup: Carl M. Lundh. Pl: Allan Ekelund, RA: Lennart Olsson. DZ: 28.6.–29.8.1955. DO: SF-Ateliers Råsunda, Schloß Jordberga, Ystad.
D: Gunnar Björnstrand (Fredrik Egerman), Ulla Jacobsson (Anne, seine Frau), Eva Dahlbeck (Désirée Armfeldt), Harriet Andersson (Petra, Hausmädchen), Margit Carlqvist (Charlotte Malcolm), Jarl Kulle (Graf Carl-Magnus Malcolm), Åke Fridell (Kutscher Frid), Björn Bjelfvenstam (Henrik Egerman, der Sohn), Naima Wifstrand (Mme. Armfelt), Jullan Kindahl (Köchin), Birgitta Valberg, Bibi Andersson (Schauspielerinnen), Lena Söderblöm, Mona Malm (Zimmermädchen), Gösta Prüzelius (Diener), Sigge Fürst (Polizist), Gunnar Nielsen (Niklas), Svea Holst (Garderobiere), Hans Strååt (Fotograf Almgren), Lisa Lundholm (Frau Almgren), Josef Norrman (älterer Gast beim Mittagessen), Arne Lindblad (Schauspieler), Anders Wulff (Desirées Sohn), Börje Mellvig, Georg Adelly, Carl-Gustav Lindstedt (Assessoren), Gull Natorp (Malla, Désirées Mädchen), Ulf Johansson (Gehilfe im Anwaltsbüro), Yngve Nordwall (Ferdinand), Sten Gester, Mille Schmidt (Diener), *Ingmar Bergman* (weggeschnittene Rolle als Buchhalter).
2975 m (108 min).
DL: 2980 m (108 min). DE: 31.1.1958. FSK: ab 18, nf. FBW: wertvoll.

SISTA PARET UT, 1956. (Das letzte Paar raus). *Junge Herzen im Sturm – Aus den Aufzeichnungen Bo Dahlins / Last Couple Out.*
12.11.1956, Stockholm (Fontänen, Röda Kvarn). P: SF. R: Alf Söberg. Sc: *Ingmar Bergman,* Alf Söberg nach einer Idee von *Ingmar Bergman.* K: Martin Bodin. M: Erik Nordgren, Charles Redland, Bengt Hallberg. T: Sven Hansen. A: Harald Garmland. Ed: Oscar Rosander. Pl: Allan Ekelund. Al: Carl-Henry Cagarp. RA: Sven Sjönell. DZ: Sommer 1956. DO: SF-Ateliers Råsunda, Stockholm. DZ: 16.5.–17.6.1955.
D: Eva Dahlbeck (Susanne Dahlin), Olof Widgren (Advokat Hans Dahlin), Björn Bjelfvenstam (Bo Dahlin), Johnny Johansson (Sven Dahlin, acht Jahre), Harriet Andersson (Anita, Susannes Freundin), Bibi Andersson (Kerstin), Jarl Kulle (Dr. Ernst Farell), Aino Taube (Kerstins Mutter), Hugo Björne (Lehrer Jacobi), Nancy Dalunde (Frau Farell), Märta Arbin (Großmutter), Jullan Kindahl (Alma, Dahlins Hausgehilfin), Jan-Olof Strandberg (Claes Berg), Göran Lindquist (»Knatten«), Kerstin Hörnblad, Mona Malm, Olle Davide, Claes Westergren, Lena Söderblom, Kristina Adolphson (Gymnasiasten), Ernst Brunman (Garderobenmann an der Oper), Sven-Eric Perzon (Zeitungsverkäufer).
2890 m (105 min).

DET SJUNDE INSEGLET, 1956. *Das siebente Siegel* (1962) / *The Seventh Seal.*
16.2.1957, Stockholm (Röda Kvarn). P: SF. Sc: *Ingmar Bergman* nach dem Bühnenstück »Trämålning« (Holzmalerei) von *Ingmar Bergman.* K: Gunnar Fischer. T: Aaby Wedin, Lennart Wallin. Toneffekte: Evald Andersson. M: Erik Nordgren. Musikalische Leitung: Sixten Erling. A: P A Lundgren. Choreographie: Elsie Fischer. Ed: Lennart Wallén. Kostüme: Manne Lindholm. Pl: Allan Ekelund. RA: Lennart Olsson. DZ: 2.7.–24.8.1956. DO: SF-Ateliers Råsunda, Hovs Hallar, Helsingborg.
D: Max von Sydow (Ritter Antonius Block), Gunnar Björnstrand (Knappe Jöns), Nils Poppe (Jof), Bengt Ekerot (der Tod), Bibi Andersson (Mia), Åke Fridell (Plog, Schmied), Inga Gill (Lisa, Plogs Frau), Erik Strandmark (Skat, Prinzipal der Schauspieler), Bertil Anderberg (Raval), Gunnel Lindblom (ein Mädchen), Maud Hansson (Hexe), Inga Landgré (Blocks Frau), Anders Ek (Mönch), Gun-

nar Olsson (Maler), Lars Lind (junger Mönch), Gudrun Brost (Frau im Wirtshaus), Ulf Johansson (Anführer der Knechte), Bengt-Åke Benktsson (Wirt), Ove Svensson (Leiche).
2620 m (95 min).
DL: 2682 m (97 min). DE: 14.2.1962. FSK: ab 16, f. FBW: besonders wertvoll.

HERR SCHLEMAN KOMMER, 1957. *(Herr Schleman kommt) / Mr. Sleeman Is Coming.*
18.4.1957 (TV). P: Sveriges Radio Stockholm (TV). Sc: *Ingmar Bergman* nach Hjalmar Bergmans Bühnenstück. (Fernsehfilm).

MATTENS LYS, 1957. *(Licht der Nacht) / Light in the Night.*
14.10.1957, Stockholm (Fontänen, Spegeln). P: Svensk Filmindustri. R: Lars-Eric Kjellgren. Ma: Lars-Eric Kjellgren. Sc: Lars-Eric Kjellgren, *Ingmar Bergman.* K: Åke Dahlqvist. T: Sven Hansen. M: Bengt Hallberg, Leslie Baguley, Francis Chagrin, Jürgen Jacobsen, Ove Lind. A: P A Lundgren. Ed: Oscar Rosander. Pl: Allan Ekelund. Al: Gustav Roger. DZ: 3.1.–28.2.1957. DO: SF-Ateliers Råsunda, Stockholm.
D: Marianne Bengtsson (Maria Pettersson), Lars Ekborg (Peter), Gunnar Björnstrand (Assessor Purman), Birger Malmsten (Schauspieler Mikael Sjöberg), Gaby Stenberg (Ka, Mikaels Frau), Gösta Cederlund (Schauspieler Alfred Björk), Erik Strandmark (Strolch), Georg Rydeberg (Filmregisseur), Helge Hagerman (Polizist Andersson), Sten Ardenstam (Polizist Lundström), Frithiof Bjärne, Torsten Lilliecrona, Hans Bendrik, Olof Ekbladh (Polizisten), Gösta Prüzelius (Polizist Pettersson), Gunnar Sjöberg (Polizeimeister), Ivar Wahlgren (Wilhelmsson), Renée Björling (Frau Wilhelmsson), Nils Whiten (Gustav Nilsson), Hanny Schedin (Frau Nilsson), Sven-Eric Gamble (Pressefotograf), Gösta Jönsson (»Toppen«), Nils Jacobsson (Feuerwehrhauptmann), Nils Olsson (Inspizient), Als Österlund (Herr im Mantel), Greta Stave, Stig Johansson, Gunnar Lindkvist, Carin Lundquist, Sven-Axel Carlsson, David Stein, Svea Holm, Matias Alexandersson
2540 m (91 min).

SMULTRONSTÄLLET, 1957. *Am Ende des Tages / Wilde Erdbeeren* (1961) / *Wild Strawberries.*

26.12.1957, Stockholm (Fontänen, Röda Kvarn). P: SF. Sc: *Ingmar Bergman.* K: Gunnar Fischer. T: Aaby Wedin, Lennart Wallin. M: Erik Nordgren. Musikalische Leitung: E. Eckert-Lundin. A: Gittan Gustafsson. Ed: Oscar Rosander. Kostüme: Millie Ström. Pl: Allan Ekelund. RA: Gösta Ekman. DZ: 2.7.–27.8.1957. DO: SF-Ateliers Råsunda, Lund Gränna, Stockholm, Dalarö.

D: Victor Sjöström (Professor Isak Borg), Bibi Andersson (Sara), Ingrid Thulin (Marianne), Gunnar Björnstrand (Evald, Isaks Sohn), Naima Wifstrand (Isaks Mutter), Folke Sundquist (Anders), Björn Bjelvenstam (Viktor), Jullan Kindahl (Jullan, Haushälterin), Gunnar Sjöberg (Alman), Gunnel Broström (Frau Alman), Max von Sydow (Åkerman), Sif Ruud (Tante), Yngve Nordwall (Onkel Aron), Gio Petré (Sigbritt), Gunnel Lindblom (Charlotta), Maud Hansson (Angelica), Gertrud Fridh (Isaks Frau), Åke Fridell (ihr Geliebter), Per Sjöstrand (Sigfrid), Lena Bergman, Monica Ehrling (Birgitta und Kristina, Zwillinge), Per Skogsberg (Hagbart), Eva Norée (Anna), Göran Lundquist (Benjamin), Prof. Sigge Wulff (Rektor der Universität Lund), Vendela Rönnbäck (Schwester Elisabeth), Gunnar Olsson (Bischof Hovelius), Anne-Marie Wiman (Frau Åkerman), Helge Wulff (Promoter), Josef Norman (Professor Tiger).

2490 m (90 min).

DL: 2508 m (91 min). DE: 21.7.1961. FSK: ab 16, f. FBW: besonders wertvoll.

NÄRA LIVET, 1957. *Am Anfang des Lebens* (1978) / *Brink of Life* (englischer Titel: *So Close to Life*).

31.3.1958, Stockholm (Fontänen, Röda Kvarn). P: Nordisk Tonefilm. Sc: *Ingmar Bergman,* Ulla Isaksson nach deren Kurzgeschichte »Det vänliga, värdiga« (Das Freundliche, Würdige) und »Det orubbliga« (Das Unerschütterliche) in ihrem Buch »Dödens faster« (Gevatter des Todes). K: Max Wilén. M: keine. A: Bibi Lindström. Ed: Carl-Olof Skeppstedt. Medizinischer Berater: Dr. Lars Engström. DZ: Ende 1957.

D: Ingrid Thulin (Cecilia Ellius), Eva Dahlbeck (Stina Andersson), Bibi Andersson (Hjördis), Barbro Hiort af Örnäs (Schwester Brita),

Max von Sydow (Harry Andersson), Gunnar Sjöberg (Dr. Nordlander), Erland Josephson (Anders Ellius), Inga Landgré (Greta Ellius), Anne-Marie Gyllenspetz (Sozialarbeiterin), Sissi Kaiser (Schwester Marit), Margareta Krook (Dr. Larsson), Lars Lind (Dr. Thylenius), Monica Ekberg (Hjördis' Freundin), Gun Jönsson (Nachtschwester), Inga Gill (eine Frau), Gunnar Nielsen (ein Arzt), Maud Elfsjö (Lernschwester), Kristina Adolphson (Assistentin).
2310 m (84 min). DE: 25.3.1978 (TV).

VENETIANSKAN, 1957. *(Die Venetianerin) / The Venetian.*
21.2.1958 (TV). P: Sveriges Radio Stockholm (TV). Sc: *Ingmar Bergman* nach einem Stoff aus dem 16. Jahrhundert. (Fernsehfilm).

RABIES, 1958. *(Tollwut) / Rabies.*
7.11.1958 (TV). P: Sveriges Radio Stockholm (TV). Sc: Olle Hedberg nach seiner gleichnamigen Bühnenfassung seines Romans *Slå dank* (Müßiggang). (Fernsehfilm).

ANSIKTET, 1958. *Das Gesicht* (1960) / *The Magician* (englischer Titel: *The Face*).
26.12.1958, Stockholm (Fontänen, Röda Kvarn). P: SF. Sc: *Ingmar Bergman.* K: Gunnar Fischer. M: Erik Nordgren. Musikalische Leitung: E. Eckert-Lundin. A: P A Lundgren. Ed: Oscar Rosander. Kostüme: Manne Lindholm, Greta Johansson. Pl: Allan Ekelund. RA: Gösta Ekman. DE: 30.6.–27.8.1958. DO: SF-Ateliers Råsunda, Stockholm.
D: Max von Sydow (Albert Emanuel Vogler), Ingrid Thulin (Manda Vogler, oder Aman), Gunnar Björnstrand (Dr. Vergérus), Lars Ekborg (Simson), Bibi Andersson (Sara), Åke Fridell (Tubal), Sif Ruud (Sofia Garp), Erland Josephson (Konsul Abraham Egerman), Gertrud Fridh (Ottilia Egerman, seine Frau), Toivo Pawlo (Polizeichef Starbeck), Ulla Sjöblom (Henrietta, seine Frau), Bengt Ekerot (Johan Spegel, Schauspieler), Birgitta Pettersson (Sanna, Magd), Naima Wifstrand (Voglers Großmutter), Oscar Ljung (Antonsson, Egermans Kutscher), Axel Düberg (Rustan, Diener), Tor Borong, Arne Mårtensson, Frithiof Bjärne (Zöllner).
2755 m (100 min).
DL: 2708 m (98 min). DE: 7.10.1960. FSK: ab 16, f. FBW: wertvoll.

JUNGFRUKÄLLAN, 1959. *Die Jungfrauenquelle* (1960) / *The Virgin Spring.*
8.2.1960, Stockholm (Röda Kvarn), Rättvik, Uppsala. P: SF. Sc: Ulla Isaksson nach der Ballade »Herr Töres dotter i wänge« aus dem 12. Jahrhundert. K: Sven Nykvist. T: Aaby Wedin. M: Erik Nordgren. A: P A Lundgren. Ed: Oscar Rosander. Pl: Allan Ekelund. Al: Carl-Henry Cagarp. RA: Lenn Hjortzberg. DZ: Sommer 1959. DO: SF-Ateliers Råsunda, Styggeforsen und Skattungby in Dalarna.
D: Max von Sydow (Herr Töre), Birgitta Valberg (Märeta, seine Frau), Birgitta Pettersson (Karin, deren Tochter), Gunnel Lindblom (Ingeri, deren andere Adoptivtochter), Axel Düberg (»Der Dünne«), Tor Isedal (»Der Zungenlose«), Allan Edwall (Bettler), Ove Porath (der Junge), Axel Slangus (Brückenwärter), Gudrun Frost (Frida), Oscar Ljung (Simon), Tor Borong, Leif Forstenberg (Knechte).
2435 m (88 min).
DL: 2434 m (88 min). DE: 9.9.1960. FSK: ab 18, f. FBW: wertvoll.

OVÄDER, 1959. *(Der Sturm)* / *The Storm.*
22.1.1960 (TV). P: Sveriges Radio Stockholm. Sc: *Ingmar Bergman* nach August Strindbergs Kammerspiel »Oväder« (Wetterleuchten). (Fernsehfilm).

DJÄVULENS ÖGA, 1960. *Die Jungfrauenbrücke* (1964) / *Das Teufelsauge* (1966) / *The Devil's Eye.*
17.10.1960, Stockholm (Fontänen, Röda Kvarn). P: SF. Sc: *Ingmar Bergman* nach Oluf Bangs Hörspiel »Don Juan vender tilbage« (Don Juan kehrt zurück). K: Gunnar Fischer. T: Stig Flodin. M: Erik Nordgren, Domenico Scarlatti. A: P A Lundgren. Ed: Oscar Rosander. Kostüme: Mago (= Max Goldstein). Toneffekte: Evald Andersson. Am Klavier: Käbi Laretei. Pl: Allan Ekelund. RA: Lenn Hjortzberg. Al: Lars-Owe Carlberg. DZ: Juli/August 1960. DO: SF-Ateliers Råsunda.
D: Jarl Kulle (Don Juan), Bibi Andersson (Britt-Marie), Stig Järrel (Satan), Nils Poppe (Pfarrer), Gertrud Fridh (Frau Renata), Sture Lagerwall (Pablo, Don Juans Diener), Georg Funkquist (Graf Armand de Rochefoucauld), Gunnar Sjöberg (Marquis Giuseppe Maria de Macopanza), Torsten Winge (der alte Mann), Axel Düberg

(Jonas), Kristina Adolphson (die verschleierte Frau), Allan Edwall (der Ohrendämon), Ragnar Arvedson (der Wächterdämon), Gunnar Björnstrand (Schauspieler), John Melin (Schönheitsdoktor), Sten-Torsten Thuul (Schneider), Börje Lund (Friseur), Arne Lindblad (Schneidergeselle), Svend Bunch (Verwandlungskünstler), Lenn Hjortzberg (Klistierarzt), Tom Olsson (schwarzer Masseur), Inga Gill (Hausmädchen).
2385 m (87 min).
DL: 2385 m (87 min). DE: 11.1.1966. FSK: ab 18, nf.

SÅSOM I EN SPEGEL, / *Tapeten* 1960/61. *Wie in einem Spiegel* (1962) / *Through a Glass Darkly.*
16.10.1961, Stockholm (Fontänen, Spegeln). P: SF. Sc: *Ingmar Bergman.* K: Sven Nykvist. T: Stig Flodin. M: Erik Nordgren, Johann Sebastian Bach (Suite Nr. 2 in d-moll für Violoncello). A: P A Lundgren. Kostüme: Mago (= Max Goldstein). Toneffekte: Evald Andersson. Ed: Ulla Ryghe. Pl: Allan Ekelund. RA: Lenn Hjortzberg. Al: Lars-Owe Carlberg. DZ: Spätsommer 1960. DO: SF-Ateliers Råsunda, Fårö.
D: Harriet Andersson (Karin), Gunnar Björnstrand (David, ihr Vater, Schriftsteller), Max von Sydow (Martin, ihr Mann, Arzt), Lars Passgård (Fredrik, genannt »Minus«, ihr Bruder).
2445 m (89 min).
DL: 2440 m (89 min). DE: 28.6.1962. FSK: ab 18, f. FBW: besonders wertvoll.

LUSTGÅRDEN, 1961. *(Garten der Lüste) / The Pleasure Garden.*
26.12.1961, Stockholm (Fanfaren, Röda Kvarn). P: SF. R: Alf Kjellin. Sc: Buntel Ericsson (= *Ingmar Bergman* und Erland Josephson). K: Gunnar Fischer. T: Lars Lalin. M: Erik Nordgren, Hans Christian Lumbye. A: P A Lundgren. Kostüme: Mago (= Max Goldstein), Bertha Sånnell. Ed: Ulla Ryghe. Pl: Allan Ekelund. Al: Carl-Johan Seth. RA: David Norberg. DZ: Sommer 1961. DO: SF-Ateliers Råsunda, Vadstena, Arboga, Skänninge.
D: Sickan Carlsson (Fanny, Kellnerin im Stadthotel), Gunnar Björnstrand (David Samuel Franzén, Studienrat), Bibi Andersson (Anna, Fannys Tochter), Per Myrberg (Emil, Vikar), Kristina Adolphson (Astrid Skog, Buchhändlerin), Stig Järrel (Ludvig Lundberg, Leh-

rer), Hjördis Petterson (Ellen, Franzéns Schwester), Gösta Cederlund (Liljedahl), Torsten Winge (Wibom), Sten Hedlund (Rektor), Lasse Krantz (Oberkellner), Fillie Lyckow (Berta, Kellnerin), Jan Tiselius (Ossian, Schuljunge), Stefan Hübinette (Volontär), Sven Nilsson (Bischof), Rolf Nystedt (Bürgermeister), Stina Ståhle (Frau des Rektors), Lars Westlund (Postmeister), Ivar Uhlin (Dr. Brusén), Birger Sahlberg (Polizist).
2550 m (93 min). Eastmancolor.

NATTVARDSGÄSTERNA, 1961/62. *Licht im Winter* (1963) / *Winter Light.*
11.2.1963, Stockholm (Fontänen, Röda Kvarn). P: SF. Sc: *Ingmar Bergman.* K: Sven Nykvist. T: Stig Flodin. M: aus dem Gottesdienstritual der Schwedischen Kirche. A: P A Lundgren. Kostüme: Mago (= Max Goldstein). Toneffekte: Evald Andersson. Ed: Ulla Ryghe. Pl: Allan Ekelund. Al: Lars-Owe Carlberg. RA: Lenn Hjortzberg, Vilgot Sjöman. DZ: Oktober/Dezember 1961. DO: SF-Ateliers Råsunda, Dalarna.
D: Ingrid Thulin (Märta Lundberg, Lehrerin), Gunnar Björnstrand (Tomas Ericsson, Pfarrer), Max von Sydow (Jonas Persson, Fischer), Gunnel Lindblom (Karin, seine Frau), Allan Edwall (Algot Frövik, Küster), Kolbjörn Knudsen (Knut Aronsson, Kirchendiener), Olof Thunberg (Fredrik Blom, Organist), Elsa Ebbesen-Thornblad (Magdalena Ledfors, Witwe), Tor Borong (Johan Åkerblom), Bertha Sånnell (Hanna Appelblad, Bäckerin), Helena Palmgren (Doris, ihre fünfjährige Tochter), Eddie Axberg (Johan Strand), Lars-Owe Carlberg (Polizeikommissar), Johan Olafs (ein Herr), Ingmari Hjort (Perssons Tochter), Stefan Larsson (Perssons Sohn), Lars-Olof Andersson, Christer Öhman (Frederikssons Söhne).
2215 m (80 min).
DL: 2209 m (80 min). DE: 15.2.1963. FSK: ab 16, f. FBW: besonders wertvoll.

TRÄMÅLNING, 1963. *(Holzschnitt) / Wood Painting / Painting-On-Wood.*
22.4.1963 (TV). P: Sveriges Radio Stockholm, TV. R: Lennart Olsson. Sc: *Ingmar Bergman* nach dem Bühnenstück »Trämålning« von

Ingmar Bergman (Bühnenpremiere 18.3.1955 in Malmö). (Fernsehfilm).

ETT DRÖMSPEL, 1963. *(Ein Traumspiel) / A Dream Play.*
2.5.1963 (TV). P: Sveriges Radio Stockholm, TV. Sc: *Ingmar Bergman* nach August Strindbergs gleichnamigem Bühnenstück. (Fernsehfilm).

TYSTNADEN, 1962/63. *Das Schweigen* (1964) / *The Silence.*
23.9.1963, Stockholm (Fontänen, Röda Kvarn). P: SF. Sc: *Ingmar Bergman.* K: Sven Nykvist. T: Stig Flodin. M: Ivan Renliden, R. Mersey, Johann Sebastian Bach. Kostüme: Marik Vos-Lundh, Bertha Sånnell. A: P A Lundgren. Ed: Ulla Ryghe. Pl: Allan Ekelund. Al: Lars-Owe Carlberg. RA: Lars-Erik Liedholm, Lenn Hjortzberg. DO: SF-Ateliers Råsunda.
D: Ingrid Thulin (Ester), Gunnel Lindblom (Anna), Jörgen Lindström (Johan, Annas Sohn), Håkan Jahnberg (Etagenkellner), Birger Malmsten (Barkellner), Die Eduardinis (die Zwerge), Eduardo Guitirrez (»Eduardini«, ihr Impresario), Lissi Alandh (Frau im Varieté), Leif Forstenberg (Mann im Varieté), Nils Waldt (Kinokassierer), Eskil Kalling (Barbesitzer), Karl-Arne Bergman (Zeitungsverkäufer in der Bar), Olof Widgren (alter Mann im Hotel), Birger Lensander (Kinoportier), Kristina Olsson (für Gunnel Lindblom).
2610 m (95 min).
DL: 2600 m (94 min). DE: 24.1.1964. FSK: ab 18, f. FBW: besonders wertvoll.

FÖR ATT INTE TALA OM ALLA DESSA KVINNOR, 1964. *Ach, diese Frauen* (1964) / *Not to Mention All These Women* (US-Titel: *Now About All These Women,* englischer Titel: *All These Women*).
15.6.1964, Stockholm (Röda Kvarn). P: SF. Sc: Buntel Ericcson (= *Ingmar Bergman,* Erland Josephson). K: Sven Nykvist. T: P. O. Pettersson. M: Erik Nordgren, Johann Sebastian Bach (Suite Nr. 3 c-dur, Suite Nr. 3 d-moll). A: P A Lundgren. Kostüme: Mago (= Max Goldstein). Ed: Ulla Ryghe. Toneffekte: Evald Andersson. Pl: Allan Ekelund. Al: Lars-Owe Carlberg. RA: Lenn Hjortzberg, Lars-Erik Liedholm. DO: SF-Ateliers Råsunda, Norrvikens Trädgårdar bei Båstad.

D: Jarl Kulle (Cornelius, Musikkritiker), Bibi Andersson (Humlan), Harriet Andersson (Isolde, Kammerzofe bei Felix), Eva Dahlbeck (Adelaide, Felix' Frau), Karin Kavli (Madame Tussaud, Felix' Beschützerin), Gertrud Fridh (Traviata), Mona Malm (Cecilia, Felix' junge Verwandte), Barbro Hiort af Örnäs (Beatrice, Felix' Begleiterin), Allan Edwall (Jillker, Felix' Impresario), Georg Funkquist (Tristan, ehemals Cellist), Carl Billquist (junger Mann), Jan Blomberg (englischer Rundfunkreporter), Göran Graffman (französischer Rundfunkreporter), Jan-Olof Strandberg (deutscher Rundfunkreporter), Gösta Prüzelius (schwedischer Rundfunkreporter), Ulf Johansson, Axel Düberg, Lars-Erik Liedholm (drei Männer in Schwarz), Lars-Owe Carlberg (Chauffeur), Doris Funcke, Yvonne Igell (Kellnerinnen).
2195 m (80 min). Eastmancolor.
DL: 2180 (79 min). DE: 14.8.1964. FSK: ab 16, nf.

STIMULANTIA, 1964/66. *Stimulantia* (1981) / *Stimulantia.*
28.3.1967, Stockholm (Spegeln). R: Hans Abramson (Episode UPPTÄCKTEN), Jörn Donner (HAN-HON), Lars Görling (KONFRONTATIONER), *Ingmar Bergman* (DANIEL), Arne Arnbom (BIRGIT NILSSON), Hans Alfredson, Tage Danielsson (DYGDENS BELÖNING), Gustaf Molander (SMYCKET), Vilgot Sjöman CNEGRESSEN I SKÅPET). Schlußredaktion: Olle Nordemar. Für die Bergman-Episode DANIEL: Idee: *Ingmar Bergman.* K: *Ingmar Bergman.* M: Wolfgang Amadeus Mozart. Piano: Käbi Laretei. Ed: Ulla Ryghe. DZ: Sommer 1964 bis Sommer 1966. DO: Fårö.
D: Daniel Bergman (Kind), Käbi Laretei (Mutter), *Ingmar Bergman* (Filmvorführer). Erzähler: *Ingmar Bergman.*
Gesamtlänge: 2885 m (105 min); DANIEL-Episode: Eastmancolor.
DE: 8.11.1981 (Nordische Filmtage Lübeck).

PERSONA, 1965. *Geschichte zweier Frauen* / *Persona* (1967) / *Persona.*
18.10.1966, Stockholm (Spegeln). P: SF. Sc: *Ingmar Bergman.* K: Sven Nykvist, Anders Bodin. T: P. O. Pettersson. M: Lars Johan Werle, Johann Sebastian Bach (Violinkonzert e-dur). A: Bibi Lindström. Kostüme: Mago (= Max Goldstein). Toneffekte: Evald Andersson. Pl: Lars-Owe Carlberg. Al: Bo Vibenius. RA: Lenn Hjortz-

Bergman mit Gunnel Lindblom

berg. DZ: Mitte Juli/Mitte September 1965. DO: SF-Ateliers Råsunda, Fårö.
D: Liv Ullmann (Elisabet Vogler), Bibi Andersson (Schwester Alma), Margaretha Krook (Ärztin), Gunnar Björnstrand (Herr Vogler), Jörgen Lindström (Elisabets Sohn).
2320 m (84 min).
DL: 2310 m (84 min). DE: 25.8.1967. FSK: ab 18, f. FBW: besonders wertvoll.

VARGTIMMEN, 1966/67. *Die Stunde des Wolfs* (1968) / *Hour of the Wolf.*
19.2.1968, Stockholm (Röda Kvarn). P: SF. Sc: *Ingmar Bergman.* K: Sven Nykvist. T: P. O. Pettersson. M: Lars-Johan Werle, Johann Sebastian Bach (Sarabande), Wolfgang Amadeus Mozart (»Oh ewige Nacht!«). A: Marik Vos-Lundh. Kostüme: Mago (= Max Goldstein). Toneffekte: Evald Andersson. Ed: Ulla Ryghe. Pl: Lars-Owe

Carlberg. Al: Bo A. Vibenius. RA: Lenn Hjortzberg. DZ: Ende Mai bis Ende September 1966. DO: SF-Ateliers Råsunda, Hovs Hallar bei Hallandsåsen.
D: Max von Sydow (Johan Borg, Künstler), Liv Ullmann (Alma, seine Frau), Ingrid Thulin (Veronica Vogler), Erland Josephson (Baron von Merkens), Gertrud Fridh (Corinne von Merkens, seine Frau), Naima Wifstrand (alte Frau von Merkens), Bertil Anderberg (Ernst von Merkens), Georg Rydeberg (Archivar Lindhorst), Ulf Johanson (Kurator Heerbrand), Lenn Hjortzberg (Kapellmeister Kreisler), Agda Helin (Mädchen bei von Merkens), Mikael Rundquist (Junge in der Traumsequenz), Folke Sundquist (Tamino in der Zauberflöte), Mona Seilitz (Leiche im Schauhaus).
2455 m (89 min).
DL: 2385 m (87 min). DE: 1.3.1968. FSK: ab 18, f. FBW: wertvoll.

SKAMMEN, / *Kriget* / *Skammens drömmar,* 1967/68. *Schande* / *Die Scham* (1969) / *Shame* (englischer Titel: *The Shame).*
29.9.1968, Stockholm (Spegeln), Täby (Camera). P: SF. Sc: *Ingmar Bergman.* Beratung: Stig Lindberg (militärisch), Rustan Åberg (pyrotechnisch), Lennart Bergqvist. K: Sven Nykvist. T: Lennart Engholm. M: Johann Sebastian Bach, *Ingmar Bergman* (Originalmusik). A: P A Lundgren. Kostüme: Mago (= Max Goldstein). Toneffekte: Evald Andersson. Ed: Ulla Ryghe. Pl: Lars-Owe Carlberg. Al: Brian Wikström. RA: Raymond Lundberg. DZ: Mitte September/Ende November 1967. DO: Fårö.
D: Liv Ullmann (Eva Rosenberg), Max von Sydow (Jan, ihr Mann), Gunnar Björnstrand (Oberst Jacobi, Bürgermeister), Birgitta Valberg (Frau Jacobi), Sigge Fürst (Filip, Partisanenführer), Hans Alfredson (Fredrik Lobelius, Antiquitätenhändler), Ingvar Kjellson (Lehrer Oswald), Frank Sundström (Verhörleiter), Vilgot Sjöman (Interviewer), Björn Thambert (Johan, Deserteur), Bengt Eklund (Wache), Rune Lindström (dicker Herr), Frej Lindqvist (der Bucklige), Stig Lindberg (Assistenzarzt), Willy Peters (älterer Herr), Lars Amble (Offizier), Karl-Axel Forssberg (Sekretär), Brita Öberg (Dame beim Verhör), Per Berglund, Nils Fogeby (Soldaten), Agda Helin (Händlerin), Ellika Mann (Gefangenenwärterin), Gregor Dahlman, Brian Wikström (zwei Männer), Monica Lindberg (eine Frau), Nils Whiten (älterer Mann), Jan Bergman (Jacobis Fahrer),

Barbro Hiort af Örnäs, Georg Skarstedt, Lilian Carlsson, Börje Lundh, Eivor Kullberg, Karl-Arne Bergman (Leute im Flüchtlingsboot), Gösta Prüzelius (Pfarrer), Ulf Johansson (Arzt).
2820 m (102 min).
2817 m (102 min). DE: 21.2.1969. FSK: ab 16, f. FBW: wertvoll.

RITEN, 1970. *Der Ritus* (1970) / *The Rite.*
25.3.1969 (TV). P: SF/Sveriges Radio TV/Cinematograph (= *Ingmar Bergman).* Sc: *Ingmar Bergman.* K: Sven Nykvist. T: Olle Jakobsson. A: Lennart Blomkvist. Kostüme: Mago (= Max Goldstein). Ed: Siv Kanälv. Pl: Lars-Owe Carlberg. DZ: Mai/Juni 1969. DO: SF-Studios Råsunda.
D: Ingrid Thulin (Thea Winkelmann/Claudia), Anders Ek (Albert Emanuel Sebastian Fischer), Gunnar Björnstrand (Hans Winkelmann), Erik Hell (Richter Abrahamson), *Bergman* (Priester).
2030 m (74 min).
DL: 2060 m (75 min). DE: 20.1.1970 (ZDF), Kino: 1971. FSK: 16, f.

EN PASSION, 1968. *Passion* (1972) / *The Passion of Anna* (englischer Titel: *A Passion*).
10.11.1969, Stockholm (Spegeln). P: SF/ Cinematograph (= *Ingmar Bergman).* Sc: *Ingmar Bergman.* K: Sven Nykvist. T: Lennart Engholm. M: Johann Sebastian Bach, Allan Gray. A: Per Axel Lund-Øgren. Kostüme: Mago (= Max Goldstein). Toneffekte: Ulf Nordholm. Erzähler (in der schwedischen Fassung): *Ingmar Bergman.* Ed: Siv Kanälv. Pl: Lars-Owe Carlberg. Al: Brian Wikström. DZ: Herbst 1968. DO: Fårö.
D: Liv Ullmann (Anna Fromm), Max von Sydow (Andreas Winkelman), Bibi Andersson (Eva Vergérus), Erland Josephson (Elis Vergérus), Erik Hell (Johan Andersson), Sigge Fürst (Verner), Svea Holst (Verners Frau), Annika Kronberg (Katarina, das Mädchen im Tagtraum), Hjördis Petterson (Johans Schwester), Lars-Owe Carlberg, Brian Wikström (Polizisten), Barbro Hiort af Örnäs, Malin Ek, Marianne Karlbeck, Britta Brunius, Brita Öberg (Frauen in der Traumszene), Lennart Blomkvist, ein Dackel.
2770 m (101 min). Eastmancolor.
DL: 98 min. DE: 25.10.1970 (Nordische Filmtage Lübeck), 14.8.1972 (ZDF).

FÅRÖDOKUMENT, 1969. *Bericht über Fårö* (1976) /*Fårö-Dokument* 1969 (1984) / *The Fårö Document.*
1.1.1970 (TV). P: Cinematograph (= *Ingmar Bergman*). Sc: *Ingmar Bergman.* K: Sven Nykvist. T: P. O. Prambo. Ed: Siv Kanälv. Pl: Lars-Owe Carlberg. DZ: 15.3./Anfang Mai 1969. DO: Fårö. Fernsehfilm für Sveriges Radio/TV2.
D: *Ingmar Bergman* (Interviewer), Bewohner der Insel Fårö.
78 min. Eastmancolor (teilweise).
DE: 31.10.1976 (Nordische Filmtage Lübeck); TV: 26.12.1984 (ZDF).

RESERVATET, *En banalitetens tragi-komedi,* 1970. *(Das Reservat)* / *The Sanctuary.*
28.10.1970 (TV). P: Sveriges Radio Stockholm/TV. R: Jan Molander. Sc: *Ingmar Bergman.*
D: Gunnel Lindblom (Anna Fromm), Toivo Pawlo (Albert, ihr Bruder), Erland Josephson (Elis, ihr Geliebter), Per Myrberg (Andreas Fromm, ihr Ehemann) (Fernsehfilm).

THE LIE, *A Tragic Comedy About Banality* 1970.
11.11.1970 (TV). P: BBC London. R: Alan Bridges. Sc: *Ingmar Bergmann,* bearbeitet von Paul Britten Austin.
D: Gemma Jones (Anna Fromm), Joss Aceland (Albert, ihr Bruder), Frank Finlay (Andrew, ihr Ehemann), Caroline Blakiston.
Eurovisions-Fernsehfilm; US-Version: CBS Playhouse 90, Herbst 1972 (R: Alex Segal).

BERÖRINGEN, 1970. *The Touch* / *Berührungen* (1972) / *The Touch.*
26.6.1971, Berlin (Filmfestspiele), 30.8.1971, Stockholm. P: ABC Pictures Corp. New York / Cinematograph (= *Ingmar Bergman*). Sc: *Ingmar Bergman.* K: Sven Nykvist. T: Lennart Engholm, Harry Engholm, Bernt Frithiof. M: Jan Johansson. A: P A Lundgren. Kostüme: Mago (= Max Goldstein). Ed: Siv Kanälv-Lundgren. Titelsequenzkamera: Gunnar Fischer. Pl: Lars-Owe Carlberg. Al: Letti Ekberg. RA: Arne Carlsson. DZ: September/Oktober 1970. DO: SF-Ateliers Råsunda, Visby.
D: Bibi Andersson (Karin Vergérus), Elliott Gould (David Kovac), Max von Sydow (Andreas Vergérus, Arzt), Sheila Reid (Sara Kovac), Barbro Hiort af Örnäs (Karins Mutter), Åke Lindström

(Arzt), Mimmi Wahlander (Krankenschwester), Staffan Hallerstam (Anders Vergérus), Maria Nolgård (Agnes Vergérus), Erik Nyhlén (Archäologe), Margareta Byström (Dr. Vergérus' Sekretärin), Alan Simon (Museumsdirektor), Per Sjöstrand (Museumsdirektor), Else Ebbesen (Oberschwester), Anna von Rosen, Karin Nilsson (Nachbarinnen), Aino Taube (Frau an der Treppe), Harry Schein, Stig Björkman (Restaurantgäste), Ann-Christin Lobraten (Museumsangestellte), Carol Zavis (BEA-Stewardeß), Dennis Gotobed (englischer Einwanderungsbeamter), Bengt Ottekil (Hotelpage in London).
3145 m (114 min). Eastmancolor.
DL: 3081 m (112 min). DE: 14.1.1972. FSK: ab 16, f. FBW: wertvoll.

INGMAR BERGMAN, 1970/72.
P: Svenska Filminstitutet. R: Stig Björkman. K: Roland Lundin. DZ: September/Oktober 1970. DO: SF-Ateliers Råsunda, Visby.
D: *Ingmar Bergman.*
59 min (16 mm). Eastmancolor. (Dokumentarfilm von den Dreharbeiten zu *The Touch* und Interview mit Ingmar Bergman).
DE: 29.10.1972 (Nordische Filmtage Lübeck).

VISKNINGAR OCH ROP, 1971/72. *Schreie und Flüstern* (1974) / *Cries and Whispers.*
Dezember 1972, New York/5.3.1973, Stockholm. P: Cinematograph (= *Ingmar Bergman)*/Svenska Filminstitutet. Sc: *Ingmar Bergman.* K: Sven Nykvist. T: Owe Svensson. M: Frédéric Chopin (gespielt von Käbi Laretei), Johann Sebastian Bach (gespielt von Pierre Fournier). A: Marik Vos. Kostüme: Greta Johanson. Ed: Siv Lundgren. Pl: Lars-Owe Carlberg. DZ: September/Oktober 1971. DO: Taxinge Näsby.
D: Harriet Andersson (Agnes), Kari Sylwan (Anna), Ingrid Thulin (Karin), Liv Ullmann (Maria), Erland Josephson (Arzt), Henning Moritzen (Joakim), Georg Årlin (Fredrik), Anders Ek (Pastor Isak), Inga Gill (Tante Olga, Erzählerin), Malin Gjörup, Rosanna Mariano, Lena Bergman, Monika Priede, Greta Johanson, Karin Johanson.
2496 m (91 min). Eastmancolor.
DL: 2484 m (90 min). DE: 10.3.1974 (ARD), Kino: 1975. FSK: ab 18, f.

FOTO: SVEN NYKVIST, 1973. *Kamera: Sven Nykvist*
England 1973. P: Philip Strick. R: Baylay Silleck. K: Stephen Goldblatt. Ed: Colin Sherman. (Dokumentarfilm).
D: Sven Nykvist, *Ingmar Bergman,* Liv Ullmann, Erland Josephson.
25 min (16 mm). Farbe

SCENER UR ETT ÄKTENSKAP, 1972. *Ingmar Bergman: Szenen einer Ehe / Szenen einer Ehe* (1975) / *Scenes From a Marriage.*
11.4./16.5.1973 (TV), 28.10.1974, Västerås (Camera). P: Cinematograph (= *Ingmar Bergman)*/Sveriges Radio TV 2. Sc: *Ingmar Bergman.* K: Sven Nykvist. T: Owe Svensson. A: Björn Thulin, Kostüme: Inger Pehrsson. Ed: Siv Lundgren. Pl: Lars-Owe Carlberg. DZ: Juli/September 1972. DO: Fårö, Djursholm.
D: Liv Ullmann (Marianne), Erland Josephson (Johan, ihr Mann), Bibi Andersson (Katarina), Jan Malmsjö (Peter, ihr Mann), Anita Wall (Frau Palm, Interviewerin), Gunnel Lindblom (Eva, Johans Kollegin), Rosanna Mariano (Eva als 12jährige), Lena Bergman (Karin, ihre Schwester), Barbro Hiort af Örnäs (Frau Jacobi), Bertil Norström (Arne), Arne Carlsson, Wenche Foss (Mariannes Mutter, nur in der Fernsehfassung). Kommentator (in der schwedischen Fassung): *Ingmar Bergman* (Stimme des Fotografen).
Fernsehfassung: 6 Teile je 50 min: *Oskuld och panik* (Unschuld und Panik 11.4.1973), *Konsten att sopa under mattan* (Die Kunst, alles unter den Tisch zu kehren 18.4.1973), *Paula,* 25.4.1973; *Tåredalen* (Das Tal der Tränen), 2.5.1973; *Analfabetarna* (Die Analphabeten), 9.5.1973; *Mitt i natten i ett mörkt hus någonstans i världen* (Mitten in der Nacht in einem dunklen Haus irgendwo in der Welt), 16.5.1973.
Filmfassung 4654 m (168 min). Eastmancolor.
DL: 4633 m (168 min). DE: 13.3.1975. FSK: ab 16, f. FBW: besonders wertvoll.
Deutsche Fernsehfassung: 5 Teile mit 49, 39, 49, 49 und 49 Minuten, zusammen 235 Minuten.

TROLLFLÖJTEN, 1974. *Die Zauberflöte* (1976) / *The Magic Flute.*
1.1.1975 (TV), 14.10.1975, Stockholm (Röda Kvarn). P: Sveriges Radio TV 2. Sc: *Ingmar Bergman* nach der Oper von Wolfgang Amadeus Mozart und dem Libretto von Emanuel Schikaneder. K: Sven

Nykvist. T: Helmut Mühle (Musik), Peter Hennix (Dialoge). M: Wolfgang Amadeus Mozart. Musikalische Leitung: Eric Ericson. A: Henny Noremark. Kostüme: Henny Noremark, Karin Erskine. Choreographie: Donya Feuer. Ed: Siv Lundgren. Produzent: Måns Reutersward. Al: Ann-Marie Jartelius. RA: Kerstin Forsmark. DZ: Mai/ Juni 1974. DO: Svenska Filminstitutets Studios, Drottningholm.
D: Josef Köstlinger (Tamino), Irma Urrila (Pamina), Håkan Hagegård (Papageno), Elisabeth Eriksson (Papagena), Britt-Marie Aruhn (erste Dame), Kirsten Vaupel (zweite Dame), Birgitta Smiding (dritte Dame), Ulrik Cold (Sarastro), Birgit Nordin (Königin der Nacht), Ragnar Ulfung (Monostatos), Erik Saeden (Sprecher), Gösta Prüzelius (erster Priester), Ulf Johansson (zweiter Priester), Hans Johansson, Jerker Arvidsson (zwei Wächter), Ansgar Krook, Urban Malmborg, Erland von Heijne (drei Jungen).

Bei den Dreharbeiten zur ›Zauberflöte‹

3705 m (135 min). Eastmancolor.
DL: 135 min. DE: 16.9.1976. FSK: ab 16, f. FBW: besonders wertvoll.
Von den Dreharbeiten zur *Zauberflöte* produzierte Måns Reutersvärd den Dokumentarfilm *Quiet Please! Stand by to shoot the magic Flute!* (64 min).

IL BALLO, 1974.
P: Cinematograph (= *Ingmar Bergman*). Sc: *Ingmar Bergman.* K: Sven Nykvist. (Ballettkurzfilm).

TRE SCENER MED INGMAR BERGMAN / INGMAR BERGMANIN MAAILMA, 1975. *Drei Szenen mit Ingmar Bergman / Three Scenes With Ingmar Bergman.*
Finnland/Schweden. 23.1.1976, Helsinki (Diana). P: Jörn Donner Productions Oy, Helsinki. R: Jörn Donner. Sc: Jörn Donner. K: Tony Forsberg, John Olsson, Mikael Stankowski, Lars Svanberg. T: Jörn Donner, Tuomo Kattilakoski. Ed: Wic' Kjellin. Pl: Jörn Donner. DO: Svenska Filminstitutet, Stockholm. (Dokumentarfilm).
D: *Ingmar Bergman.* Sprecher: Jörn Donner.
997 m (92 min, 16 mm). Eastmancolor.

ANSIKTE MOT ANSIKTE, 1975. *Von Angesicht zu Angesicht* (1976) / *Face to Face.*
6.5.1976, New York (Preview: Anfang April 1976, New York), Premiere in Schweden: 28.4./5.5./12.5. und 19.5.1976 (TV). P: Cinematograph (= *Ingmar Bergman*). Sc: *Ingmar Bergman.* K: Sven Nykvist. T: Owe Svensson. M: Wolfgang Amadeus Mozart (Fantasie in c-moll, gespielt von Käbi Laretei). A: Anne Terselius-Hagegård, Anna Asp, Maggie Strindberg (Art Direction), Peter Krupenin (Set Decoration). Ed: Siv Lundgren. Produzent: *Ingmar Bergman.* Herstellungsleiter: Lars-Owe Carlberg. Pl: Katinka Faragó. Al: Peder Langenskiöld. Englische Version: Paulette Rubinstein. DZ: 28. April/Juli u. September 1975. DO: Svenska Filminstitutets Studios Stockholm, Uppsala.
D: Liv Ullmann (Dr. Jenny Isaksson, Psychiaterin), Erland Josephson (Dr. Tomas Jacobi, Gynäkologe), Gunnar Björnstrand (Jennys Großvater), Aino Taube-Henrikson (Jennys Großmutter), Tore Se-

Liv Ullmann in ›Von Angesicht zu Angesicht‹

gelcke (alte Frau), Sven Lindberg (Dr. Erik Isaksson, Jennys Mann), Ulf Johansson (Dr. Helmuth Wankel), Sif Ruud (Elisabeth, seine Frau), Kari Sylwan (Maria, Jennys Patientin), Helene Friberg (Anna), Kristina Adolphson (Stationsschwester Veronica), Käbi Laretei (Konzertpianistin), Birger Malmsten (der Mann), Göran Stangertz (der jüngere Mann), Gösta Ekman (Mikael Strömberg, Filmstar), Marianne Aminoff (Jennys Mutter), Gösta Prüzelius (Pfarrer), Rebecca Pawlo, Lena Ohlin (Mädchen aus der Boutique).
3738 bzw. 3654 m (136 bzw. 133 min). Eastmancolor.
DL: 3700 m (134 min). DE: 20.5.1976. FSK: ab 16, f. FBW: besonders wertvoll.

PARADISTORG, 1976. *Ein Paradies* (1983) / *Paradise Place.*
18.2.1977, Stockholm. P: Cinematograph (= *Ingmar Bergman),* Svenska Filminstitutet, SF. R: Gunnel Lindblom. Sc: Ulla Isaksson,

Gunnel Lindblom mit *Ingmar Bergman* nach einem Roman von Ulla Isaksson. K: Tony Forsberg. T: Göran Carmback, Lars Lundgren. M: Georg Riedel. A: Anna Asp. Kostüme: Inger Pehrsson. Produzent: *Ingmar Bergman.* Herstellungsleitung: Lars-Owe Carlberg. Pl: Katinka Faragó. Al: Johan Clason. RA: Ulla Ledin. DZ: 26.4./10.7.1976. DO: Svenska Filminstitutets Studios Stockholm, Klippudden, Singö.
D: Birgitta Valberg (Katha), Sif Ruud (Emma), Margaretha Byström (Annika), Agneta Ekmanner (Sassa), Inga Landgré (Saga), Solveig Ternström (Ingrid), Dagny Lind (Alma), Holger Löwenadler (Wilhelm), Per Myrberg (Ture), Göran Stangertz (Puss), Maria Blomkvist (Eva), Pontus Gustafson (Tomas), Oscar Ljung (Arthur), Toni Magnusson (King), Marianne Aminoff (Christina), Anna Borg (Kajsa), Mats Helander (Andreas), Gösta Prüzelius (Carl-Henrik).
3050 m (113 min). Eastmancolor.
DE: 4.11.1977 (Nordische Filmtage Lübeck). TV: 29.6.1983 (ZDF).

EN DÅRES FÖRSVARSTAL, 1976. *(Die Beichte eines Toren) / The Confession of a Fool.*
Oktober 1976 (TV). P: Cinematograph (= *Ingmar Bergman).* R: Kjell Grede. Sc: Kjell Grede nach August Strindbergs autobiographischem Roman »Le plaidoyer d'un fou«. K: Tony Forsberg, Lars Karlsson. T: Lars Lundberg, Göran Carmback, Björn Gunnarsson. M: Franz Schuberts Impromptu Opus 90 Nr. 3, gespielt von Ingrid Haebler. A: Anna Asp. Ed: Björn Nelstedt, Eva Lisa Nelstedt. Herstellungsleitung: Ingrid Bergman, Lars-Owe Carlberg. Pl: Katinka Faragó. RA: Peder Langenskiöld. DO: Svenska Filminstitutets Studios Stockholm.
D: Bibi Andersson (Maria), Gösta Ekman (Axel), Tomas Bolme (Gustaf), Lisbeth Zachrisson (Mathilde), Gerd Hagman (Mutter), Arne Källerud (Vater der Braut), Kirsten Vaupel (Braut), Elsa Carlsson (Alte), Grynet Molvig (Freundin), Erik Granlund (Freund), Lars Edström (Freund im Pensionat), Claire Wikholm (Abel), Folke Hjort (Arzt), Öllegård Wellton, Rebecca Pawlo (Frauen im Pensionat), Liz Åberg (Kellnerin), Malin Synnerud, Susanna Hageborn, Marika Lindhagen, Pia Lundberg, Richard Frisk (Kinder). Fernsehfilm für Sveriges Radio, TV2, in vier Teilen von 47

min 30 sek, 46 min 10 sek, 50 min und 49 min Länge (16 mm). Eastmancolor.

A LOOK AI LIV, NORWAY'S LIV ULLMANN / LIV ULLMANN'S NORWAY, 1977.
29.11.1977 New York (Preview). P: Win-Kap. Productions (Jerry Winters, Richard Kaplan). Sc: Richard Kaplan, Jerry Winters. K: Peter Beil, Marcel Broekman, John Dildine, Gerhard Fromm, Bill Gidsey, Svein Johannsen, Asmund Revold, Heinz Sottung, Sol Tabachnik, Rick Spalla Video Productions. Ed: Howard Kupferman. DO: Hollywood, New York, München, Norwegen. (Dokumentarfilm).
D: Liv Ullmann, *Ingmar Bergman.* Interviewer: Richard Kaplan.
67 min. Farbe
DE: 1.11.1984 (Nordische Filmtage Lübeck).

DAS SCHLANGENEI, 1976/77. *Ormens ägg / The Serpent's Egg.*
BRD/USA. 26.10.1977, Berlin (Gloria Palast). P: Rialto Film Preben Philipsen Berlin/Zweites Deutsches Fernsehen Mainz/Dino De Laurentiis Corp. Los Angeles. Sc: *Ingmar Bergman.* K: Sven Nykvist. M: Rolf Wilhelm. Choreographie: Heino Hallhuber. A: Rolf Zehetbauer (Bauten), Werner Achmann, Herbert Strabel, Friedrich Thaler (Ausstattung). T: Karsten Ullrich. Ed: Jutta Hering. Gesamtleitung: Horst Wendlandt, Dino de Laurentiis. Herstellungsleitung: Harold Nebenzahl. Pl: Georg Föcking. Al: Rudolf Geiger, Franz Achter, Harry Wilbert, Horst Scheerbarth. DZ: 6.10.76–5.2.1977. DO: Bavaria Ateliers Geiselgasteig, München, Berlin.
D: Liv Ullmann (Manuela Rosenberg), David Carradine (Abel Rosenberg), Gert Fröbe (Kommissar Bauer), Heinz Bennent (Hans Vergérus), Edith Herdeegen (Frau Holle), Hans Quest (Dr. Silbermann), Fritz Strassner (Dr. Soltermann), Georg Hartmann (Herr Hollinger), Kyra Mladeck (Frl. Horst), Wolfgang Weiser (Zivilbeamter), Paula Braend (Frau Hemse), Walter Schmidinger (Herr Salomon), Lisi Mangold (Mikaela), Grischa Huber (Stella), Paul Bürks (Conférencier), Isolde Barth, Rosemarie Heinikel, Andrea L'Arronge, Beverly McNeely (Gardemädchen), Toni Berger (Herr Rosenberg), Erna Brünell (seine Frau), Harry Kalenberg (Gerichtsmediziner), Hans Eichler (Max Rosenberg als Leiche), Gaby Dohm (Frau mit Kind), Christian Berkel (Student), Charles Regnier

(Arzt), Günter Meisner (Gefangener), Heide Picha (Ehefrau), Gunther Malzacher (Ehemann), James Whitmore (Priester), Hubert Mittendorf (Einbalsamierter), Hertha von Walther (Dame auf der Straße), Ellen Umlauf (Wirtin), Renate Grosser, Kai Fischer, Hildegard Busse-Peters (Huren), Richard Bohne (Polizist), Glynn Thurman (Monroe), Volker Kraeft (Kommandoanführer), Emil Feist (Liliputaner), Paul Burian (Mann bei Experiment), Heino Hallhuber (Braut im Cabaret), Irene Steinbeiseer (Bräutigam im Cabaret), Klaus Hoffmann, Ralf Wolter (zwei Männer).
3256 m (119 min). Eastmancolor, Breitwand.
FSK: ab 18, f. FBW: besonders wertvoll.

INGMAR BERGMANS VÄRLD / BERGMAN-KANSIO, 1977. *Die Bergman-Akte / The Bergman File.*
Finnland/Schweden. 10.2.1978, Helsinki (Diana). P: Jörn Donner Productions Helsinki. In Zusammenarbeit mit Sveriges Radio/TV. R: Jörn Donner. Sc: Jörn Donner. K: Bo Blomberg, Tony Forsberg, Pirjo Honkasalo, Pertti Mutanen, Charlie Nykvist, John Ohlsson, Mikael Stankowski, Lars Svanberg. T: Jörn Donner, Tuomo Kattilakoski. M: Heikki Valpola. Ed: Irma Taina. Pl: Jörn Donner. DO: Svenska Filminstitutet Stockholm.
D: *Ingmar Bergman.* Sprecher: Jörn Donner.
610 m (16 mm, 56 min).
DE: Berlin, Internationale Filmfestspiele 1978.

HERBSTSONATE, 1977/78. *Höstsonaten / Autumn Sonata.*
BRD/USA. 8.10.1978, Stockholm (Spegeln). P: Personafilm München (= *Ingmar Bergman)* für ITC. Sc: *Ingmar Bergman.* K: Sven Nykvist. T: Owe Svensson. M: Frédéric Chopin (Prélude Nr. 2), Georg Friedrich Händel (Sonate in F Opus 1), Johann Sebastian Bach (Suite Nr. 4), gespielt von Käbi Laretei, Gustav Leonhardt, Anne Bylsma und Frans Brüggen. A: Anna Asp. Kostüme: Inger Pehrsson. Ed: Sylvia Ingmarsdotter. Gesamtleitung: *Ingmar Bergman.* Herstellungsleitung: Ingrid Bergman, Lars-Owe Carlberg. Pl: Katinka Faragó. Al: Hans Lindgren. RA: Peder Langenskiöld. DZ: 20. September/Ende November 1977. DO: Norsk Film Studios Jar.
D: Ingrid Bergman (Charlotte, Konzertpianistin), Liv Ullmann (Eva, ihre Tochter), Halvar Björk (Viktor, Evas Mann, Pastor),

Lena Nyman (Helena, Evas Schwester), Joseph Erlandson (Josef, Evas Vater), Arne Bang-Hansen (Onkel Otto), Gunnar Björnstrand (Paul, Charlottes Agent), Linn Ullmann (Eva als Kind), Georg Løkkeberg (Leonardo), Knut Wigert (Professor), Eva von Hanno (Krankenschwester), Marianne Aminoff, Mimi Pollak (zwei Frauen).
2537 m (93 min). Eastmancolor.
DE: 19.10.1978, Wiesbaden (Bambi). FSK: ab 18, f. FBW: besonders wertvoll.

FÅRÖ-DOKUMENT 1979, 1977/79. *Fårö-Dokument 1979 / Fårö 1979.*
24.12.1979 (TV), schwedische Kinopremiere: 19.10.1981. P: Cinematograph (= *Ingmar Bergman)* für Sveriges Radio/TV. Sc: *Ingmar Bergman.* K: Arne Carlsson. T: Thomas Samuelsson, Lars Persson. Tonmix: Owe Svensson, Conrad Weyns. M: Svante Pettersson, Sigvard Huldt, Dag & Lena, Ingmar Nordströms, StrixQ, Rock De Luxe, Ola and The Janglers. Ed: Sylvia Ingmarsdotter. Pl: Lars-Owe Carlberg. DZ: Herbst 1977/Spätsommer 1979. DO: Fårö.
D: *Ingmar Bergman* (Interviewer), Richard Östman, Ulla Silvergren, Annelie Nyström, Per Broman, Irena Broman, Inge Nordström, Annika Liljegren, Arne Eriksson, Adolf Ekström, Victoria Ekström, Anton Ekström, Valter Broman, Erik Ekström, Ingrid Ekman, Per Nordberg, Gunilla Johannesson, Herbert Olsson, Rune Nilsson, Joe Nordenberg, Jan Nordberg (Einwohner von Fårö).
1132 m (103 min, 16 mm). Eastmancolor.
DE: 9.11.1981 (Nordische Filmtage Lübeck), 26.12.1985 (ZDF).

AUS DEM LEBEN DER MARIONETTEN, 1979. *Ur marionetternas liv / From the Life of the Marionettes.*
BRD. 13.7.1980, Oxford Film Festival. P: Personafilm München (= *Ingmar Bergman)*/ZDF Mainz mit ORF Wien. Sc: *Ingmar Bergman.* K: Sven Nykvist. T: Peter Beil, Norbert Lill. Tonmix: Milan Bor. M: Rolf Wilhelm. A: Rolf Zehetbauer, Herbert Strabel. Kostüme: Charlotte Flemming, Egon Strasser. Ed: Petra von Oelffen (englische Fassung: Geri Ashur). Gesamtleitung: Lord Lew Grade, Martin Starger. Produzenten: Horst Wendlandt, Ingrid Bergman

(für die englische Fassung: Richard Brix). Pl: Paulette Hufnagel, Irmgard Kelpinski. Al: Michael Juncker, Franz Achter. RA: Trudy von Trotha, Johannes Kaetzler. Redaktion: Helmut Rasp. DZ: Oktober/Dezember 1979. DO: Bavaria Studios Geiselgasteig.
D: Robert Atzorn (Peter Egerman), Christine Buchegger (Katarina, seine Frau), Lola Müthel (Cordelia Egerman, seine Mutter), Martin Benrath (Prof. Mogens Jensen), Rita Russek (Katarina Krafft, »Ka«, Prostituierte), Walter Schmidinger (Tomas Isidor Mandelbaum, »Tim«), Heinz Bennent (Arthur Brenner), Ruth Olafs (Schwester), Karl-Heinz Pelser (Vernehmungsbeamter), Gaby Dohm (Frau Anders, Egermans Sekretärin), Toni Berger (Peepshow-Portier), Erwin Faber, Doris Jensen.
2842 m (103 min). Eastmancolor (teilweise).
DL: 2730 m (100 min). DE: 3.11.1980 (ZDF), Kino: 7.11.1980. FSK: ab 16, f. FBW: besonders wertvoll.

FANNY OCH ALEXANDER, 1981/82. *Fanny und Alexander (1983) / Fanny and Alexander.*
17.12.1982, Stockholm (Astoria). P: Cinematograph (= *Ingmar Bergman)* für Svenska Filminstitutet Stockholm, Sveriges Television/TV 1 Stockholm, Personafilm München (= *Ingmar Bergman),* Tobis Filmkunst Berlin und Gaumont Paris. Sc: *Ingmar Bergman.* K: Sven Nykvist/Lars Karlsson, Dan Myhrman. Standfoto: Arne Carlsson. T: Owe Svensson, Bo Persson. Mix: Björn Gunnarsson, Lars Liljeholm. A: Anna Asp/Ulrika Rindegård, Annmargret Fyregård (Art Direction), Kaj Larsen/Jan Andersson, Susanne Lingheim (Set Decoration). Kostüme: Marik Vos-Lundh. M: Daniel Bell, Benjamin Britten (Cello-Suiten Op. 72, 80, 87), Frans Helmerson, Robert Schumann (Pianoquintett in F-Dur), Marianne Jacobs, Militärorchester Stockholm (Leitung Per Lyng). Spezialeffekte: Bengt Lundgren. Laterna magica: Christian Wirsén. Puppen: Arne Högsander. Makeup: Barbro Holmberg-Haugen, Anna-Lena Melin, Leif Qviström. Ed: Sylvia Ingemarson. Executive Producer: Jörn Donner. Herstellungsleitung: Lars-Owe Carlberg, Ingrid Bergman, Fredrik von Rosen. Pl: Katinka Faragó. Al: Eva Ivarsson, Brita Werkmäster. RA: Peter Schildt. DZ: 7. September 1981/Ende März 1982. DO: Svenska Filminstitutets Studios Stockholm, Bavaria Film-Studios Geiselgasteig München, Uppsala.

D: Gunn Wållgren (Helena Ekdahl), Allan Edwall (Oscar Ekdahl), Ewa Fröling (Emilie Ekdahl), Bertil Guve (Alexander Ekdahl, 10 Jahre), Pernilla Allwin (Fanny Ekdahl, 8 Jahre), Börje Ahlstedt (Carl Ekdahl), Christina Schollin (Lydia Ekdahl), Jarl Kulle (Gustav Adolf Ekdahl), Mona Malm (Alma Ekdahl), Maria Granlund (Petra Ekdahl, Gustav Adolfs 18jährige Tochter), Emilie Werkö (Jenny Ekdahl, 8 Jahre), Kristian Almgren (»Putte«, 6 Jahre), Angelica Wallgren (Eva, 7 Jahre alt), Majlis Granlund (Vega, Helenas Köchin), Siv Ericks (Alida, Emilies Köchin), Kristina Adolphson (Siri, Hausmädchen), Eva von Hanno (Berta, Helenas Hausmädchen), Pernilla Wallgren (Maj, Emilies Kindermädchen), Käbi Laretei (Tante Anna), Sonya Hedenbratt (Tante Emma), Erland Josephson (Isak Jacobi), Mats Bergman (Aron, 20 Jahre), Stina Ekblad (Ismael, 16 Jahre), Gunnar Björnstrand (Filip Landahl, Schauspieler), Anna Bergman (Hanna Schwartz, Schauspielerin), Per Mattson (Mikael Bergman, Schauspieler), Nils Brandt (Herr Morsing), Heinz Hopf (Tomas Graal), Åke Lagergren (Johan Armfeldt, Schauspieler), Lickå Sjöman (Grete Holm, Schauspielerin), Sune Mangs (Herr Salenius, Schauspieler), Kerstin Karte (Souffleuse), Tore Karte (Verwaltungsdirektor des Theaters), Marianne Karlbeck (Frau Palmgren), Gus Dahlström (Bühnenarbeiter), Maud Hyttenberg-Bartoletti (Frau Sinclair, Schauspielerin), Gösta Prüzelius (Arzt der Familie Ekdahl), Georg Årlin (Oberst), Ernst Günther (Dekan der Universität), Olle Hilding (alter Pfarrer), Jan Malmsjö (Bischof Edvard Vergérus), Kerstin Tidelius (Henrietta Vergérus, seine Schwester), Marianne Aminoff (Blenda Vergérus, seine Mutter), Marrit Olsson (Malla Tander, Köchin), Harriet Andersson (Justina, Küchenmädchen), Per Grundén (Pfarrer), Carl Billquist (Polizeiinspektor), Axel Düberg (Zeuge), Patricia Gelin (Statue), Hans Strååt (Pfarrer bei der Hochzeit), Lars-Owe Carlberg, Hugo Hasslo, Sven Erik Jakobsen (Sänger), Viola Aberlé, Gerd Andersson, Ann-Louise Bergström (japanische Damen), Krister Hell (erster junger Mann), Peter Stormare (zweiter junger Mann), Linda Krüger (Pauline, 12 Jahre), Lena Olin (Rosa), Mona Andersson (Karna, Hausmädchen des Bischofs), Inga Ålenius (Lisen, Emilies Hausmädchen), Svea Holst-Widén (Frl. Ester, Elenas Gesellschafterin), Marianne Nielsen (Selma, Hausmädchen des Bischofs), Hans Henrik Lerfeldt (Elsa Bergius, Tante des Bischofs).

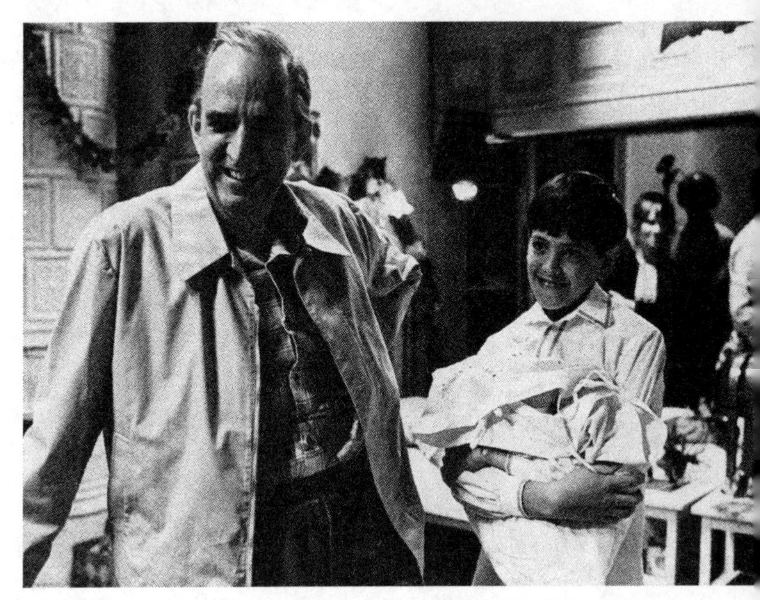

Mit dem Hauptdarsteller aus ›Fanny und Alexander‹, Bertil Guve, der einen jungen Ingmar Bergman spielt

188 m (188 min); 2. Kinofassung (UA: 17.12.1983) 312 min. Eastmancolor.
DL: 5129 m (187 min), TV-Version 340 min (30.12.1984, 3. u. 6.1.1985, ZDF). DE: 28.10.1983. FSK: ab 16, f. FBW: besonders wertvoll.

EFTER REPETITIONEN 1983. *Nach der Probe* (1984) / *After the Rehearsel*
9.4.1984 (TV), 12.5.1984 (Cannes). P: Jörn Donner Productions, Helsinki, und Personafilm, München (= *Ingmar Bergman*) für Cinematograph, Stockholm (= *Ingmar Bergman*) im Auftrage von Sveriges Television SvT 1, Stockholm, Österreichisches Fernsehen ORF und Zweites Deutsches Fernsehen ZDF, Mainz. Sc: *Ingmar Bergman.* K: Sven Nykvist. A: Anna Asp. Ed: Sylvia Ingemarsson. Pl: Lars-Owe Carlberg. DZ: Frühjahr 1983. DO: Filmhusets studios Stockholm.

D: Erland Josephson (Henrik Vogler), Ingrid Thulin (Rakel), Lena Olin (Anna Egerman), Nadja Palmstierna-Weiss (Anna mit 12 Jahren), Bertil Guve (Henrik mit 12 Jahren).
(Fernsehfilm in Schweden und Deutschland, Kinofilm in Frankreich und USA).
72 min (16 mm). Farbe
DE: 3.11.1984 (Nordische Filmtage Lübeck), 22.4.1985 (ZDF)

KARINS ANSIKTE 1985. *Karins Gesicht* (1985) / *Karin's Face*
1985. P: Cinematograph, Stockholm (= *Ingmar Bergman*). Sc: *Ingmar Bergman*. K: Arne Carlsson. M: Käbi Laretei. T: Owe Svensson. Ed: Sylvia Ingemarsson. DZ: 1983–1985.
(Dokumentarfilm).
14 min.
DE: 2.11.1985 (Nordische Filmtage Lübeck)

DOKUMENT FANNY OCH ALEXANDER 1984–86. *Das Fanny und Alexander-Dokument* (1986) / *Document: Fanny And Alexander*
16.9.1984 (135 min-Fassung), Start: März 1986, Stockholm. P: Cinematograph (= *Ingmar Bergman*) und Svenska Filminstitutet, Stockholm. Sc: *Ingmar Bergman.* K: Arne Carlsson. T: Owe Svensson / Filmmixarna. Ed: Sylvia Ingemarsson. DZ: September 1981 / März 1982. (Dokumentarfilm von den Dreharbeiten zu *Fanny und Alexander*).
D: *Ingmar Bergman,* Sven Nykvist, Lars Karlsson, Peter Schildt, Ulf Pramfors, Daniel Bergman und die Darsteller von *Fanny und Alexander.* Kommentare: *Ingmar Bergman*.
900 m (110 min, 16 mm). Eastmancolor.
DE: 23.2.1986 (Internationales Forum des jungen Films, Berlin)
Von den Dreharbeiten zu *Fanny und Alexander* produzierte auch das schwedische Fernsehen einen Dokumentarfilm (R: Nils Petter Sundgren. K: Per Olof Nordmark, Arne Carlsson) mit Interviews von *Ingmar Bergman* (30 min, 16 mm, Farbe.

DE TVÅ SALIGA 1985. *Die Gesegneten* (1988)
19.2.1986 (TV). P: Sveriges Television SvTV 2, Stockholm, mit Channel 4, RAI 2, ZDF, ORF, DR Danmarks Radio, YLE Finnland, VRPO Nederlandse Omroep Stichting. Sc: Ulla Isaksson nach

ihrem gleichnamigen Roman. K: (Video): P: Norén u. a. A: B. Brensén. (Fernsehfilm).
D: Harriet Andersson (Viveka), Per Myrberg (Sune), Christina Schollin (Annika), Lasse Pöysti (Dr. Dettow), Irma Chirstensson (Frau Storm), Björn Gustafson (Olsson).
81 min (Video).
DE: Ende 1988 (ZDF).

DANKSAGUNG

Dem schwedischen Filminstitut in Stockholm unter Harry Schein und Jörn Donner gilt mein besonderer Dank für die großzügige Unterstützung,
dem Filmarchiv unter Rolf Lindfors für die unermüdliche Hilfe bei der Beschaffung der Filme und Archivtexte,
dem Bildarchiv (Olle Rosberg und Christer Wirsén) für das Bildmaterial,
Kjell Haggren (Svenska Unilever) für die wertvollen Informationen zur Entstehung der Reklamefilme,
Christina Glaeser, Stockholm, für die Beschaffung der Materialien, die dieser Dokumentation zugrunde liegen.

Für die Hilfe bei der Beschaffung der Filmkopien gilt der Dank
Chris Kuhn, Svensk Filmindustri AB, Stockholm,
Rolf Lindfors, Svenska Filminstitutets Filmarkiv, Stockholm,
Gerth Ekstrand, Nordisk Tonefilm AB, Stockholm,
Kjell Haggren, Svenska Unilever AB, Stockholm,
Hans Krisch, Scanfilm, Stockholm,
Prof. Walter Schobert, Deutsches Filmmuseum, Frankfurt,
Prof. Dr. Heinz Rathsack, Stiftung Deutsche Kinemathek, Berlin,
Dieter Reifarth, Kommunales Kino, Frankfurt,
Angelika Lang, Taurus-Film GmbH & Co, München,
Hans-Peter Kochenrath, Saarländischer Rundfunk, Saarbrücken.

Literaturverzeichnis

Das Literaturverzeichnis enthält vor allem die in dieser Arbeit berücksichtigten, im wesentlichen skandinavischen Quellen, insbesondere möglichst umfassend Ingmar Bergmans eigene Werke und Aufsätze in Zeitungen und Zeitschriften sowie eine Auswahl von Interviews.
Ferner sind alle selbständigen Werke über Ingmar Bergman, seine Filme und sein Theaterschaffen aufgenommen.
Anderes Material, insbesondere nicht-skandinavisches, wurde nur ausnahmsweise und – wegen der unüberschaubaren Vielzahl ausländischer Rezensionen von Bergmanfilmen – nur in einer beschränkten Auswahl berücksichtigt.
Das Literaturverzeichnis strebt daher nicht an, eine vollständige Ingmar-Bergman-Bibliographie zu ersetzen.

Bücher, Stücke und Artikel von Ingmar Bergman

KASPERNOVELLER (Kaspernovellen). Zum Teil publiziert in der Zeitschrift *40-tal.*

HETS – EN KNIV PÅ EN VARBÖLD (Qualen – Ein Messer an einer Eiterbeule), im Programmheft des Films, 1944

EN KORTARE BERÄTTELSE OM ETT AV JACK UPPSKÄRARENS TIDIGASTE BARNDOMSMINNEN (Ein kurzer Bericht über eine der frühesten Kindheitserinnerungen Jack the Rippers), in *40-tal,* Nr. 3, S. 5 ff., 1944. Frz.: UN SOUVENIER D'ENFANCE DE JACK L'EVENTREUR, in: *Cinéma 59,* Nr. 34 (1959)

OM ATT FILMATTSERA EN PJÄS (Wie man ein Theaterstück verfilmt), in: *Filmnyheter* Nr. 4, S. 6 f., 1946

JACK HOS SKÅDESPELARNA (Jack bei den Schauspielern), Schauspiel in zwei Akten, Serie Svenska Teatern, Albert Bonniers, Stockholm 1946

DET FÖRTROLLADE MARKNADSNÖJET (Das verzauberte Marktvergnügen), in *Biografbladet* Nr. 3, 1947

TRE TUSENFOTINGFÖTTER (Drei Tausendfüßlerfüße), in *Filmjournalen,* Nr. 51/52, 1947

KINEMATOGRAF, in: *Biografbladet* Nr. 4, S. 240 f., 1948

MORALITETER (Moralstücke). Drei Stücke: RAKEL OCH BIOGRAFVAKTMÄSTAREN (Rachel und der Kinokontrolleur), DAGEN SLUTAR TIDIGT (Der Tag endet früh), MIG TILL SKRÄCK (Zu meinem Schrecken). Albert Bonniers, Stockholm 1948

EVA. Bemerkungen zum Film im Programmheft, 1949

FILMEN OM BIRGITTA – CAROLINA (Der Film über Birgitta-Carolina), in: Stockholms-Tidningen (18.3.1949)

FISKEN. FARS FÖR FILM (Der Fisch – eine Farce für den Film), Teil I in: *Biografbladet* Nr. 4, S. 220 f. (1950/51), Teil II in: *Biografbladet* Nr. 1, S. 18

f. (1951), Teil III in: *Biografbladet* Nr. 2, S. 85 f. (1951), Teil IV in: *Biografbladet* Nr. 3, S. 110 f. (1951)

Staden (Die Stadt), Hörspiel, in: Svenska Radiopjäser 1951, S. 49. Sveriges Radio, Stockholm 1951

Leka med pärlor (Mit Perlen spielen), in *Filmnyheter* Nr. 14 (1951)

Vi är circus (Wir sind der Zirkus), in *Filmjournalen* Nr. 4 (1953)

Sommaren med Monika. Bemerkungen zum Film im Programmheft, 1953

Ingmar Bergman om film (Ingmar Bergman über Film), in: *Nya Pressen,* Helsinki (23.3.1953)

Sagan om Eiffeltornet (Die Eiffelturm-Saga), in: *BLM* Nr. 9 (1953)

Trämålning. En moralitet (Holzschnitt. Ein Moralstück), in: Svenska Radiopjäser 1954, Sveriges Radio, Stockholm 1954; Neuausgabe als »Einakter für Amateure«, Albert Bonniers, Stockholm 1956. Engl.: Wood Painting. A Morality Play, transl. by Randolph Goodman, Leif Sjöberg, *Tulane Drama Review* 1961

Det att göra film, in: *Filmnyheter* Nr. 19/20 (1954). Dt.: Filmmachen, übers. von Dorothea Tribukait. Svensk Filmindustri, Stockholm 1958. »Was heißt ›Filme drehen‹«, in: F. Kleiner u. a. (Hg.), *Filmclub-Ciné-club* Nr. 4, Zürich, 1959/60

Filmskapandets dilemma (Dilemma des Filmemachens), in *Hörde ni?,* Nr. 5, S. 427 f. (1955)

Det förbjudna. Det tillåtna. Det nödvändiga (Das Verbotene. Das Erlaubte. Das Notwendige), in: *Vi på* SF, 1957

Ingmar Bergmans självporträtt skrivet av honom själv (Ingmar Bergmans Selbstporträt, von ihm selbst geschrieben), in: *Se,* Nr. 9, S. 33 (1957)

Det sjunde inseglet. Bemerkungen zum Film im Programmheft, 1957

Ansiktet. Bemerkungen zum Film im Programmheft, 1958

Dialog, in *Filmnyheter* Nr. 11 (1958)

Self-Analysis of a Film-Maker, in: *Films and Filming.* London (September 1956)

Dreams and Shadows, in: *Films and Filming.* London (Oktober 1956)

Rencontre avec Ingmar Bergman, in: *Cahiers du Cinéma,* Nr.88, S. 12–20. Paris (Oktober 1958)

Varje film är min sista film, in: *Filmnyheter* Nr. 9/10, S. 1 f. (1959) u. Sonderdruck Svensk Filmindustri, Stockholm 1959. Dt.: Jeder Film ist mein letzter Film, in: Theodor Kotulla, Der Film, Bd. 2, S. 239, München 1964. Engl.: Each Film is My Last, in: *Films and Filming,* London 1959, repr. *Tulane Drama Review* 1966. Franz.: Chacun de mes films est le dernier, in: *Cahiers du Cinéma* Nr. 100. Paris 1959

Bergman on Victor Sjöström, in: *Sight and Sound,* Nr. 1, S. 98. London (Frühjahr 1960)

JUNGFRUKÄLLAN. Tagebuch von den Dreharbeiten im Programmheft des Films, Svensk Filmindustri, Stockholm 1960

FOUR SCREENPLAYS OF INGMAR BERGMAN (Smiles of a Summer Night, The Seventh Seal, Wild Strawberries, The Magician), transl. Lars Malmström, David Kushner; Preface by Carl Anders Dymling. Secker and Warburg, London/Simon and Schuster, New York 1960. Dt. (einzeln): WILDE ERDBEEREN, in: Spectaculum, Frankfurt 1961; DAS SIEBENTE SIEGEL, *Cinemathek* Nr. 7, Frankfurt 1967. Franz.: INGMAR BERGMAN – ŒUVRES. (Sommerlek – La nuit des forains, Sourires d'une nuit d'eté, Le septième sceau, Les fraises sauvages, Le visage), trad. C. G. Bjurström, Maurice Pons. Laffont, Paris 1962. Ital.: QUATTRO FILM DI BERGMAN. Guido Einaudi, Torino 1961

FÖRBÖN (Fürbitte). In: *Chaplin* Nr. 14, S. 187. Stockholm (November 1960)

BERGMANS ANSIKTE (unter Pseudonym Ernest Riffe), in *Chaplin* Nr. 14, S. 189 f. Stockholm (Nov. 1960)

A PAGE FROM MY DIARY. *Cinéma 60.*, Paris (November/Dezember 1960)

INGMAR BERGMAN SER PÅ FILM (Ingmar Bergman sieht den Film), in: *Chaplin* Nr. 18. S. 60 f., Tonbandinterview über »Damen med hunden«. Stockholm (März 1961)

DJÄVULENS ÖGA. Bemerkungen zum Film im Programmheft. Stockholm 1961

SÅSOM I EN SPEGEL. Bemerkungen zum Film im Programmheft. Stockholm 1961

VÅGSKVALP I BAKVATTEN (Wellengeplätscher im Rückstrom). Tonbandinterview in: *Chaplin* Nr. 20, S. 124 f. Stockholm (Mai 1961)

SÅSOM I EN SPEGEL. Tonbandinterview in: *Chaplin* Nr. 23, S. 212 f. Stockholm (November 1961)

WILDE ERDBEEREN. In: Spectaculum. Texte moderner Filme, Band 1. Suhrkamp, Frankfurt/M. 1961

WIE IN EINEM SPIEGEL. Drehbuch. Mit Nachw. v. Reinhold E. Thiel. A. d. Schw. von Tabitha von Bonin. Cinemathek 1. Marion von Schröder, Hamburg 1962

DAS SIEBENTE SIEGEL. Filmtext. Cinemathek Band 7. Marion von Schröder, Hamburg 1963

FÖR ATT INTE TALA OM ALLA DESSA SKÅDESPELARE (Ganz zu schweigen von all diesen Schauspielern), in: *Chaplin* Nr. 39, S. 178. Stockholm (September 1963)

EN FILMTRILOGI. Drehbuch WIE IN EINEM SPIEGEL, LICHT IM WINTER, DAS SCHWEIGEN. Norstedts, Stockholm 1963. Engl.: A FILM TRILOGY, transl. Paul Britten Austin. Orion Press, New York 1967, Franz.: Une trilogi de films (Comme dans un mirroir. Les communiants. Le silence). Paris 1964

Das Schweigen. Drehbuch. Cinemathek 12. Marion von Schröder, Hamburg 1965. Franz.: Le Silence. *L'Avant-scène du cinéma,* Nr. 37. Paris 1964

The Snake's Skin. In: *Sight and Sound.* London (August 1965), und in: I. Bergman: Persona and Shame, London/New York 1972

Como en un espejo. Collección Voz imagen. Serie cine 12. Barcelona 1965

Persona (Filmdrehbuch). Stockholm 1966. Dän.: Persona. Kopenhagen 1967. Franz.: Persona. L'Avant-scène du cinéma, Nr. 85. Paris 1968

Ingmar Bergman: The Serpent's Skin. In: *Cahiers du Cinéma in English* Nr. 11. New York (September 1967)

Utför Ingmar Bergmann (Ingmar Bergman am Ende), unter Pseudonym »Ernest Riffe« in: *Expressen,* Stockholm (25.9.1968). Engl.: Schizophrenic Interview with a Nervous Film Director in: *Film in Sweden,* Nr. 3, Stockholm, und in: *Take One,* Toronto (Januar/Februar 1969). Dt.: Ich deute mich nicht. Schizophrenes Interview mit einem nervösen Regisseur, in: *Kölnische Rundschau,* 16.11.1968

Une passion. *L'Avant-scène du cinéma* Nr. 109. Paris 1970

A Film Director is a Person Who Never Finds the Time to Think Because of All the Problems, in: *Film in Sweden* Nr. 2, S. 7, Stockholm 1971

Filmberättelser 1 (Filmerzählungen 1: Såsom i en spegel, Nattvardsgästerna, Tystnaden). Stockholm 1973. Deutsch (mit Filmberättelser 2): Wilde Erdbeeren und andere Filmerzählungen (Wilde Erdbeeren, Wie in einem Spiegel, Licht im Winter, Das Schweigen, Die Schande, Das Reservat, Die Berührung, Schreie und Flüstern). A. d. Schw. von Anne Storm. Hinstorff, Rostock, und Carl Hanser, München 1977

Filmberättelser 2 (Vargtimmen, Skammen, En passion). Stockholm 1973. Engl.: Persona and Shame. Transl. Keith Bradfield. Grossman, New York 1972

Scener ur ett äktenskap. P A Norstedt & Söners Stockholm 1973. Dt.: Szenen einer Ehe. Hoffmann & Campe, Hamburg 1974. Engl.: Scenes From a Marriage. Transl. Alan Blair. Pantheon Books, New York 1974

Interview in *Expressen,* Stockholm (18.2.1974)

Interview in *L'Express,* Paris (8.–14.10.1974)

Interview in *Chaplin,* Stockholm Nr. 79, S. 44 (1968), Nr. 100, S. 186 (1970) und Nr. 114, S. 188 (1972)

Der wahre Künstler spricht mit seinem Herz (Rede zur Verleihung des Goethe-Preises), in: *Frankfurter Rundschau,* 30.8.1976

Ansikte mot ansikte. P A Norstedt & Söners, Stockholm 1976. Dt.: Von Angesicht zu Angesicht. A. d. Schw. von Hans-Joachim

Maass. Hoffmann & Campe, Hamburg 1976. Engl.: FACE TO FACE. Transl. Alan Blair. Pantheon Books, New York 1976
ORMENS ÄGG. Norstedt & Söners, Stockholm 1977. Dt.: DAS SCHLANGENEI, übers. von Heiner Gimmler. Hoffmann & Campe, Hamburg 1977. Engl.: THE SERPENT'S EGG, transl. Alan Blair. Pantheon Books, New York 1978
HÖSTSONATEN. Norstedt & Söners, Stockholm 1978. Dt.: HERBSTSONATE, übers. von Heiner Gimmler. Hoffmann & Campe, Hamburg 1978. Engl.: AUTUMN SONATA, transl. Alan Blair. Pantheon Books, New York 1979
UR MARIONETTERNAS LIV. P A Norstedt & Söners, Stockholm 1980. Engl.: FROM THE LIFE OF THE MARIONETTES, transl. Alan Blair. Pantheon Books, New York 1980
FANNY OCH ALEXANDER. P A Norstedt & Söners, Stockholm 1982. Dt.: FANNY UND ALEXANDER, übers. von Hans-Joachim Maass. Carl Hanser, München 1983
LATERNA MAGICA. Norstedts förlag, Stockholm 1987. Dt.: MEIN LEBEN, übers. von Hans-Joachim Maass. Hoffmann & Campe, Hamburg 1987
Beitrag Ingmar Bergmans »Was heißt Filme drehen?« in der Bergman-Sondernummer der schweizerischen Filmzeitschrift *Filmclub-Ciné-club* s. unten.

Bücher und Artikel über Ingmar Bergman

AGEL Henri, LES GRANDS CINÉASTES. Editions Universitaires, Paris 1959
AGHED Jan, CONVERSATIONS AVEC INGMAR BERGMAN in: Positif Nr. 121, Paris (November 1970)
ÅHLANDER Lars (red.), SVENSK FILMOGRAFI Band 4 (1940–1949). Svenska Filminstitutet, Stockholm 1980
AHLGREN Stig, EN SKÖN SJÄLS BEKÄNNELSE (Bekenntnis einer schönen Seele) in: *Vecko-Journalen* Nr. 17 (28.4.1956)
–, RISET BAKOM SPEGELN (Rute hinterm Spiegel) in: *Vecko-Journalen* Nr. 47 (24.11.1961)
ALLOMBERT Guy, LE SEPTIÈME SCEAU in: *Document Image et Son* Nr. 119, Febr. 1959
ALPERT Guy, BERGMAN AS WRITER in: *Saturday Review* (27.8.1960)
STYLE IS THE DIRECTOR in *Saturday Review* (23.12.1961)
ALVAREZ, A., A VISIT WITH INGMAR BERGMAN, in: *New York Magazine*, 7.12.1975. Dt.: Ein Besuch bei Ingmar Bergman, in: *Tagesanzeiger* (Zürich), 20.3.1976
ANDERSON Ernie, DINO DE LAURENTIIS PRESENTS INGMAR BERGMAN'S »FACE TO FACE«. Lions Films & TV Comp. Beverly Hills, Calif. 1976. Dt.: Filmwerkstatt. Produktionshandbuch zu Ingmar Bergmans VON ANGESICHT ZU ANGESICHT. Hoffmann & Campe, Hamburg 1976

ARCHER Eugene, THE RACK OF LIFE in *Film Quarterly* XII Nr. 4, Berkeley (Sommer 1959)

ARISTARCO Gudio, I VOLTI E LE POSSIBILITÁ ASTRATTE in: *Cinema Nuovo* Nr. 141 (September/Oktober 1959)

DA DREYER A BERGMAN in: *Film 1961,* ed. Vittorio Spinazzola. Feltrinelli Editore, Mailand 1961

L'AUT-AUT DI DAVI NELL'OPERA DI BERGMAN in: *Cinema Nuovo* Nr. 159 (September/Oktober 1962)

AYFRE Amédée, PORTÉE RELIGIEUSE DU ›SEPTIÈME SCEAU‹ in: *Télé ciné Nr. 77 (August/September 1958)*

AZEREDO Ely, NOITES DE CIRCO in: *Revista de cinema* Nr. 22 (April/Mai 1956)

AUSTIN Paul Britten, INGMAR BERGMAN. MAGICIAN OF SWEDISH CINEMA in: *Anglo-Swedish Review,* London (April 1959)

BALDWIN James, THE PRECARIOUS VOGUE OF INGMAR BERGMAN in: *Esquire* April 1960; Nobody Knows My Name. The Dial Press, New York 1961

BASOTTO Camillo, LA FONTANA DELLA VERGINE in: *Cine Forum* Nr. 3/4 (Mai/Juni 1961)

BENANYOUN Robert, DOCTEUR BERGMAN ET MONSIEUR HYDE in: *Positif* Nr. 30 (30.7.1959)

BÉRANGER Jean, RENCONTRE AVEC INGMAR BERGMAN in: *Cahiers du cinéma.* Paris (Nr. 88, S. 12–20, Oktober 1958)

INGMAR BERGMAN ET SES FILMS. *Le Terrain Vague* Paris 1959, 2. überarb. Aufl. 1960),

LES TROIS MÉTAMORPHOSES D' INGMAR BERGMAN in: *Cahiers du cinéma,* Nr. 74. Paris (August/September 1957)

RENAISSANCE DU CINÉMA SUÉDOIS in: *Cinéma* 58, Nr. 29 (Juli/August 1958)

LA GRANDE AVENTURE DU CINÉMA SUÉDOIS. Ed. Eric Losfeld. *Le Terrain Vague,* Paris 1960

INGMAR BERGMAN S'INTERROGE: DIEU EST-IL MÉCHANT? Paris (18.4.1962)

INGMAR BERGMAN (mit F. D. GUYON). Premier Plan Nr. 34, Lyon 1969

BERGOM-LARSSON Maria, PERSONA. Essä. In: Svensk Filmografi Bd. 6 (1977)

INGMAR BERGMAN OCH DEN BORGERLIGA IDEOLOGIN. PAN/Norstedts, Stockholm 1977. Engl.: INGMAR BERGMAN AND SOCIETY. Transl. Barrie Selman. The Tantivy Press, London/A. S. Barnes, New York 1978

BETTETINI Gianfranco, LE RADICI DELL'INDIVIDUALISTA in: *Schermi* Nr. 29 (Januar/Februar 1961)

PRIMI PIANI: INGMAR BERGMAN in: *Rivista del cinematografo* Nr. 1 (Januar 1961)

BEYER Nils, INGMAR BERGMAN in: *Vecko-Journalen* Nr. 41 (1947)
BILLQUIST Fritiof, INGMAR BERGMAN. TEATERMANNEN OCH FILMSKAPAREN. Natur och Kultur, Stockholm 1960
BJÖRKMAN Stig, EN PASSION. Essä. In: *Svensk Filmografi* Bd. 6 (1977)
BJÖRKMAN Stig/MANNS Torsten/SIMA Jonas, BERGMAN OM BERGMAN. Norstedt & Söners, Stockholm 1970. Dän.: BERGMAN OM BERGMAN. EN INTERVIEWBOG. Kopenhagen 1971. Dt.: BERGMAN ÜBER BERGMAN, Interviews mit Ingmar Bergman über das Filmemachen. A. d. Schwed. von Wolfgang Butt, Justus Grohmann, Christian Henning. Carl Hanser, München/Wien 1976. Engl.: BERGMAN ON BERGMAN, transl. Paul Britten Austin, Simon & Schuster, New York 1973. Franz.: LE CINÉMA SELON BERGMAN. ENTRETIENS. Paris 1973
BLACKWOOD Caroline, THE MYSTIQUE OF INGMAR BERGMAN in: *Encounter* XVI Nr. 91 (April 1961)
BODELSEN Anders, DEN SVENSKE FILMDIGTER in: BERLINGSKE AFTENAVIS, Kopenhagen (25.9.1962)
BRIGHTMAN Carol, THE WORLD, THE IMAGE, AND THE SILENCE in: *Film Quarterly,* Berkeley (Sommer 1964)
BRODAL Jan, OM INGMAR BERGMANS FILMER in: *Arbeiderbladet,* Oslo (17.8.1963)
BUCHWALD Joseph, INTERVJU MED INGMAR BERGMAN in: *Berlingske Tidende,* Kopenhagen (20.11.1960)
BURVENICH Joseph, THÈMES D'INSPIRATION D'INGMAR BERGMAN. Collection encyclopédique du cinéma. Nr. 4. *Club du livre de cinéma,* Brüssel (März 1960)
INGMAR BERGMAN ZOEKT DE SLEUTEL. Lannoo Tielt, Den Haag 1960
INGMAR BERGMAN SCRUTE LA VIE. *Christliche Kunstblätter,* Sonderheft Film 63. Linz an der Donau (Februar 1963)
CHIARETTI Tomasso, INGMAR BERGMAN. Lo schermo 2. Canesi Editore, Rom 1964
COLE Alan, INGMAR BERGMAN, MOVIE MAGICIAN in: *New York Herald Tribune (24.10./1.11./8.11.1959)*
COLLET Jean, RÊVES DE FEMMES in: *Télé-ciné* Nr. 80 (Januar/Februar 1959)
LES FRAISES SAUVAGES in: *Télé-ciné* Nr. 85 (Oktober 1959)
COWIE Peter, INGMAR BERGMAN. A MOTION MONOGRAPH. 3. Aufl. Motion, Loughton, Essex 1962
ANTONIONI, BERGMAN, RESNAIS. New York 1963
BERGMAN'S MAGIC FLUTE in: *High Fidelity.* Great Barrington, Mass., Nr. 6 (Juni 1975)
THE STRUGGLE WITH THE BEYOND in: *New York Times* (26.10.1980)
INGMAR BERGMAN. A CRITICAL BIOGRAPHY. Secker & Warburg, London 1982

CUENZA Carlos Fernandez, INTRODUCCION AL ESTUDIO DE INGMAR BERGMAN. *Filmoteca de Espana,* Madrid 1961

DANOWSKI H. W., DIE APOKALYPTISCHE TENDENZ IM WERK INGMAR BERGMANS. *Filmbeobachter* 31, 1979

DONNER Jörn, NOTER TILL INGMAR BERGMAN in: *Studio 3,* Filmens årsbok 1957. Borgå 1957

DJÄVULENS ANSIKTE. INGMAR BERGMANS FILMER. Aldus/Bonniers, Stockholm 1962, 2. utökade uppl. 1965. Engl.: THE PERSONAL VISION OF INGMAR BERGMAN Bloomington Indiana University Press 1964, THE FILMS OF INGMAR BERGMAN FROM TORMENT TO ALL THESE WOMEN. Transl. Holger Lundbergh. Dover, New York 1974. Franz.: INGMAR BERGMAN. *Cinéma d'aujour d'hui.* 62. Paris 1973

INGMAR BERGMAN 1973 in: Swedish films/films Suédois. Svenska Filminstitutet, Stockholm 1973

TRE SCENER MED INGMAR BERGMAN. Filminterview, 1975, auszugsweise in: Swedish films/films Suédois. Svenska Filminstitutet, Stockholm 1976

SVENSK FILMOGRAFI. Band 6 (1960–1969). Svenska Filminstitutet Stockholm 1977 (Redaktion)

EN BÖRJAN ELLER EN SLUT? ESSÄ OM SÅSOM I EN SPEGEL. In: Svensk Filmografi Bd. 6 (1977)

NATTVARDSGÄSTERNA. Essä. In: Svensk Filmografi Bd. 6 (1977)

INGMAR BERGMAN AND THE WORLD in: Swedish films/films Suédois. Svenska Filminstitutet, Stockholm 1982

SYLVETKI WSPÓTCZESNYCH REALIZATORÓW SZWEDZKICH in: *Kvartalnik Filmovy* Nr. 3 (1957)

INGMAR BERGMANS BILLEDE AF SVERIGE in: *Politiken* Kopenhagen (18.2.1962)

KAMMERSPIL in: *Kosmorama,* Nr. 56, Kopenhagen (Febr. 1962)

TRADITIONEN I SVENSK FILM in: *Dagens Nyheter,* Stockholm (4., 10. u. 14.9.1963)

DOR Etienne, LE VISAGE in: *Télé-ciné,* Nr. 86 (November/Dezember 1959)

DROUZY Martin, BARNET I KLÆDESKABET in: *Kosmorama* Nr. 137, S. 30, Kopenhagen 1978

DURAND Frédéric, INGMAR BERGMAN ET LA LITTERATURE SUÈDOISE in: *Cinéma* 60, Nr. 47 (Juni 1960)

EDSTRÖM Mauritz, INGMAR BERGMAN OCH HANS VÄRLD in: *Dagens Nyheter* Stockholm (29.4.1962)

ÄMNET INGMAR BERGMAN in: *Dagens Nyheter* Stockholm (20.12.62)

ELENBERG Fernando, UNA CONVERSACIÓN CON INGMAR BERGMAN in: *La Prensa,* Buenos Aires (? 7.1961)

ELMUND Sylvia, NATTVARDSGÄSTERNA – EN KOMMENTAR TILL JÖRN DONNERS FILMKRÖNIKA in: *BLM* Nr. 3, Stockholm (März 1963)

ERIKSSON Ingmari, BERGMAN OCH VAMPYRERNA (Bergman und die Vampire) in: *Dagens Nyheter,* Stockholm (6.4.1973), Nachdruck in BJÄRLUND u. a. »Motbilder«, Stockholm 1978 (mit Sölve Skagen)
ERIKSSON Jerker A., INGMAR BERGMANS ›FÄNGELSE‹ in: *Nya Pressen,* Helsinki (21.5.1953)
GYCKLARNAS AFTON in: *Nya Pressen,* Helsinki (20.4.1954)
INGMAR BERGMAN ANALYSERAD (Ingmar Bergman analysiert) in: *Hufvudstadsbladet,* Helsinki (23.5.1962)
FARINA Corrado, INGMAR BERGMAN. Quaderni di documentazione cinematografica, Centrofilm, Turin 1959
FISCHER Gunnar, SOMMARLEK MED INGMAR BERGMAN in: *Biografbladet* Nr. 2 (Sommer 1951)
FLEISHER Frederic, EARLY BERGMAN in: *Encore* Nr. 36 (März/April 1962)
ANTS IN A SNAKESKIN in: *Sight and Sound,* London (Herbst 1965)
FORSLUND Bengt, PRÄSTSONEN INGMAR BERGMAN (Pfarrersohn Ingmar Bergman) in: *Ord och Bild* Nr. 10 (1957)
FOGELSTRÖM Per-Anders, INGMAR BERGMAN in: *Folket i Bild,* Nr. 12, 1956
FOVEZ Elie/AYFRE Amédée/D'IVOIRE Jean, LE SEPTIÈME SCEAU in: *Télécíné* Nr. 77 (August/September 1958)
GARFINKEL Bernie, LIV ULLMANN & INGMAR BERGMAN. Askild & Kärnekull 1976; Berkley Publishing Corp., New York 1978. Dt.: LIV ULLMANN/INGMAR BERGMAN – SZENEN AUS ZWEI LEBEN. Bergisch Gladbach 1977
GAUTEUR Claude, INGMAR BERGMAN in: *Cinéma 58* Nr. 27, Paris (Juli/August 1958)
GIBSON Arthur, THE SILENCE OF GOD. CREATIVE RESPONSE TO THE FILMS OF INGMAR BERGMAN. New York 1969
GILL Jerry H., INGMAR BERGMAN AND THE SEARCH FOR MEANING. Grand Rapids, Michigan 1969
GODARD Jean-Luc, BERGMANORAMA in: *Cahiers du Cinéma* Nr. 85, Paris (Juli 1958). Dt. in: Godard, Kritiker – Ausgewählte Kritiken und Aufsätze über Film (1950–1970). Reihe Hanser 83, München 1971
GORODINSKAJA N. (red.), INGMAR BERGMAN. STAT'I. RECENSII, SCENARII. INTERV'JU. Moskau 1969
GRAFE Frieda, DER SPIEGEL IST ZERSCHLAGEN in: *Filmkritik* 11, S. 760–772, München 1968
GRASTEN Bent, KRIS. Det Danske Filmmuseum, Kopenhagen (November 1960)
GRAVIER Maurice, INGMAR BERGMAN ET LE THÉÂTRE SUÉDOIS. Études cinématographiques, textes sur théâtre et cinéma, Nr. 6/7, 1960
GREGOR Ulrich, INGMAR BERGMAN, in: WIE SIE FILMEN. Mohn, Gütersloh 1966
GRENIER Cynthia, BERGMAN-INTERVIEW in: *Oui* Nr. 3, 1974

Grevenius Herbert, Vänporträtt av en ung man (Freundesporträt eines jungen Mannes) in: *Stockholms-Tidningen* (16.9.1947)

Guyon François D./Béranger Jean, Ingmar Bergman. Premier Plan Nr. 34, Serdoc, Lyon (November 1959)

Guyonnet René, Sur quatre films d'Ingmar Bergman in: *Temps Modernes,* Nr. 142 (Dezember 1957)

Hardy Forsyth, Scandinavian Film. The Falcon Press, London 1952

Hedblom Oscar, Ingmar Bergman lyssnar in: *Expressen* Stockholm (20.7.1963). Engl.: Ingmar Bergman: The Listener in *Saturday Review* (29.2.1964)

Hervé Alain, L'univers d'Ingmar Bergman in: *Réalitiés,* Paris (Februar 1964)

Hirsch Peter, Sommerleg og Sommeren med Monika (Einen Sommer lang und Die Zeit mit Monika) in: *Kosmorama* Nr. 137, S. 48, Kopenhagen 1978

Hjerten Hanserik, Fallet Bergman eller Sommarnattens falska leende (Der Fall Bergman oder: Das falsche Lächeln einer Sommernacht) in: *Filmfront* Nr. 1 (1956)

Holba Herbert, Treibhaus der Neurosen. Über den frühen Ingmar Bergman. *Filmjournal* F Nr. 4, S. 4–16, 1978 (zuvor Action Wien, Oktober 1968)

Höök Marianne, Bergman. Wahlström & Widstrand, Stockholm 1962

Hopkins Steven, Bergman and the Critics. Industria International, Stockholm 1962

Hoveyda Fereydoun, Le plus grand anneau de la spirale in: *Cahiers du Cinéma* Nr. 95 (Mai 1959)

Isaksson Ulla, Jungfrukällan (Drehbuch). Engl.: The Virgin Spring, transl. Lars Malmström, David Kushner. 114 S. Ballantine Books, New York 1960

Idestam-Almquist Bengt, Dramma e rinascita del cinema svedese. Bianco e Nero Editore, Rom 1954
Victor Sjöström och Ingmar – mötet mellan två stora i svensk film (Victor Sjöström und Ingmar Bergman – Treffen zweier Großer im schwedischen Film) in: *Folket i Bild* Nr. 7, 1958

Iversen Ebbe, Persona – mere intellektualistisk skema end ægte og uberegneligt liv (Persona – eher intellektuelles Schema als echtes, unberechenbares Leben) in: *Kosmorama* Nr. 137, S. 62, Kopenhagen 1978

Jarvie Ian, Notes on the Films of Ingmar Bergman in: *Film Journal* Nr. 14, Melbourne (November 1959)

Jensen Niels, Den knuste maske – et motiv hos Ingmar Bergman (Die deformierte Maske, ein Motiv bei Ingmar Bergman) in: *Kosmorama* Nr. 107, S. 120, Kopenhagen 1971

JOHNS Marilyn E., STRINDBERG'S ›FOLKUNGASAGAN‹ AND BERGMAN'S ›DET SJUNDE INSEGLET‹ in: *Medieval Epic and Psychological Drama.* Scandinavica 18, Nr. 1 London (Mai 1979)

KALMAR Sylvi, BERGMAN OG VAMPYRERNE (Bergman und die Vampire) in: *Fant* Nr. 26, S. 44, Oslo 1973

KAMINSKY Stuart M. (Hrsg.), INGMAR BERGMAN. ESSAYS IN CRITICISM. Oxford University Press, London-Oxford-New York 1975

KHOURI Walter Hugo, NOTAS SÔBRE INGMAR BERGMAN. Filmoteca do Museu de Arte Moderna de São Paulo 1955

KINDER Marsha, FROM THE LIFE OF THE MARIONETTES TO THE DEVIL'S WANTON in: *Film Quarterly* Berkeley (Frühjahr 1981)

KOUSTRUP Anders, GØGLERNES AFTEN & ANSIGTET (Abend der Gaukler und Das Gesicht) in: *Kosmorama* Nr. 137, S. 51, Kopenhagen 1978

KOTULLA Theodor, SMULTRONSTÄLLET (WILDE ERDBEEREN) in: *Filmkritik* 7, S. 355–359, München 1961

KRUSE Sigrid/KIRCHMANN Rita/SCHÄFER Horst, FILME VON INGMAR BERGMAN. Dokumentation. Filmforum, Duisburg 1972

KYROU Ado, INGMAR BERGMAN ET QUELQUES AUTRES in: *Positif* Nr. 17 (Juni/Juli 1956)

LANGE-FUCHS Hauke, DER FRÜHE INGMAR BERGMAN. Dokumentation. Nordische Filmtage, Lübeck 1978

DER FRÜHE INGMAR BERGMAN. *Dialog* Jg. 4 Nr. 11, S. 24–28, 1978

DER FRÜHE INGMAR BERGMAN. BERGMAN UND DIE GESELLSCHAFT. *Dialog* Jg. 4 Nr. 12, S. 34–44, 1978

INGMAR BERGMAN UND DAS PUBLIKUM in: *Filmbeobachter* 24. München 1979

LEFEVRE Raymond, SOURIRES D'UNE NUIT D'ÉTÉ in: *Image et Son* Nr. 109 (Februar 1958)

LA NUIT DES FORAINS in: *Image et Son* Nr. 125 (November 1959)

INGMAR BERGMAN in: Image et Son (März 1969)

INGMAR BERGMAN. *Filmo* 5, Edilig, Paris 1984

LINDER Erik Hj., INGMAR BERGMAN in: Stockholms-Tidningen (31.12.1953)

LÖTHWALL Lars-Olof, FYRA DYGN PÅ FÅRÖ (Vier Tage auf Fårö) in: *Film & bio* (Januar 1968)

MOMENT OF AGONY: INTERVIEW WITH INGMAR BERGMAN in: *Films and Filming*. London (Februar 1969)

EXCERPTS FROM A DIARY ABOUT INGMAR BERGMAN'S FILMING OF »VISKNINGAR OCH ROP« OUTSIDE STOCKHOLM 1971 in: *Film in Sweden* Nr. 2, Svenska Filminstitutet Stockholm 1972

LUNDELL Torborg/MULAC Anthony, HUSBANDS AND WIVES IN BERGMAN FILMS: A CLOSE ANALYSIS BASED ON EMPIRICAL DATA in: Journal of the University Film Association 33, Nr. 1, Houston 1981

LUNDGREN Henrik, BERGMAN OG SKUESPILLERNE (Bergman und die Schauspieler) in: *Kosmorama* Nr. 137, S. 41, Kopenhagen 1978

LUNDVIK Ulf, AFFÄREN INGMAR BERGMAN. (Regierungsamtliche Veröffentlichung des Justizombudsmanns), Stockholm (28.2.1978)

MAISETTI Massimo, LA CRISI SPIRITUALI DELL'UOMO MODERNO NEI FILM DI INGMAR BERGMAN. Busto Arsizio, Centro Communitario di Rescaldina, Varese 1964

MALMKJÆR Poul, DET SYVENDE SEGL (Das siebente Siegel) in: *Kosmorama* Nr. 137, S. 55, Kopenhagen 1978

MARCORELLES Louis, UN AUTEUR MODERNE: INGMAR BERGMAN in: *France Observateur* Nr. 12, 1958

MARCABRU Pierre, LES INTERYROGATIONS DE BERGMAN in: *Arts* (19.4.1961)

MCGANN Eleanor, THE RHETORIC OF WILD STRAWBERRIES in: *Sight and Sound* XXX, London (Herbst 1960)

MANVELL Roger, INGMAR BERGMAN: AN APPRECIATION. Arno Press, New York 1980

MARION Denis, INGMAR BERGMAN. Gallimard Paris 1979

MARKER Lise-Lone/Frederick J., INGMAR BERGMAN: FOUR DECADES IN THE THEATRE. Cambridge University Press, Cambridge 1982

MICHALCZYK, John J., INGMAR BERGMAN. Numéro spécial. *Image et Son,* No. 226, März 1969

MIKLAS, G., INGMAR BERGMAN. Budapest 1976

MONTY Ib, SOMMERNATTENS SMIL (Das Lächeln einer Sommernacht) in: *Kosmorama* Nr. 137, S. 54, Kopenhagen 1978

MORRIS Jan, WHEN AN ARTIST FEELS ANXIETY in: *Horizon* (November 1977)

MOSCATO, A., INGMAR BERGMAN. LA REALTÀ E IL SOU »DOPPIO«. Turin 1981

MOSLEY Philip, INGMAR BERGMAN: THE CINEMA AS MISTRESS. Marion Boyars, Boston 1981

MULLEM P. J. van, INGMAR BERGMAN. De tiende Muze. Een serie studies over de film, Bd. 1. De Beuk, Amsterdam 1961

NAPOLITANO Antonio, DAL SETTIMO SIGILLO ALLE SOGLIE DELLA VITA in: *Cinema Nuovo* Nr. 151 (Mai/Juni 1961)

NARTTI Ana-Maria, BERGOM-LARSSON OCH BERGMAN in: *Chaplin* Nr. 3, S. 109, Stockholm 1974

NELSON David R., INGMAR BERGMAN: THE SEARCH FOR GOD. Communication Arts Division, Boston University, Boston Mass. 1964

NORÉN Kjerstin, KONSTNÄRENS ANSIKTE (Das Antlitz des Künstlers) in: *Ord & Bild* Nr. 4, S. 190, Stockholm 1974

NØRGAARD Peter, PASSION & HVISKEN OG RÅD (Passion und Schreie und Flüstern) in: *Kosmorama* Nr. 137, S. 66, Kopenhagen 1978

SLANGENS ÆG (Das Schlangenei) in: *Kosmorama* Nr. 137, S. 25, Kopenhagen 1978

Nørregaard Carl, Den tidlige Bergman (Der frühe Bergman) in: *Kosmorama* Nr. 137, S. 34, Kopenhagen 1978

Nykvist Sven, Photographing the Films of Ingmar Bergman in: *American Cinematographer* Nr. 10, Los Angeles (Oktober 1962)

Nystedt Hans, Ingmar Bergman om Kristus och Tomas in: *Svenska Dagbladet* (21.4.1963)

Oldin Gunnar, Fakta om film. Norstedts, Stockholm 1957

Ingmar Bergman in: *American-Scandinavian Review* (Herbst 1959)

Oldrini Guido, La solitudine di Ingmar Bergman Parma 1965

Lo sfondo culturale della critica su Ingmar Bergman in: *Cinema Nuovo* Nr. 144 (März/April 1960)

Oliva Ljubomir, Ingmar Bergman Prag 1966

Ollier Claude, La prison in: *Nouvelle Revue Française* Nr. 78, Paris 1959

Olsson Jan Olof, Gossen i mörkrummet (Der im Dunkeln eingesperrte Junge) in: *Dagens Nyheter,* Stockholm (22.8.1955)

Osten Gerd, Nordisk Film. Wahlström & Widstrand, Stockholm 1951

Patalas Enno, Fängelse (Gefängnis) in: *Filmkritik* 1, S. 22–25, München 1962

Gycklarnas afton (Abend der Gaukler) in: *Filmkritik* Nr. 1, S. 10–14, München 1959

Skammen (Schande) in: *Filmkritik* 4, S. 241–243, München 1969

Sommernattens leende (Das Lächeln einer Sommernacht) in: *Filmkritik* 3, S. 49–51, München 1958

Vargtimmen (Die Stunde des Wolfs) in: *Filmkritik* 4/68, S. 277–279

Pedersen Jens, Bergmanfilm – en arbejdsbog. Kopenhagen 1976

Pedersen Warner, Ingmar Bergman in: *Information,* Kopenhagen (25.5.1949)

Persson Göran, Den erotiska kvadraten (Das erotische Quadrat) in: *Arbetet* (25.3.1960)

Bergmans trilogi in: *Chaplin* Nr. 40, Stockholm 1964

Petersen Bent, Hets. Det Danske Filmmuseum, Kopenhagen (März 1953)

Samtal med Ingmar Bergman in: *Social-Demokraten* Kopenhagen (8.11.1953)

Petrić Vlada (Hrsg.), Film and Dreams: An Approach to Bergman. Redgrave South, Salem N. Y. 1981

Prouse Derek, Ingmar Bergman: A Problem Genius in: *Sunday Times,* London (15.3.1964) und *Washington Post* (5.4.1964)

Ranieri Tino, Ingmar Bergman. Il castoro del cinema 12. La Nuova Italia, Florenz 1974

Renaud Pierre, Les visages de la passion dans l'univers de Bergman in: *La passion du Christ comme thème cinématographique. Lettres Modernes, Paris 1961*

RENZI Renzo, BERGMAN E L'ABOLIZIONE DELL'INFERNO in: *Cinema Nuovo* Nr. 163 (Mai/Juni 1963)

ROBINS Charles Edward A THEOLOGICAL ANALYSIS OF RELIGIOUS EXPERIENCE IN THE FILMS OF INGMAR BERGMAN. Pontifica Universitas Gregoriana. FacultasTheologiae. Dissertatio ad lauream. Rom 1974

ROHMER Eric, PRÉSENTATION D'INGMAR BERGMAN in: *Cahiers du Cinéma* Nr. 85 (Juli 1958)

ROTH-LINDBERG Örjan, SKAMMEN. Essä. In: *Svensk Filmografi* Bd. 6 (1977)

RUNNQUIST Åke, BAKOM ANSIKTET (Hinter dem Gesicht) in: *BLM* Nr. 9, Stockholm (November 1959)

SADOUL Georges, INGMAR BERGMAN ET LE CINÉMA SUÉDOIS in: *Les Lettres Français* (27.6.1956)

SALACHAS Gilbert, LA NUIT DES FORAINS in: *Télé-ciné* Nr. 73 (März 1958)
JEUX D'ÉTÉ in: Télé-ciné Nr. 78 (Oktober 1958)
QUAND INGMAR BERGMAN PREND LA PAROLE in: *Télé-ciné* Nr. 86 (November/Dezember 1959)

SAMMERN-FRANKENEGG Fritz R., LEARNING ›A FEW WORDS IN THE FOREIGN LANGUAGE‹: INGMAR BERGMAN'S ›SECRET MESSAGE‹ IN THE IMAGERY OF HAND AND FACE in: *Scandinavian Studies* 49, Nr. 3 (Sommer 1977)

SAMUELS Charles Thomas, ENCOUNTERING DIRECTORS. Putnam's, New York 1972

SARRIS Andrew, THE SEVENTH SEAL in: *Film Culture* Nr. 19, New York 1959

SAXTORPH Erik S., INGMAR BERGMAN OCH ALF SJÖBERG OVERFÖR HINANDEN (INGMAR BERGMAN und ALF SJÖBERG im Vergleich) in: *Kosmorama* Nr. 20, Kopenhagen (Oktober 1956)

SCHEIN Harry, EN NY BERGMAN? in: *BLM* Stockholm (November 1959)
POETEN BERGMAN in: *BLM* Nr. 4, Stockholm (April 1957)
TILL GLÄDJE (An die Freude) in: *BLM* Nr. 3, S. 232, Stockholm 1950
INGMAR BERGMAN'S TAXES in: *Swedish films/film Suédois*. Svenska Filminstitutet, Stockholm 1976

SCHEPELERN Peter, INGMAR BERGMAN OG MUSIKKEN in: *Kosmorama* Nr. 137, S. 44, Kopenhagen 1978

SCHILDT Jurgen, BREV TILL INGMAR BERGMAN in: *Vecko-Journalen* Nr. 15, 1958
DET PENSIONERADE PARADISET – ANTECKNINGAR OM SVENSK 30-TALSFILM Stockholm 1970

SCHLAPPNER Martin, INGMAR BERGMAN. In: *Filme und ihre Regisseure*. Huber, Bern/Stuttgart 1967

SCHMALENSEE Oscar von, BERGMAN OG HAMPE FAUSTMAN – BORGERLIG INDIVIDUALIST OG SOCIALISTISK KOLLEKTIVIST in: *Kosmorama* Nr. 137, S. 37, Kopenhagen 1978

Seton Marie, Ingmar Bergman: The Director Seeking Self-Knowledge in: The Painter and Sculptor, London (Frühjahr 1960)
Sicilier Jacques, Ingmar Bergman. Les grand créateurs du cinéma. Nr. 12–13. Brüssel 1958
Ingmar Bergman. Mit e. Vorw. v. André S. Labarde. Classiques du Cinéma. Editions Universitaires, Paris 1960. Dt.: Ingmar Bergman, übers. Frieda Grafe. 190 S., 32 Abb. Marion von Schröder, Hamburg 1965
Le style baroque de la nuit des forains de Ingmar Bergman in: *Etudes cinématographiques* Nr. 1/2, 1960
Simon John, Ingmar Bergman Directs. Harcourt, Brace, Jovanovich, New York 1972
Ingmar the Image-Maker in: *The Mid-Century* Nr. 20 (Dezember 1960)
Sjögren Henrik, Ingmar Bergman på teatern. Almqvist och Wiksell, Stockholm 1968
Regi: Ingmar Bergman. Aldus Books, Stockholm 1970
Stage and Society in Sweden. The Swedish Institute, Stockholm 1979. Dt.: Bühne und Bürger in Schweden, übers. v. Astrid Walter. Schwedisches Institut, Stockholm 1984
Sjögren Olle, Kammarspels – och trilogibegrepen i Ingmar Bergmans filmtrilogi. Uppsala 1966
Sjöman Vilgot, Spänningen Ingmar Bergman in: *Vi* Nr. 14 (1957)
L. 136. Dagbok med Ingmar Bergman. Stockholm 1963. Engl.: L. 136. Diary with Ingmar Bergman, transl. Alan Blair. Karoma, Ann Arbor, Mich. 1978
Sontag Susan, Persona in: *Sight and Sound,* London (Herbst 1967)
Sorel Edith, Ingmar Bergman: I Confect Dreams and Anguish in: *New York Times* (22.1.1978)
Steene Birgitta, Ingmar Bergman. Twayne Publishers, New York 1968
Focus on The Seventh Seal. Prentice Hall, Englewood Cliffs N. J. 1972
Ingmar Bergman. A Guide to References and Sources. K. G. Hall, Boston 1982, 1987
Stempel Hans/Ripkens Martin, Ingmar Bergman. Porträt in: *Filmkritik* 9/1962
Stempel Hans, Kvinnors väntan (Sehnsucht der Frauen) in: *Filmkritik* Nr. 6, S. 426–428, München 1962
Persona in: *Filmkritik* Nr. 507–508, München 1967
Stolpe Sven, Min vän Ingmar Bergman (Mein Freund Ingmar Bergman) in: *Bildjournalen* Nr. 30, 1955
Tabbia Alberto/Cozarinsky Edgardo (Hrsg.), Ingmar Bergman. *Flashback* 1. Vaccaro, Buenos Aires 1958

Tang Jesper, Bergman som scriptforfatter (Ingmar Bergman als Drehbuchschreiber) in: *Kosmorama* Nr. 137, S. 39, Kopenhagen 1978

Theunissen Gert H., Das Schweigen und sein Publikum. Eine Dokumentation. DuMont Schauberg, Köln/Atlas Filmverleih, Duisburg 1964

Thevenet H. Alsina/Monegal Emir Rodriguez, Ingmar Bergman. Un dramaturgo cinematografico. Ediciones Renacimiento, Montevideo 1964

Thiel Reinhold E., Ansiktet (Das Gesicht) in: *Filmkritik* Nr. 11, S. 323–325, 1960

Lektion i kärlek (Lektion in Liebe) in: *Filmkritik* Nr. 3, S. 133–134, München 1963

Såsom i en spegel (Wie in einem Spiegel) in: *Filmkritik* Nr. 8, S. 375–378, München 1962

Thi Nhu Quynh Ho, La femme dans l'univers bergmanten. Analyse de quatre films d'Ingmar Bergman. Fribourg 1975

Thome Rudolf, Sånt händer inte här (Menschenjagd) in: *Filmkritik* Nr. 7, 1962

Törnqvist Egil, Bergman och Strindberg. Prisma, Stockholm 1973

Trilling Lionel, Bergman Unseen in: *The Mid-Century* Nr. 20 (Dezember 1960)

Truffaut François, Das Werk Ingmar Bergmans. In: *Truffaut, Die Filme meines Lebens*. Hanser, München 1976

Tyyri Jouko, Kvinnans skratt (Das Lachen der Frau) in: *Hufvudstadsbladet,* Helsinki (16.2.1957)

Ullmann Liv, Forandringen. Oslo 1976. Engl.: Changing. Knopf, New York 1976. Dt.: Wandlungen. Übers. Ursula Ibler, Marianne Pasetti, Scherz, Bern-München-Wien 1976. Droemer Knaur 1978

Ulrichsen Erik, Skepp till Indialand (Schiff nach Indien) in: Programmhefte *Det Danske Filmmuseum,* Kopenhagen

Ingmar Bergman and the Devil in: *Sight and Sound* (London (Sommer 1958)

Vennberg Karl/Aspenström Werner, Kritisk 40-tal (Kritische 40er Jahre), Stockholm 1948

Vermyle Jerry, An Ingmar Bergman Index in: *Film in Review* (Mai 1961)

Visscher Jacques de »Zielekanker«, Symboliek in de Filmkunst van Ingmar Bergman. Filmbibliotheek 1. 1976

Waldekranz Rune, Akademikern og Drømmefabriken in: *Kosmorama* Nr. 22, Kopenhagen 1956

Swedish Cinema: The Swedish Institute, Stockholm 1959

Modern Swedish Film. The Swedish Institute, Stockholm 1961

Weise, Eckhard, Ingmar Bergman. Bildmonographie. Rowohlt, Reinbek 1987

WERNER Gösta, SVENSKA FILMENS HISTORIA. EN ÖVERSIKT. P. A. Norstedts, Stockholm 1970, 2. utökade uppl. 1978
WIDERBERG Bo, VISIONEN I SVENSK FILM. Bonniers, Stockholm 1962
WIKANDER Stig, MAGIKER ELLER FRÄLSARE? in: *Svenska Dagbladet* (4.1.1959)
WOOD Robin, INGMAR BERGMAN. Movie paperbacks. London 1969/Praeger, New York 1969
WORTZELIUS Hugo, BERGMAN I BACKSPEGELN. In: *Svensk filmografi,* Band 4, S. 716–720 (1980)
ENSAMHET OCH GEMENSKAP in: *Biografbladet* Nr. 4 (Winter 1947)
EVA – EN INGMARBERGMANS VÄNDPUNKT? (Eva – Ein ingmarbergmanscher Wendepunkt?) in: *Biografbladet* Nr. 2 (Sommer 1949)
A DECADE OF SWEDISH FILMS in: *Biografbladet* Nr. 4 (Winter 1949)
JACK OCH JOAKIM NAKEN, SAMTAL MED INGMAR BERGMAN in: *Perspektiv* 1951
YOUNG Vernon, CINEMA BOREALIS. INGMAR BERGMAN AND THE SWEDISH ETHOS. David Lewis, New York 1971, repr. AVON, New York 1972
D'YVOIRE Jean, SOURIRES D'UNE NUIT D'ÉTÉ in: *Télé-ciné* Nr. 62 (Oktober 1956)
INGMAR BERGMAN. Sondernummer der schweizerischen Filmzeitschrift *Filmclub-Cinéclub* Nr. 20, Genf (November 1959)
DAS SCHWEIGEN. *Atlas-Filmheft.* Atlasfilm, Duisburg o. J.
DAS LÄCHELN EINER SOMMERNACHT. *Atlas-Filmhefte.* Atlasfilm, Duisburg o. J.
ABEND DER GAUKLER. Kleine Filmkunstreihe (Kirchner Filmhefte). Neue Filmkunst Walter Kirchner, Göttingen o. J.
GEFÄNGNIS. Kleine Filmkunstreihe (Kirchner Filmhefte). Neue Filmkunst Walter Kirchner, Göttingen o. J.

Personenregister

HEYNE
BÜCHER